누가 돌을 옮겼는가?
WHO MOVED THE STONE?

WHO MOVED THE STONE?
by Frank Morison

Copyright ⓒ 1982, 1997 / Korean by Word of Life Press, Seoul, Korea.
All rights reserved.

누가 돌을 옮겼는가?
그리스도의 최후 일주일 추적

ⓒ 생명의말씀사 1982, 1997

1982년 10월 30일 1판 1쇄 발행
1994년 3월 15일   3쇄 발행
1997년 1월 25일 2판 1쇄 발행
2024년 2월 27일   13쇄 발행

펴낸이 | 김창영
펴낸곳 | 생명의말씀사

등록 | 1962. 1. 10. No.300-1962-1
주소 | 서울시 종로구 경희궁1길 6(03176)
전화 | 02)738-6555(본사) · 02)3159-7979(영업)
팩스 | 02)739-3824(본사) · 080-022-8585(영업)

표지디자인 | 윤보람
인쇄 | 영진문원
제본 | 다온바인텍

ISBN 89-04-05025-1 (03230)

저작권자의 허락없이 이 책의 일부 또는 전체를
무단 복제, 전재, 발췌하면 저작권법에 의해 처벌을 받습니다.

그리스도의 최후 일주일 추적

누가 돌을 옮겼는가?

Who Moved the Stone?

프랭크 모리슨 지음 | 황영철 옮김

생명의말씀사

| 서문 |

이 연구는 몇 가지 점에서 매우 특수하며 자극적이기 때문에 저자는 이 책이 지금의 형태를 취하게 된 배경을 간략하게 설명해야 할 것 같다.

한편으로 생각하면 이 책은 다른 형태를 취할 수가 없었다. 왜냐하면 이 책은 순수한 사실적 힘에 의하여 처음 시도하였던 내용을 포기하고 다른 것을 쓰게 된 어떤 사람의 내적인 이야기, 즉 하나의 고백록이기 때문이다.

여기서 사실 자체는 결코 변하지 않았다. 왜냐하면 그 사실들은 인류 역사의 기념비로서 각 페이지 속에 영원히 지울 수 없게 기록되어 있기 때문이다. 도리어 그 사실에 대한 해석이 변한 것이다. 즉 어떻게 된 일인지 관점이 바뀌었다―이것은 순간적인 영감이나 통찰력에 의해서 갑자기 변한 것이 아니라 사실 자체의 견고성에 의하여 거의 감지할 수 없을 만큼 서서히 변화한 것이다.

거대한 템스강이 바다로 흘러간 뒤에 모래 위에 남아 있는 배처럼, 처음 이 책에 계획하였던 것은 그렇게 유기되었다. 어느 날 저자는 그가 처음에 구상했던 책은 더 이상 쓸 수도 없으며 설사 쓸 수 있다고 해도 쓰고 싶은 마음이 없어졌다는 것을 알았다.

앞으로 이 책에서 말하고자 하는 것은 바로 그런 변화의 과정과 이유에 대한 설명이다.

| 차례 |

· 서문

1. 집필되지 못한 책	009
2. 고발의 진상	014
3. 목요일 자정 이전	035
4. 심리학적 힘의 균형	051
5. 금요일 오후의 상황	073
6. 서른 여섯 시간 후	083
7. 두 자매와 밤에 도주한 사람들	096
8. 일몰과 새벽 사이	107
9. 역사적 수수께끼	126
10. 대표자 격인 어부의 증언	143
11. 피고의 형제의 증언	153
12. 다소 사람의 증언	162
13. 큰 바위의 증거	179
14. 그 아침의 몇 가지 사실	205
15. 제사장의 하인	229

# 1
집필되지 못한 책

대개의 저술가들은 자신이 어떤 책을 쓰다가 완성하지 못한 채 원고를 은밀하게 서랍 속에 감춰 놓았다가, 이런 저런 이유로 영원히 빛을 보지 못하게 하곤 했던 경험을 가지고 있을 것이다.

이 때에 그의 집필을 중단시키는 상습범은 대개 시간이다. 작품의 대략적인 윤곽은 한창 열정적으로 착상이 떠오르는 순간에 이뤄진다. 그러나 얼마간 그 작업을 계속하다가는 보다 여유있는 "내일"을 기약하며 그 일을 잠깐 연기한다. 그러나 기대한 내일은 영원히 오지 않는 경우가 많다. 더욱 시급한 다른 일들의 압박, 누적되는 업무와 일 속에서 연기되었던 구상은 영원히 헤어 나오지 못할 수렁으로 점점 깊숙이 빠져 들어가 버린다. 그렇게 얼마간의 시간이 흐른 후 어느 날 그는 자신이 무엇을 하든지 이 책은 결코 쓰여지지 못하리라는 것을 알게 된다.

그러나 나의 경우는 그런 것과는 조금 다르다.

내가 처음의 구상을 영원히 사장시킨 것은 영감이 고갈됐거나 한가한 날이 찾아오지 않아서가 아니다. 도리어 그런 조건이 만족되었음에도 불구하고 영감이 나를 새롭고도 예기치 못했던 방향으로 이끌었기 때문이다. 이것은 마치 어떤 사람이 잘 닦여진 익숙한 길을 통하여 숲을 통과한 결과 전혀 상상 외의 엉뚱한 곳으로 나온 것과 비슷한 상황이다. 입구는 동일했다. 그러나 도달한 곳은 전혀 엉뚱한 곳이었다.

 이것을 더 구체적으로 설명하면 이렇다.
 나는 한창 젊었을 때 처음으로 그리스도의 일생을 진지하게 연구하기 시작했다. 그 때의 나의 감정은 그리스도에 관한 역사가 매우 불안정한 기초 위에 성립되어 있다는 것이었다.
 만약 당신이 지난 1890년대로 자신을 옮겨 놓고 생각한다면 그 세대에 편만하던 지적 분위기 속에서 나의 대부분의 사상이 어떠했으리라는 것을 당신은 짐작할 수 있을 것이다. 예수님의 역사적 존재까지도 부인하던 당시의 불합리한 유행이 이제는 더 이상 권위를 유지하지 못하는 것이 사실이다. 그러나 고등 비평가들 - 특히 독일 비평가들 - 의 노력은, 그리스도의 삶과 죽음에 대한 설명을 우리에게 전승해 준 독특한 양식은 신빙성이 없으며, 또한 4복음서 중의 하나는 처음 세대가 지나간 수년 혹은 수십 년이 경과한 후에 쓰여진 훌륭한 변증 이외의 아무 것도 아니라는 당시의 유행하고 있던 사상을 학생들 사이에 유포시키는 데에 성공했다.
 다른 일에 몰두해 있는 대개의 청년들과 마찬가지로 나도 이런 고등 비평가들의 진술에 대하여 독자적인 판단을 하거나 검증할 수 있는 방법을 가지지 못했다. 그러나 대부분의 하나님의 말씀이 바로 격렬한 토론과 논쟁의 주제였다는 사실이 당시의 사상에 깊은 영향을 미쳤으며, 내가 그런 영향을 거의 벗어날 수 없었다는 것은 당연한 일로 보인다.
 그러나 그 때 나에게 자극을 준 사실이 하나 있었다. 나는 그 때 이미 물리학에 깊은 흥미를 갖기 시작했는데, 그 당시의 사람들은 복음서의 기적적인 요소라고 불리는 것과 과학적 사고 방식은 교리적으로까지 완강하게 서로 대립되고 있었음을 쉽게 발견할 수 있었다. 이리하여 본문 비평가들이 남겨 둔 극소수의 사실들은 과학에 의하여 침식되었다. 개인적으로 나는 성경의 기적적 요소의 근본적인 중요성에 대하여 본문 비평가들의 결론만큼의 비중도 두지 않았다. 순수한 문서상의 비평은 오류가 있음직한 것으로 보였다. 그러나 우주의 법칙이 극히 자의적이며 비논리적인 방식으로 스스로의 법칙을 어길 수 있다는 것은 불가능해 보였다. 헉슬리 자신이 독특한 결정적인 방법으로 "기적은 일어나지 않는다"라고 선언했으며, 매튜 아놀드도 그의 유명한 "이론적 온당함"의 복음과 더불어 기적이 거세된 기독교를 발전시키기 위하여 많은 시간을 투자하지 않았던가?

그러면서도 나는 예수 그리스도 자신의 인격에 대하여 경외심마저 품고 있었다. 나에게 있어서 그는 순결함과 고상함을 지닌 거의 전설적인 인물이었다. 그에 관한 속된 말이나 그의 이름을 가볍게 취급하는 것은 나에게 사무치는 고통을 주었다. 지금 생각하면 이런 자세는 기독교가 요구하는 원래의 가르침에는 현저하게 미흡한 것이 분명하다. 그러나 그것은 여러 가지 피상적인 일들이, 배후에 숨겨진 보다 깊고 영구한 본질을 흐려 버리기 쉬운 청년 시절의 초창기에 한 젊은이가 예수님에 대하여 가졌던 감정의 솔직한 진술인 것만은 사실이다.

그리스도의 일생에 있어서 가장 중요하며 결정적인 국면이라고 생각되는 최후의 일주일에 대한 논문을 쓸 생각—출판을 위해서라기보다는 자신의 마음의 평안을 위하여—을 갖게 된 것은 이맘때였다. 그런데 십자가에 달리신 때부터의 며칠이 그 이전의 며칠과 똑같이 중요하다는 사실을 깨달은 것은 훨씬 뒤의 일이었다. 그 때 내가 택한 제목은 "예수, 그 최후의 국면"이었는데, 이 제목은 로드 로즈베리의 유명한 역사적 연구를 의식적으로 상기한 것이었다.

나는 세 가지 이유에서 예수님의 일생의 마지막 7일을 선택했다.

1. 내가 과학적 근거에서 의혹을 가졌던 기적적인 요소가 이 시기에는 특기할 만하게도 나타나지 않았다.
2. 모든 복음서 기자들이 이 기간을 설명하기 위하여 많은 지면을 할애했으며 의견의 일치가 가장 두드러지게 잘 이루어져 있다.
3. 예수님의 수난과 형벌은 널리 울려 퍼지고 있는 역사적 사실이며, 수천의 정치적 타당성에 의하여, 또한 예수님의 사건에 연원을 둔 방대한 문헌에 의하여 간접적으로도 입증되고 있다.

나의 생각으로는 이 분이 로마의 권력에 의하여 참혹한 죽음을 당한 이유와 그 사건에 대한 그 분의 자세와 특히 그 시련 하에서 그가 취한 행동을 바르게 알 수 있다면 그 문제의 진정한 해결에 매우 가까이 도달할 수 있을 것 같았다.

요컨대 내가 처음에 계획했던 책의 목표는 바로 그런 것이었다. 나는 예수님의 생애의 마지막 며칠간에 관련된 지나친 원시적 신앙과 교리적 억측을 제거하고 이 위대한 인물의 진면목을 볼 수 있기 위하여 그 당시의 상황을 연구하기로 했다. 또한 이 연구에는 그 당시의 상황에 수반된 급속하고도 드라마틱한 사건의 전개, 예리하고도 명확한 고대의 배경 그리고 복잡한 심리적, 인간적 이해 관계에 관한 연구가 포함되었다.

내가 그렇게도 오래 별러 왔던 예수님의 일생에 관한 연구를 10년이나 지난 후에야 실행하면서 문헌의 원전을 조사하며 일차 증거를 가려내고, 그 발생된 문제에 관한 자신의 판단을 확립할 수 있는 기회를 어떻게 얻게 되었는가를 구구하게 설명할 필요는 없을 것이다. 단지 나는 그 연구가 나의 생각 속에 일대 혁명을 일으

컸다는 것만을 말하고자 한다. 전에는 분명히 불가능하다고 생각했을 그 옛 세계의 이야기로부터 여러 가지 일들이 나타났다. 인간의 역사 속에서 잊혀질 수 없는 저 몇 주간의 드라마는 겉으로 드러난 것보다도 훨씬 이상하고 심오한 것이라는 확신이 서서히 그러나 분명하게 내 속에서 자라났다. 처음으로 나의 흥미를 끈 것은 그 이야기 속의 여러 가지 특기할 만한 사건들이 범상치 않다는 사실이었다. 그런데 그 의미의 거역할 수 없는 논리에 대하여 눈을 뜨게 된 것은 훨씬 뒤의 일이었다.

이 책의 나머지 부분에서 내가 하고자 하는 것은 내가 처음에 시도했던 그 모험이 왜 다시는 그 항구로 돌아올 수 없었으며, 그 모험을 좌초시킨 암초는 무엇이며, 어떻게 해서 나는 전혀 예기치 못했던 해변에 도달하게 되었는가 하는 것이다.

2
고발의 진상

예수님의 생애 마지막 며칠 동안에 뒤엉켜진 격정과 편견과 정치적 음모의 실마리를 풀려고 할 때 가장 건전한 원칙은, 예수님이 당한 고발의 성격을 자세히 연구함으로써 그 신비의 핵심으로 직접 돌진하는 것이라고 나는 항상 생각했다.

그러던 어느 날 아침에 문제의 다음과 같은 측면이 새롭고도 예기치 못했던 힘으로 나의 마음을 움직이던 것을 나는 지금도 기억한다. 그 때 나는 1922년에 있었던 어떤 재판의 주인공에 관한 큰 논쟁이 그로부터 2000년 후에 일어난다면 어떤 일이 벌어질 것인가를 곰곰이 생각해 보았다. 그 때쯤이면 대부분의 필수적인 문서들은 망각 속으로 사라졌을 것이다. 그리고 그 사건을 다룬 타임즈지나 텔레그래프지의 빛 바랜 조각이나 또는 너덜너덜한 법정 기록의 조각 정도가 골동품 수집가의 수집품 속에 남아 있는 것이 고작일 것이다. 이 때에 이 주인공에 관한 진상을 밝히고자 하는 그 때의 사람들이 그가 어떤 죄목으로 기소되었느냐라는 가장 중요한 질문을 먼저 던지는 것이 당연하지 않겠는가? 그들은 이렇게 말할 것이다. "이 모든 문제는 무엇에 관한 것일까? 고소자들은 그에 대하여 무엇을 고발했을까?" 만약 이 때에 그럴 듯한 고소 제목이 서너 가지 나타난다면 그들은 그 고발의 진상은 무엇인가를 물을 것이다.

우리의 연구에 있어서도 이런 질문을 가장 먼저 제기해 본다면 이 문제에 대해서 예상 외의 새로운 빛을 비춰 줄 어떤 요소들이 나타난다. 우선 그 재판 자체의 매우 독특한 성격을 연구해 보면 이 중요한 요소들이 무엇인지를 보다 쉽게 이해할 수 있을 것이다. 왜냐하면 이 재판은 도저히 있을 수 없는 시간에 진행되었을 뿐 아니라 처음부터 끝까지 이상한 점들로 가득 차 있기 때문이다. 우선 치명적 요소인 시간에 관하여 생각해 보자.

모든 역사가들은 예수님의 체포를 그가 십자가에 못박힌 바로 전날 늦은 밤에 겟세마네 동산에서 이루어졌음에 동의한다. 뿐만 아니라 그 시간은 일러도 밤 11시 30분 이후일 것이라는 추측을 강하게 뒷받침할 만한 증거가 있다.

이런 추정은 윗성(upper city)지방에 있는 한 집의 다락방에서 가진 최후의 만찬이 끝난 시간부터 무장한 무리가 감람 산 기슭에 도착할 때까지 일어났던 일들에 소요된 시간을 기초로 한 것이다. 이것을 반박할 수 없게 입증하는 세 가지의 다음과 같은 사실이 있다.

1. 제자들은 분명히 지쳐 있었으며, 심지어 깊은 바다에서 홀로 밤을 새우는 데에 익숙해 있을 강인한 어부 베드로마저도 깨어 있을 수 없었다.
2. 마태와 마가는, 그리스도께서 근처의 나무 아래에서 오래 기도하시던 중 일정한 간격을 두고 세 번이나 돌아오셨으나 제자들은 세 번 모두 졸고 있었다고 언급한다.
3. 밤은 이미 캄캄했고 무리들은 횃불을 들고 있었기 때문에 그리스도는 상당히 먼 거리에서도 그들이 다가오는 것을

알 수 있었다(막 14 : 42 참조. "일어나라 함께 가자 보라 나를 파는 자가 가까이 왔느니라").

이 비상한 에피소드를 읽는 사람은 누구나 이 당시의 동산 체류는 요한이 암시했던 이전의 동일한 장소에서의 몇 번의 체류와는 상이한 것임을 깨달을 수 있을 것이다. 이 사람들은 여느 때 같으면 베다니에서 잠자리에 든 지도 오래되었을 시간에 그리스도의 뜻에 의하여 그 곳에 있게 되었다. 터무니 없이 오래 걸린 그 일을 그리스도 자신은 물론 그들도 그리스도의 뜻대로 기다리고 있었다. 만찬이 9시 30분경에 끝났고, 동산에 도착한 것이 밤 10시쯤이었다고 가정한다면 예수님의 체포는 일러도 11시 30분에야 이루어졌을 것이다. 이런 추정에 의하여 우리는 재판의 예비적 단계가 이루어진 시간을 결정할 수 있게 된다.

고대 예루살렘 지형 연구자들과 고고학자들이 일반적으로 동의하는 바에 의하면 도시의 윗성으로부터 성곽의 남동쪽 모서리에 있는 실로암 못까지 내려가는 계단이 있었다. 느헤미야는 "다윗성에서 내려 오는 층계"(느 3 : 15)를 언급하고 있으며, 다시 "샘문으로 말미암아 전진하여 성으로 올라가는 곳에 이르러 다윗성의 층계로 올라가서"(12 : 37)라고 말하고 있다.

이렇게 볼 때 예수님을 체포한 무리들이 사용할 수 있었던 길은 두 가지가 있었던 셈이다. 그 중 하나는 기드론 골짜기로 통하는 길을 따라 층계의 맨 밑으로 내려왔다가 거기서 대제사장의 집으로 가는 길이고, 다른 하나는 베다니로 가는 간선 도로로 내려갔다가 두로 계곡을 통하여 제사장의 숙소로 가는 길이다. 비록 그들이 첫번째 길을 사용했다는 분명한 전승이 있는 것은 아니지만, 사람이 붐비는 시내 저지대의 거리를 통하여 예수님을 호송한다는 것은 불편한 일일 뿐 아니라, 귀중한 시간을 허비하면서 우회해야 한다는 문제가 생긴다. 더욱이 이 비상한 야간 행동에 있어서 시간은 매우 중요한 요소였다.

 그렇다면 만약 우리가 마술적인 시간의 역행을 통하여 여러 세기를 거슬러 올라가서, 예수님께서 잡히시던 니산월[1] 14일 자정쯤에 예루살렘의 전망이 좋은 곳에 서 있게 된다면 우리는 아마 일단의 무리들이 어둠 속에서 이상하게도 고분고분한 어떤 남자를 인도해서 성전벽의 가파른 동쪽면을 둘러싸고 있는 바위가 많은 협곡을 따라, 성곽의 남동쪽 모퉁이에 있는 둑길을 올라서서, 그 남자에 대하여 공공연하면서도 강한 적의를 가진 자들에게로 그를 인도하고 있는 것을 볼 수 있을 것이다.

 그 시대에 가장 독특한 분이었던 그가 가장 엄숙한 유대인의 명절 전야의 정적 속에서 이런 위험하고도 위협적인 상황에 처하게 된 것은 어찌 된 일인가? 그 분의 체포를 재촉했던 비밀스럽게 감춰진 힘은 무엇이었는가? 이렇게 비상하면서도 불편한 시간이 선택된 이유는 무엇인가? 이 모든 것보다도 그 분에 대한 기소 내용의 초점은 무엇인가?

 이런 질문에 답하기 위해서는 이 장(章)으로는 어림없으며, 설사 책 한 권을 모두 소비한다고 해도 매우 부분적이며 부적당한 답변을 제공할 수밖에 없을 것이다. 그런데 이 재판 기록에 있어서 보다 정밀한 연구를 요구하는 특별히 두드러진 점이 두 가지 있다. 그 첫째는 예수님에 대한 여러 가지 고발 중에서 유일하게 분명한 고발이 한 가지 있는데, 그 고발의 성격이 매우 독특하다는 점이다. 둘째는 그 고발에 대한 예수님의 확신에 찬 인정이다.

 나의 생각에는 만약 우리가 그 날 밤의 제사장들의 모든 행위를 극단적인 폭력(ultra vires)이라고 가정한다면(실제로 많은 기독교 작가들은 그렇게 보고 있다) 우리는 심각한 실수를 범하고 있

---

[1] 유대인의 월력.

는 것이다. 물론 이 사건의 어떤 측면들은 어떻게 해석하더라도 유대 율법에 대한 분명하고도 어처구니없는 위반이다. 나는 그 당시의 유대 제도와 미쉬나[2](Mishna)를 공부한 모든 유능한 학자들이 이 점을 인정한다고 본다.

예를 들어서 성전 파수병이 범인 체포를 위하여 대제사장의 하수인으로 공공연히 행동한 것은 위법이다. 그 일은 도리어 증인들의 자발적인 행동에 맡겨졌어야 했다. 밤중에 "극형을 내리는 재판"을 심리하는 것도 위법이다. 일몰 후에는 오직 "벌금형을 내리는 재판"만을 실시할 수 있었다. 또한 증언자의 증언이 기각된 후에 법관이 죄수를 반대 신문(crossexamine)하는 것도 위법이었다. 그들은 그 분을 석방해야 했으며 그 증언이 분명히 거짓으로 밝혀지면 증인들은 돌에 맞아 죽는 벌에 처해졌어야 했다.

이런 일들이 그 상황의 표면에 나타난 것들이다. 그러나 예수님의 재판에 나타난 이런 극단적인 위법의 배후에는 강한 합법성이 흐르고 있다. 이 합법성이란 율법의 어떤 작은 부분을 신중하게 지키려고 한 노력으로서, 공평한 역사학도에게는 매우 시사적이며 좋은 교훈이 된다.

이런 사실은, 재판이 진행되는 과정에서 고소의 근거가 어떻게 독특하게 변화되어 갔는가를 연구하면 매우 충격적으로 드러난다. 그 기록을 진지하게 연구한 모든 사람들이 알고 있듯이 재판의 여러 단계가 계속되는 동안에 예수님은 세 가지의 중요한 이유로 고발당했다. 그것을 간단하게 요약하면 다음과 같다.

1. 그는 성전을 헐겠다고 위협했다.
2. 그는 자신이 하나님의 아들이라고 주장했다.
3. 그는 가이사를 대항해서 사람들을 선동했다.

---

[2] 유대의 율법서.

여기 세번째의 고소는 현재의 논의에서 제외될 수도 있다. 이것은 유대인들에게는 그다지 심각한 죄가 아니었다. 그것은 순전히 정치적 목적으로 꾸며진 것이다. 예수님의 죄는 로마법에 의하여는 사형을 시킬 수가 없었으며, 더욱이 빌라도가 없이는 사형을 집행시킬 수 없었다. 그렇기에 제사장들이 암암리에 결정했던 극형을 로마의 행정 장관 앞에서 정당화시키기 위해서는 정치적인 고소 조건을 구비하는 것이 필수적이었다. 그래서 그들은 예수님께서 가이사에게 거역하는 모반을 꾸몄다고 고소했다. 왜냐하면 이 죄목은 본디오 빌라도뿐 아니라 로마 권력의 어떤 대행자라도 설득시킬 수 있는 유일한 죄목이었기 때문이다. 그러나 이런 고소마저도 거의 기각될 뻔했으며, 만약 당시의 행정권을 쥐고 있던 자가 보다 강력한 사람이었다면 실제로 기각되었을 것이다.

그러나 위에서 말했듯이 빌라도 앞에 제시했던 고소는 그렇게 중요한 것이 아니다. 우리가 참으로 깊은 관심을 가질 문제는 그리스도에 대한 유대인들의 고발이 무엇이었느냐는 것이다. 우리가 이 점에 집중하게 되면 이 고소의 배후에 있는 숨겨진 요인에 대해 정확히 알게 된다.

히브리인의 오랜 전통에 의하면 유대인 재판의 고소자는 목격자이어야 한다는 사실을 기억해야 한다. 다른 모든 형태의 기소는 성립되지 않는다. 따라서 예수님께서 법정에 소환된 후 한밤중에 있었던 최초의 명확한 행동은 율법이 요구하는 대로 증인을 부르는 것이었다. 마태와 마가는 공히 이 점을 명백히 밝혔다.

마가에 의하면 "어떤 사람들이 일어나 예수를 쳐서 거짓 증거하여 가로되"(14:57).

마태는 말하기를, "거짓 증인이 많이 왔으나"(26:60).

마가는 이 증인들의 증거가 "서로 합하지" 않았기 때문에 기각됐다고 확인하고 있다.

유대법의 미묘한 점과 특히 가급적이면 죄인편에 서는 유대법의 배경을 잘 모르는 사람들에게는, 기소를 위한 증거를 얻기 위하여 상당한 노력을 기울였음에도 불구하고 법정이 그 증거들을 기각한 것을 이상하게 생각할 것이다. 만약 목격자들의 공언이 공교한 조작이었다면 그것을 미리 잘 맞추는 것—고대의 어법을 빌리면 "서로 합하게"(agree together) 하는 것—이 그렇게 어렵지는 않았을 것이다. 그런데도 법정이 그 증언을 기각했다는 바로 그 사실은 비록 가야바일지라도, "극형을 내리는 재판"에 있어서는 히브리인이 전통적으로 독특하게 따랐던 증언의 관례를 존중해야 할 필요가 있었음을 입증해 준다.

그 관계가 무엇인지는 미쉬나에 매우 자세히 설명되어 있다. 율법이 인정하는 증언에는 다음 세 가지가 있다.

1. 공허한 증언
2. 성립되는 증언
3. 적절한 증언

이 세 가지 등급의 증거 사이에는 매우 실제적인 구별이 있다. "공허한 증언"은 분명하게 부적합하거나 무가치하며 판사가 즉시 그러하다는 것을 납득할 수 있는 증언이다. "성립되는 증언"이란 확증되거나 부정될 때까지 잠정적으로 수락할 수 있는 보다 무게 있는 증언이다. "적절한 증언"이란 증인들이 "서로 합하는 증언"이다. 뛰어난 유대 작가인 살바도르는 말하기를 "증인들의 증거 사이에서 생기는 지극히 사소한 불일치도 그 증거의 가치를 파괴했다"고 말했다.

때문에 마태와 마가가 언급한 예비 단계의 증언들의 주제가 무엇이었든지, 그 증언 내용은 재판을 다음 단계로 진전시킬 수 없었음이 분명하다. 환언하면 단지 그 증언들은 재판관들의 지식과 경험에 분명히 대치되거나 혹은 기술적 측면에서 볼 때 근거가 박약한 것이었다는 의미이다. 그 증거들이 "서로 합하지 않았다"는 마가의 진술은 근거가 박약하다는 이 두번째 가능성을 강력하게 시사한다.

그런데 이 때 매우 이상한 사태가 발생했다. 이런 예비적 증언이 불만족스러운 것으로 기각된 후에 어떤 두 사람이 매우 명확하고 생생한 증거를 가지고 등장했다.

마가의 진술에 의하면,

> 어떤 사람들이 일어나 예수를 쳐서 거짓 증거하여 가로되 우리가 그의 말을 들으니 손으로 지은 이 성전을 내가 헐고 손으로 짓지 아니한 다른 성전을 사흘에 지으리라 하더라 하되(14 : 57-58).

이 일의 설명에 있어서 마가의 말을 인용한 것으로는 보이지 않는 마태는 당시 다른 자료들로부터 마가의 말을 다음과 같이 확증한다.

> 가로되 이 사람의 말이 내가 하나님의 성전을 헐고 사흘에 지을 수 있다 하더라 하니 대제사장이 일어서서 예수께 묻되 아무 대답도 없느냐 이 사람들의 너를 치는 증거가 어떠하뇨 하되(26 : 61, 62).

그러므로 그 날 밤에 다른 어떤 일이 일어났든지간에 어떤 두 사람이 횃불로 그리스도의 얼굴을 환히 비추면서 그 분이 위의 것과 유사한 말을 했다고 고발한 것만은 분명하다. 이것은 매우 중요한 사실이기 때문에 나는 독자들이 이 사실을 잠시 동안 기억해 줄 것을 요구한다.

이제 이 시점에서 알아 보아야 할 중요한 사실은 이 두 사람이 고의적으로 고소의 내용을 꾸며내었느냐, 혹은 단지 자신들의 어떤 목적을 위하여 그리스도의 말을 왜곡시켰느냐 하는 것이다.

비록 다른 자료를 제시할 수는 없다고 할지라도 그렇게 명확하고 생생한 진술이 단지 지어낸 말에 불과하다고는 믿기 어려운 듯 하다. 다른 사람들이 듣는 앞에서 어떤 사람이 한 말을 왜곡시켜서 선전한다는 것은 그에 대하여 고의적인 거짓말을 꾸며대는 것보다 더욱 치명적인 법이다. 그러한 왜곡은 흥분해서 분노한 사람들로부터 더욱 요란스러운 동조를 유발시킬 것이다.

고의적으로 꾸며낸 거짓말을 알면서도 지지할 수 있는 사람은 여간 뻔뻔스러운 사람이 아니다. 그런데 바로 이 상황에는 위와 같은 사실이 무리없이 적용될 수 있을 것이다. 이 사람들은 성전에서 울려퍼진 그리스도의 설교를 들었기 때문에 그들이 그 분의 재판석상에서 그 분의 말씀에 대한 오해를 야기시킬 수 있는 왜곡된 진술을 한 것은 그 분에게 가장 치명적인 일이었다.

게다가 나의 생각에는 이 증인들의 증언이 어떤 공공의 자리에서 그리스도 자신이 말씀하신 내용을 실제로 반영한다고 생각해야 할 매우 결정적인 이유가 있는 듯하다. 이 두 사람은 모두 피고가 마술과 신성 모독이라는 두 가지 죄를 구성하는 어떤 말을 하는 것을 들었다고 주장했다. 마술을 부리는 것은 사형에 해당하는 죄였다. 신성 모독의 죄를 범한 자는 돌로 침을 당하고 그 시체는 그냥 버려지게 되어 있었다. 예수님의 대적들의 입장에서 볼 때 예수님께 대하여 이것보다 더욱 치명적인 고발은 없었다. 그런데 그럼에도 불구하고 이 증거는 기각되고 말았다.

그렇다면 그 원인은 무엇이었는가? 여기에도 분명히 만족할 만한 역사적인 설명이 있을 것이다. 만약 이 두 사람의 증거가 완전한 자의적 발생이거나 혹은 가야바가 꾸며낸 말이고 그 증인은 단지 그들에게 "주어진" 역할만을 수행한 것이었다면 이와 같이 일이 어리석게 수포로 돌아가는 분통터지는 일은 분명히 없었을 것이다. 요컨대 증인들은 몇 마디 말만 하면 되었고 그 결과 가장 기본적인 법적 문제가 해결됨으로써 재판은 다음 단계로 진전되어 나갔어야 했다. 즉 그리스도에 대한 재판은 신속하게 처리되어서 확고한 단죄가 이루어졌어야 했다.

그런데 우리 앞에 펼쳐진 상황은 전혀 다른 것이다. 도리어 우리는, 불법을 무릅쓰고 늦은 밤에 개정된 법정이 합법적 진행 과정의 문제에 부딪쳐서 아무런 진전도 보지 못한 채 귀중한 많은 시간을 낭비한 것을 발견할 수 있을 뿐이다. 이런 모든 증언을 자세히 들은 후에도 그들은 예수 그리스도를 전혀 비난하지 못했으며 정죄할 수도 없었다. 재판의 전 과정이 도리어 유대인의 율법을 거스를 위험을 안고 있었던 것이다.

의문의 여지가 없는 이 역사적인 사실로부터 두 가지 요소가 드러난다. 첫째는, 분명히 가야바는 그 회합을 좌우할 수 있는 전적인 권한을 소유하지 못했다는 것이다. 이 회합 장소에는 유대의 율법, 특히 증인이라는 치명적인 면에 있어서의 율법을 엄격히 고수하려는 매우 강한 경향이 분명히 있었다. 또한 이 법정의 판결이 최종적이 아님을 항상 기억해 두어야 한다. 이 사람들이 그 날 밤에 행한 모든 일들은 다음 날 산헤드린 의원들이 모두 모이는 회의에서 통과되어야 했다. 사태를 잘 듣지도 않고 예수님을 정죄하는 것을 산헤드린의 의원이었던 니고데모가 반대함으로써 문제가 되었던 적이 한 번 있었다. 복잡한 정치적 요구와 유월절이 다가왔다는 것을 구실로 한밤중에 불법으로 재판을 실행한 것은 합리화될 수도 있었다. 그러나 많은 군중들이 확고하게 그 분의 편을 들었기 때문에 고소 과정에 나타난 가장 미미한 흠이라 해도 그 죄인을 풀어 주자는 강한 주장을 유발시킬 수 있었던 것이다.

그 증거가 그렇게도 신중하게 검토되었다는 바로 이 사실 역시 그들이 증인들의 진술에 대해서까지도 매우 조심스러웠음을 암시한다. 유대의 법률 구조는 가능하면 고발을 당한 자에게 유리한 판결을 내리고자 하기 때문에 "극형 언도 재판"에서 증언을 한다는 것은 매우 위험한 일이었다. 또한 거짓으로 증언하면 죽음을 당하기 때문에 사형 언도도 극히 드문 일이었다.

그런데 우리가 이 특이한 재판의 모든 과정에서 추론할 수 있는 가장 중요한 사실은 바로 다음과 같은 것이다. 즉 만일 그 증언이 미리 계획된 것이 아니며, 그 증언에 대한 의견의 불일치가 대제사장을 놀라게 하고 화나게 했다면, 그 증언은 최소한도 성실한 것이며 사실과 상당히 부합하는 것이었다는 점이다. 이렇게 볼 때 비록 요한복음의 기자가 성전 재판소에서 일어났던 일에 대한 "공식적인 기록"을 우리에게 자세히 제공해 주지는 않았지만 우리는 적어도 그 고소 내용과 매우 유사한 어떤 말들을 예수님께서 실제로 주장했다고 믿을 수밖에 없는 것이다.

그렇다면 이 고소의 배경이 된 예수님의 말씀은 실제로 어떤 것이었는가? 그 증인들이 상세히 보고했던 예수님의 말씀이 실제로 어떤 것이었는가? 이 문제를 연구하기 위하여 참고할 수 있는 세 가지 자료가 있다. 마가의 "증언"에 의하면 고발자들의 고발 내용은 예수님께서 자신이 그 성전을 헐고 사흘 만에 마술적인 방법으로 그 자리에 다른 성전을 지을 것이라고 고의적으로 위협했다는 것이다. 그 말은 매우 분명하다.

> 어떤 사람들이 일어나 예수를 쳐서 거짓 증거하여 가로되 우리가 그의 말을 들으니 손으로 지은 이 성전을 내가 헐고 손으로 짓지 아니한 다른 성전을 사흘에 지으리라 하더라 하되(막 14 : 57-58).

이에 비하여 마태의 설명은 그들의 고발을 상당히 부드럽게 수식하고 있다. 마술적인 방법으로 다른 성전을 그 자리에 세우겠다는 주장은 그대로 옮겼지만 마태에 의하면 그리스도는 그렇게 할 수 있는 능력이 있다고 말씀하신 것으로만 고발되었다고 한다.

> 가로되 이 사람의 말이 내가 하나님의 성전을 헐고 사
> 흘에 지을 수 있다 하더라 하니(마 26 : 61).

원래 예수님의 말씀이 어떤 것이었는가를 전해 주는 보다 믿을 만한 다른 자료가 없는 상태에서 이런 고발들을 참된 것으로 받아들일 수 있겠는가? 만약 받아들인다면 우리는 역사적인 예수님에 관하여 전체 공관 복음이 제공하는 인상을 파괴할 수밖에 없을 것이다. 이것은 그들이 고발하는 말의 의의를 생각해 보면 분명하다. 그들의 고발에 의하면 예수님께서는 그 자신의 능력과 뜻으로 헤롯의 궁전을 허물어뜨리거나 파괴해서 없애 버린 후에 다른 궁전을 그 곳에 세울 수 있다고 말씀하셨다는 것이다. 그러나 이런 주장은 그리스도께서 결코 인정하신 일이 없으며, 동방 마술에 대한 가장 광신적인 신도의 어이없는 공상 속에서나 가능한 초자연적이며 마술적인 힘에 의해서만 실현될 수 있을 것이다. 정신이 온전한 사람, 그 중에서도 그리스도와 같은 영적, 도덕적 카테고리에 속한 사람으로서 이런 유의 말을 한다는 것은 결코 불가능한 일이다.

우리는 이 말에 대하여, 정신이 이상한 사람이 자기 말에 대한 아무런 책임도 느끼지 못하면서 환상적인 이야기를 한 것에 불과하다고 생각할 수도 있다. 그러나 이 재판의 피고는 결코 그런 부류에 속하지는 않는다. 그는 그런 것과는 매우 거리가 먼 사람이었다. 그에 관한 어떠한 이야기 속에도 그의 정신이 불안정하다는 조짐은 보이지 않는다. 도리어 그의 정신이 잘 훈련된 지극히 건

전한 것이라는 증거가 분명하다. 그는 인간이 하나님과 혈연 관계를 맺고 있다는 가장 큰 증거인 진리와 진실 그리고 내적 겸손은 사랑했지만 가식과 외식과 헛된 자랑은 가장 싫어한 분이었다.
 때문에 가장 신빙성이 있는 사람이 제공하는 결정적인 증거를 확보할 때까지 이 두 증인의 진술은 의심의 대상이 되어야 한다. 그러나 현재 우리 수중에 확보된 증거에 의하면 이 사건은 전혀 다른 방향으로 해석된다. 요한에 의하면 예수님께서 말씀하신 본래의 말은 다음과 같다. "너희가 이 성전을 헐라 내가 사흘 동안에 일으키리라"(요 2 : 19). 더욱이 요한은 이 말을 다음과 같이 설명하고 있다. "그러나 예수는 성전된 자기 육체를 가리켜 말씀하신 것이라"(요 2 : 21).
 물론 이 말을 어떻게 해석하든지간에, 이 문제를 심각하게 생각해 본 모든 사람들은 이 말이 매우 난해하다는 것을 부정하지 않을 것이다. 그러나 만약 마태, 마가, 요한이 말한 세 가지의 서로 대치되는 진술들 사이에서 어떤 판단을 내리려고 한다면 우리는 여기서 한 가지 근본적인 사실을 깨닫게 될 것이다. 그것은 "3일 동안에"라는 말이 그 세 가지 본문에 모두 들어 있다는 사실이다. 그러나 나는 이 말의 막대한 중요성이 아직 충분히 인식되었다고는 생각지 않는다.

 일상 생활 속에서 어떤 사건에 대한 몇 가지의 상이한 설명에 부딪히게 되면 무엇보다도 먼저 그 설명들 속에서 공통점을 살펴보는 것이 가장 건전한 원칙일 것이다. 우리는 그런 의견의 일치점은 상당한 근거를 가지며 본래의 사실과 일치되는 어떤 것이라고 강하게 추측한다. 특히 사건에 대한 상대편 진영의 설명이 다른 점에서는 모두 불일치하면서도 이 점에서만은 일치를 보일 때 그 일치점에 대한 신뢰도는 더욱 높아지는 것이다.
 "3일 동안에"라는 말의 독특성은 기록으로 전해지는 그리스도의 가르침 속에서 극히 드물게 나타나며, 그나마도 성경 비판자들이 별로 신빙성을 두지 않는 구절에서만 나타난다는 점이다. 그 예로서 마가복음에 나타난 세 가지 독특한 경우를 생각해 보자.

"인자가 많은 고난을 받고 장로들과 대제사장들과 서기관들에게 버린 바 되어 죽임을 당하고 사흘 만에 살아나야 할 것을 비로소 저희에게 가르치시되"(8 : 31).
"이는 제자들을 가르치시며 또 인자가 사람들의 손에 넘기워 죽임을 당하고 죽은 지 삼 일 만에 살아나리라는 것을 말씀하시는 연고더라"(9 : 31).
"보라 우리가 예루살렘에 올라가노니 인자가 대제사장들과 서기관들에게 넘기우매 저희가 죽이기로 결안하고 이방인들에게 넘겨 주겠고"(10 : 33).

정상적인 경험의 영역을 초월하는 모든 것에 대하여 어떤 본능적인 거부감을 가지고 있는 현대 독자가 이 구절을 대하면 그는 이렇게 말할 것이다. "나는 예수께서 자기 자신의 죽음을 예언했다는 사실을 수긍할 수 있다. 자신과 제사장들 사이의 간격이 점점 벌어지면 그 결과가 어떠하리라는 것을 그는 예견할 수 있었으며, 또한 그것을 위하여 제자들을 준비시켰다는 것도 있음직한 일이다. 그러나 그의 부활에 관한 바로 이 말들은 분명히 그가 죽은 이후에만 쓰여질 수 있었으며 원래 나누었던 대화의 일부는 아니다."

이 말에 대하여, 처음에는 그렇게 생각될 수도 있다는 것을 솔직하게 시인하자. 그러나 고대의 모든 진실한 증거를 동원하여 이 재판의 진행 과정을 자세히 연구하고 또한 그들의 악의에 찬 그럴듯한 증거가 헛되이 끝나는 것을 살펴보게 되면 우리는 곧 "삼 일 동안에"라는 바로 이 말―우리의 이성은 이것이 그리스도의 말씀이 아니라고 주장한다 - 이 예수님을 고소한 치명적이며 역사적인 진술의 핵심이었다는 것을 모든 증인들이 보여주고 있다는 놀라운 사실을 발견하게 된다. 예수님의 대적들이 그에 대한 가장 치명적인 고소의 근거로 선택한 한 문장이 2년 동안의 예수님의 교훈 중의 어느 한 가지와도 유사하지 않다면 그것은 도리어 더욱 이상한 일일 것이다.

그렇다면 우리가 발견하는 것은 무엇인가? 우리가 발견한 것은 이 피고에 대한 고소 내용이 너무나 환상적이고 불합리하기 때문에 설사 재판관들이 그 증거를 거절하지 않았더라도 우리는 그 증거를 큰 의혹과 함께 받아들여야 할 것이라는 사실이다. 어쨌든 그 상황의 전후 관계로 볼 때 그 분이 말씀하신 내용은 여전히 매우 특이한 것이라고 생각될 수밖에 없다.

그가 말씀하신 실질적인 내용은 "너희가 만약 나를 죽인다면 나는 무덤에서 다시 살아나리라"는 것이다. 나는 그 말을 이렇게밖에는 달리 이해할 수가 없다고 생각한다. 우리는 그 분의 말씀이 그들에게 오해되었거나, 그가 이상한 관념에 사로 잡혀 공중 앞에서 가끔 괴상한 말을 했을지도 모른다고 생각할 수도 있다. 그러나 어쨌든 그 분이 이 독특하며 거의 믿을 수 없는 것을 말씀하셨다는 사실만은 의심의 여지가 없는 듯하다.

그러나 이 재판에는 아직도 우리가 더욱 유의해야 할 특이한 점들이 있다. 그것은 나사렛 예수가 고발자들의 진술에 근거해서가 아니라 맹세의 형태로 그 분에게 강요된 시인에 의해서 사형을 언도받았다는 점이다.

마침내 증인들의 모든 증언이 기각된 후에 이 재판의 모든 과정들이 의심의 여지없이 불법적인 방법을 취하기 시작한 것이 분명하게 드러난다. 그 불법적인 방법이란 재판장이 피고를 직접 신문함으로써 증인들이 제공하지 못했던 범죄의 확증을 확보하려 했다는 사실이다.
 이런 행위는 유대의 율법이 백성의 생명을 보호하기 위하여 정교하게 만든 정신과 법조문에 모두 명백하게 위배되는 것이었다. 히브리인의 "극형을 내리는 재판"에서 고소의 권리는 오로지 목격자에게만 있었다. 범인을 잡아서 법정까지 끌고 오는 것도 그들의 일이었다. 법정의 의무는 제시된 증거에 의하여 정당하고 공평한 판결이 내려질 때까지 모든 가능한 방법을 동원하여 피고의 이익을 지켜 주는 것이었다.
 그런데 이런 법적인 보호가 이 사건의 피고에게는 전혀 보장되지 못했다는 사실이 이 기사를 대충만 읽어도 쉽게 알 수 있다. 이것은 일련의 긴 증언이 기각된 후에 대제사장이 피고에게 한 말이 유달리 분노에 찬 것이었다는 사실 속에서도 나타난다.

> 너는 아무 대답도 없느냐 이 사람들의 너를 치는 증거가 어떠하냐(막 14 : 60).

 이 질문 자체만으로는 별로 악의에 차 보이지 않을지도 모른다. 피고의 입장인 그리스도에게는 분명히 자신을 변호할 수 있는 어떤 사실을 말하거나 설명을 할 권리가 있었다. 그러나 그는 지금까지 완전한 침묵을 지켜 오셨기 때문에 증거에 대하여 어떤 할 말이 없느냐는 질문을 받는 것은 당연한 일이었다. 그러나 이 질문의 배후에는 피고에 대한 감추어진 적의가 숨어 있기 때문에, 우리에게 다음에 일어날 일에 대한 경고를 준다는 의미에서 매우 중요하다. 왜냐하면 대제사장은 바로 다음 순간에 지금가지 합법적인 것으로 보이려고 노력했던 가장을 벗어버리고 자신의 이면을 드러내 놓았기 때문이다.
 가야바는 법정 중앙의 자기 자리에 선 채로 히브리 법에서의 가장 엄숙한 형태의 선서를 그리스도에게 적용시켰는데 그것은 바로 "내가 너로 살아 계신 하나님께 맹세하게 하노니"(마 26 : 63)라는 말이었다. 경건하며 율법을 준수하는 유대인인 그리스도께서는 이 말에 대하여 대답하지 않을 수가 없었다.

(미쉬나에 기록되기를) 만약 어떤 사람이 내가 너로 전능자, 안식일, 은혜와 자비, 오래 참으심 (혹은 다른 어떤 신적인 용어로)으로 맹세하게 하노니 라고 말하면 그것에 대해서는 반드시 대답해야 한다.

당시의 유대인이 메시아를 나타내기 위해 사용한 독특한 어법을 알고 보면 대제사장 가야바가 예수님에게 던진 질문은 바로,

"네가 바로 그리스도냐? 네가 스스로 자신을 오실 그 분이라고 주장했는가?"(참조. 막 14 : 61)라는 지극히 간단한 것이었다.

이 질문에 대한 피고의 답변도 그에 못지 않게 간단 명료하다. 여기 세 가지 서술이 있다.

내가 그니라(막 14 : 62).
네가 말하였느니라(마 26 : 64).
너희 말과 같이 내가 그니라(눅 22 : 70).

베어링 고울드(Baring Gould)씨가 지적한 대로 이 대답들은 참으로 똑같은 말들이다. "네가 말하였느니라"(Thou hast said) 혹은 "너희 말과 같이 내가 그니라"(Ye say that I am)는 말투는 모두 당시의 유대인에게는 좀 색다른 의미를 가진 것으로서 현대인은 그 의미를 포착하기가 어렵다. "네가 말하였느니라"는 말은

교양 있는 유대인이 심각하거나 슬픈 사실에 대하여 대답할 때 사용하던 전통적인 어투였다. 직설적으로 예 혹은 아니오라고 말하는 것은 예의에 어긋나는 것이었다.
　때문에 그리스도께서는 자신의 말을 분명하게 강조하면서 일부러 이 말을 사용하신 것이다. 단 한번의 신문으로 굉장하면서도 (피고에게는) 매우 위험한 고백을 얻어 낸 가야바가 대단한 만족을 느꼈으리라는 것은 분명한 일이다. 우리는 모여 선 랍비들을 휘둘러 보면서 다음과 같이 외치는 그의 말 속에서 승리의 종소리를 들을 수 있다.

　　어찌 더 증인을 요구하리요 보라 너희가 지금 이 참람
　　한 말을 들었도다 생각이 어떠하뇨(마 26 : 65, 66).

　이 이야기의 감춰진 부분이라고 할 수 있는 사실들에 주의를 기울일 수 있는 독자라면, 이 사건이 갑자기 극적인 클라이맥스로 치닫고 있다는 점에서 큰 흥미를 느낄 것이다.
　왜 이 재판은 증인들의 증언을 조사하는 데에 귀중한 많은 시간을 허비한 후에 명백히 비합법적인 형태를 갑자기 취하게 되었는가? 강압에 의한 피고의 긍정하는 대답이 확실한 유죄의 조건이 된다면 증인들의 증언을 그렇게도 오래 청취한 원인은 무엇이었는가?
　이 문제의 해답은, 가야바가 직면했던 법적인 문제와 그의 전략을 살펴보면 알 수 있다. 대제사장이 속해 있던 사두개인의 집단이 예수님을 제거하려고 완전히 결정을 내렸다는 점은 분명하며, 그 방법에 있어서 그들은 사형 이외의 형벌로는 만족하지 못했을 것이다. 그런데 매우 이상하게도 명백하게 증명된 신성 모독 죄나 마술을 부린 죄라 할지라도 사형을 시키기에는 충분치 않았다. 가야바는 산헤드린의 순수주의자들과 모세 율법의 조항을 넘어서 그보다 훨씬 강력한 장벽인 로마의 힘과 관용을 고려해야 했다.
　육신을 입은 참 메시아가 임재했을 때의 개인적 혹은 정치적 결과가 어떠하리라는 것을 가야바보다 더 잘 알고 있었던 사람은 아무도 없었다. 또한 그 임재 후에는 예루살렘과 성소를 궁전으로 삼는 어떤 분명한 형태의 왕권이 수립되리라는 것도 분명했다. 나아가서 그 때에는 로마 수비대와의 즉각적인 유혈 충돌이 전국적으로 일어날 것이다. 이것을 환언하면 대규모적인 민중 봉기와 그에 따른 로마 군대의 토벌-실재로 그로부터 40년 후에 이 도시를 파멸시킨 것과 같은-을 의미했다.
　이런 모든 일들은 낮이 가면 밤이 오는 것처럼 필연적으로 그 전체 상황의 윤곽 속에 포함되어 있는 것이다. 그런데 로마의 점령하에서 어렵게 획득한 유대인의 특권을 유지해야 할 책임을 지고 있던 사람들의 예리한 눈이 이런 사실들을 놓칠 리가 없었다. 활동적인 대제사장 가야바의 다음과 같은 말 속에 정치 정세에 대한 그의 날카로운 통찰이 나타나 있다.

　　한 사람이 백성을 위하여 죽어서 온 민족이 망하지 않
　　게 되는 것이 너희에게 유익한 줄을 생각지 아니하는도
　　다 하였으니(요 11 : 50).

　그러나 그럼에도 불구하고 가야바와 그의 족속이 당한 개인적인 재난이 더 가벼워진 것은 결코 아니었다. 우리는 참된 메시아의 통치가 이루어졌을 때 산헤드린의 법에 어떤 변화가 일어났는지 알 수는 없지만 그 변화가 상당하리라는 것은 분명하다. 게다가 또한 명백한 것은 대제사장의 지배권이 침식되리라는 것이다. 히브리인의 헌법에서 어떤 것들이 변하지 않고 계속 보존될지는 모르지만 하여튼 메시아가 참된 왕조를 차지할 것은 분명하다. 국가의 구원자이며 이스라엘의 하나님의 절대적 대리자인 그의 힘은 모든 정책 결정에 있어서 최종적이며 절대적인 권위를 가질 것이다. 이렇게 독특하며 비교할 수 없는 국가 권력의 왕좌를 향하여 들어오는 나사렛 목수의 미래가, 현상태를 유지함으로써 확고한 이권을 소유하고 있던 사람들에게는 심각한 골칫거리였다.

때문에 문제는 72명(산헤드린 의원)이 던질 수 있는 가능한 비판에 대항할 수 있는 증거와 로마 법률에 대하여 그들의 행동을 정당화시킬 수 있는 확고한 결정적 근거를 확립하는 일이었다.
그들은 이런 처방을 강구하기 위하여 많은 증인을 자세히 조사하며 그 결과 그들의 증거를 결함이 있는 것으로 기각했던 것이다. 그 후에 두 명의 증인이 매우 가능성이 있어 보이는 증거를 가지고 나타났다. 그들의 고소 속에는 두 가지 죄에 대한 고발이 포함되어 있었는데 그 두 가지는 모두 유대인의 법률에 의하면 사형에 해당되는 죄였다. 그런데 여기에는 치명적인 약점이 드러났다. 즉 그것이 비록 산헤드린은 통과하겠지만 과연 로마 총독의 승인까지 얻을 수 있을 것인가? 대답은 매우 부정적이다. 성전을 헐었다가 다시 짓겠다는 이런 터무니 없는 위협보다는 더욱 심각한 위협이 있어야만이, 당시의 이방인에게는 금지했던 사형 집행의 허가를 빌라도로부터 받을 수 있었다.
이와 같이 계획이 붕괴될 위험을 느낀 가야바가 그 상황을 해결하기 위한 예방책을 생각해 내고 있을 때 사실 그 기소는 거의 기각될 순간에 처해 있었다. 이 때에 가야바가 예수님을 직접 신문한 행위는 분명히 불법이었다. 그러나 그것은 자신의 계획을 잘못 밀고 나감으로써 지구력의 한계에 부딪힌 한 남자가 던진 최후의 승부수였다. 그는 구약의 맹세를 적용시켰는데, 이 맹세에 대해서는 침묵하는 것마저도 용서받지 못할 죄가 되었다. 그런데 이 시도가 그에게 의외의 성공을 안겨 주었다. 왜냐하면 "내가 그니라"는 대답 속에서 가야바는 로마 통치하의 모든 죄악 중에서 가장 치명적인 죄의 근거를 발견했으며 이것은 바로 그가 그렇게도 오랫동안 찾던 것이었기 때문이다.

  가이사는 떠돌이 설교자의 어느 정도의 이상한 말에 대해서는 무관심할 수 있었을 것이다. 그러나 왕좌를 주장하는 발언에 대해서는 결코 무관심할 수 없었다. 법정의 침묵 속에서, 피고의 입으로부터 엄숙한 긍정의 말이 떨어졌을 때 가야바의 마음 속에는 이미 다른 말이 준비되어 있었을 것이다. 그것은 바로 "만약 당신이 그를 놓아 준다면 당신은 가이사의 친구가 아니니이다"라는 말이었다.

3
목요일 자정 이전

나는 앞에서, 그리스도께서 돌아가시기 직전에 발생했던 일의 성격을 판단하려면 이 사건에서 시간이 차지하는 독특하면서도 결정적인 역할을 고려해야 한다고 말했다. 우리가 이 사건의 진상을 규명하려면 우리는 항상 눈을 시계에서 떼지 않고 이 사건을 연구해야 될 것이다. 특히 이 사건의 매우 중요한 두 가지 요소에 접근할 때에는 더욱 그렇다. 이 두 가지 요소란 유대인의 지도자가 유다와 본디오 빌라도를 어떻게 대했느냐 하는 것이다.

그리스도의 지상 생활을 종결짓는 12시간의 사건 속에서 이 두 사람은 모두 이상하면서도, 첫눈에는 납득할 수 없는 역할을 수행하였다. 유다의 경우부터 생각해 보기로 하자.

유다에 관한 일을 생각해 볼 때 가장 먼저 우리의 머리에 떠오르는 것은 가야바와 그의 일당이 유다를 고용할 필요가 있다고 생각했다는 매우 이상한 사실이다. 왜 갑자기 이 유다라는 사람이 이야기 속에 나타나는가? 도대체 제사장의 무리들이 자기들의 공적 직책을 가지고도 소유하지 못했던 어떤 것을 유다가 제공할 수 있었겠는가? 게다가 유다의 협조를 받는 대가로 그 얼마 안 되는 피값이 굳이 지불된 이유는 무엇인가?

  이런 질문들은 지극히 중요한 것으로서, 전체 사건에 대한 연구에 근본적인 영향을 미치는 것들이다. 유다를 그저 이전의 친구로 혹은 지도자가 숨어 있던 은밀한 곳으로 관원들을 인도한(보수를 받고자 하여) 단순한 밀고자로 생각하는 것은 어불성설이다. 예수님은 숨어 계시지 않았다. 금요일 오후 늦게 베다니에 도착하시는 순간부터, 자신의 거동을 감추려고 하신 기색은 전혀 보이지 않는다. 토요일이 아니면 화요일 저녁에 문둥이 시몬의 집에서 예수님을 위하여 열린 잔치에도 참석하셨다. 예수님께서는 그 이후의 삼일 동안(일요일, 월요일, 화요일)에 낮에는 예루살렘을 활보하시고 저녁에는 베다니로 돌아오셨다.

  일요일 아침부터 벌써 수많은 군중이 예수님의 거동을 알고 예루살렘의 길가로 몰려 들었음에도 불구하고 유대의 지도자들이 예수님의 거처를 모르고 있었다고 생각하는 것은 말도 안 되는 소리이다. 그들이 예수님의 거처를 잘 알고 있었다는 것은 분명한 사실이다. 그 나흘 중의 아무 날 저녁에 그들은 신속하고도 비밀스럽게 사람들을 베다니로 보내서 그를 체포할 수 있었다. 그런데 왜 그렇게 하지 않았을까? 그들이 기다리고 있었던, 유다만이 제공해 줄 수 있었던 그것은 무엇이었는가?

  사람들이 이 질문을 해결하기 위하여 전통적으로 끌어대는 대답이 있는데, 그것은 복음서에 기록된 대답 즉 군중에 대한 두려움 때문이었다는 것이다. 그러나 이것은 언제나 진상의 반쪽에 불과하고 다른 반쪽이 아직 드러나지 않았다는 사실은 별로 인식되지 못한 것 같다.

  복음서의 기초가 된 자료들은 주로 예수님 편의 사람들에 의하여 수집된 것이라는 사실을 잊어서는 안 된다. 유다는 그의 비밀을 간직한 채로 죽었고 유대 지도자들도 그것을 누설했으리라고는 거의 보이지 않는다. 어쨌든 유다가 한 일은 단지, 예수님을 은밀하게 체포하도록 인적이 없는 장소로 산헤드린의 관원들을 인도한 것이라고 주장하는 것은 이 사건에 수반된 심리적 요소들의 미묘함을 완전히 간과한 처사이다. 왜냐하면 관원들은 유다의 도움이 없이도 주민들이 모두 잠든 이른 아침에 베다니에서, 혹은 수요일을 제외한 모든 저녁에 감람 산을 지나가는 도로상의 적당한 장소에서, 혹은 수요일 내내 그 작은 베다니의 조용한 숲 속에서 예수님을 은밀하게 체포할 수도 있었기 때문이다.

위의 치명적인 요소에 관한 모든 오해의 가능성을 피하기 위해 나는 유대인의 지도자들이 군중을 두려워했음을 부정하는 것이 결코 아니라는 것을 말해 두고자 한다. 많은 군중이 예언된 메시아라고 믿고 있는 그 분을 강제로 체포했을 때 야기될 정치적 결과가 어떤 것일까 하는 것은 아무도 몰랐고 알 수도 없었다. 그 전체 상황은 전례가 없던 것이었으며 극히 민감하고도 미묘한 상태였다. 말하자면 유대 지도자들이 한 모든 일은, 대중의 뜻이라는 불가사의한 실체에 대한 은밀한 정탐과 더불어 이루어진 것이었다.

그러나 이 사건에 있어서 가장 이상한 몇 가지 일들의 이유는 대중에 대한 두려움만으로 설명되지 않는다. 유다가 제공한 어떤 정보가 제사장들로 하여금 최후의 순간에 행동을 개시하게 할 수 있는 도화선 역할을 하였으며, 그 결과 제사장들은 법적으로나 공적으로 최대의 어려움을 야기시킬 수도 있는 그 시간에 일을 밀고 나갈 수 있게 되었던 것이다. 유다의 정보는 지명 수배된 자와 박해자들 사이에 기묘한 약속이 지켜지게 만들었는데, 역사는 그 약속에 대하여 우리에게 아무 것도 가르쳐 주지 않는다. 그들은 유다의 말에 의하여 한밤중 외떨어진 정원에 아무런 방비도 없이 있던 그 분에게 너무나 위압적이어서 심지어 조소거리가 될 만한 무력을 갖춘 사람들을 파견했던 것이다. 이것은 예방의 의미에서 그렇게 한 것이지만 그것이 정확하게 무엇을 의미하는지는 누구나 다 알 수 있을 것이다.

  이 모든 것들이 의미하는 것은 무엇인가? 나는, 개인적으로 대중에 대한 두려움이라는 드러난 원인 배후에는 더욱 깊고도 큰 두려움이 그들에게 있었다고 확신한다. 그 두려움이란 바로 그리스도 자신에 대한 두려움으로서, 그들이 유다로부터 놀라우면서도 반가운 소식을 들을 때까지 그 계획을 머뭇거리고 주저하게 만든 이유를 설명해 주는 것이었다.
  이런 생각을 괴상한 것이라고 생각하는 사람들을 위하여 사실들을 한 번 살펴보자. 유대 지도자들을 그 시대의 정신적 한계와 여러 가지 미신들로부터 분리시켜서 생각한다는 것은 불가능한 일이다. 독자들이 그리스도의 이적에 대한 기사를 실제적인 것으로 믿든지 혹은 미신에 사로잡힌 비과학적인 시대가 만들어낸 신화적 찬송으로 믿든지간에 그리스도께서 생존시에 가졌던 인격적인 힘과 그에 대한 사람들의 평판이 대단했던 것만은 분명한 사실이다. 장님과 중풍병자를 치료해 주며, 귀신들린 자를 고쳐 준 이야기가 널리 퍼져 나갔다. 그 이야기들은 전국 각지에서 들려 왔으며 예루살렘의 중심지에서도 그 사실이 무언중에 분명하게 인정되었다. 당시의 사람들 중에는 그 분이 분명히 어떤 비범한 능력을 소유했음을 의심하는 사람은 없었던 것 같다.
  복음서, 특히 그 마지막 장들을 공정하게 읽으면서 예수님의 인격을 둘러싼 신비의 후광이 유대 지도자들의 계획에 대하여 가장 강력한 위협을 주었다는 사실을 깨닫지 못한다는 것은 언어 도단이다. 그들은 예수님을 체포하는 일이 얼마만한 힘을 요하는 것인지를 모르고 있었는데 그것은 그들의 행동이 명백히 보여 주는 사실이다. 유대의 지도자들은 예수님께서 원하시기만 하면 전도시를 상상할 수도 없는 혼란과 흥분의 상태로 몰고 갈 수도 있었던, 체포되기 전의 나흘 동안에 마치 보이지 않는 두려움에 억눌린 사람들처럼 행동했다. 권력을 잡고 있는 사람들이 하리라고 생각할 수도 있었던 위험한 상황에서의 신속하고도 결정적인 체포 같은 일은 전혀 없었다. 그들의 행동은 명백하게 주저와 망설임으로 채색되어 있었다. 심지어 화요일 오후의 그 무자비하고 위협적인 고발이 있은 후에도 주도권은 여전히 그리스도께서 쥐고 계셨다. 더욱이 그 주도권이 최후까지 그리스도에게 쥐어져 있었다는 사실은 분명히 이 기묘한 이야기의 놀라운 사실들 중의 하나이다.

그들이 그리스도를 대하는 태도를 연구하는 가운데에서 나는 그들이 어떤 돌발적인 사태의 가능성을 생각하고 있었으리라는 느낌을 피할 수 없다. 그들은 마치 예수님을 체포하는 데에 상당한 무력이 필요하긴 하지만, 마지막 순간에는 그를 체포할 수 없음이 밝혀질지도 모른다고 생각한 것 같다. 이런 인상은 유다에 대한 그들의 야릇한 행위에 의하여 더욱 확고하게 굳어진다.

체포되기 전 며칠 동안에 그들의 체포 작업을 그렇게도 불리한 시간인 11시까지 지연시키게 만든 어떤 방해 요소가 있었으리라는 것이 분명하다. 다음과 같은 기사를 통해서 볼 때 유다와의 첫 번째 인터뷰는 그들에게 매우 희망적이었던 것 같다.

> 저희가 듣고 기뻐하여 돈을 주기로 약속하니 유다가
> 예수를 어떻게 넘겨 줄 기회를 찾더라(막 14 : 11).

복음서의 시간 경과를 따라가 보면 이 일은 문둥이 시몬의 집에서 저녁 식사가 끝난 후인 화요일 늦은 시간에 일어났다는 것을 알 수 있다. 그러나 아직 명백한 행동은 취해지지 않았다. 유다가 만찬석상에서 급히 퇴장한 목요일 밤 늦은 시간이 되어서야 비로소 그들의 망설임은 결단으로 바뀌었으며 격렬하고도 과열된 행동이 시작되었다.

　시간이라는 요소가 그렇게 중요하면서 해결의 결정적인 실마리가 되는 곳이 바로 여기이다. 만약 예수님께서 동산에 도착하신 직후에 체포되셨다면, 유다의 역할은 단지 목요일의 늦은 밤에 예수님께서 어디 계시다는 것을 관원들에게 알려 주며, 또한 그 중에서 누가 예수님인가를 알려주기 위하여 관원들과 동행하는 것뿐이었다는 가정이 정당한 것일 수도 있다. 이런 가정은 또한 유월절 전야에 그들이 예수님을 체포한 것은 그렇게 함으로써 군중의 반발을 극소화시키려는 지도자들의 고의적인 계획의 일부였다는 것을 전제한다.

　이런 설명이 언뜻 보기에는 그럴 듯하지만 자세한 연구의 결과와는 상충된다. 사실들이 가르치는 바는 전혀 다르다. 제사장들이 유다와 이런 약속을 맺었다고 가정해 보자. "우리는 목요일 밤에 그를 체포하려고 한다. 그러니 당신은 그의 거동을 완전히 파악할 때까지 그와 함께 있다가 신속히 우리에게 와서 그것을 말해 달라. 그러면 나머지는 우리가 처리하겠다." 그런데 이런 종류의 계획이 성립되었다는 것은 이미 그 중요한 사건을 처리하는 데에 필요한 모든 준비가 갖추어졌으리라는 것을 명백히 암시한다. 예수님을 체포하기 위한 출동에 동행한 것으로 기록되어 있는 성전 수비대의 지휘자들은 출동 준비를 완료하도록 미리 지시받았을 것이다. 연락을 받은 후 수분 내에 체포를 위한 무리들이 소집되어서 출동 준비를 완료했을 것이다.

　그러나 실제로 일들이 과연 이렇게 진행되었는가? 결코 그렇지 않았다는 것이 분명하다. 유다가 만찬석상에서 빠져나간 시간과 잡다한 무리로 구성된 체포대(빈틈없이 무장한)의 겟세마네 동산 도착 사이에는 몇 시간의 차이가 있는데 이 지체된 시간이 의미하는 것이 매우 중대한 것이다. 역사는 이 지연을 무엇이라고 설명하는가? 이것을 알기 위해서는 그 상황을 조심스럽게 연구해 보고 이상한 점에 주목해야 한다. 왜냐하면 그 상황은 이상한 것들로 가득 차 있으며 주의하지 않으면 이해하지 못하는 것이기 때문이다.

우선, 유다가 만찬석에서 떠난 다음부터 체포대가 겟세마네 동산에 도착한 시간은 거의 3시간의 차이가 있다는 점이다. 이 사이의 시간이 그보다 더욱 짧을 수가 없다는 사실은, 반드시 그 사이에 끼어 있어야 할 역사적 사건들을 추적해 보면 알 수 있다. 제자들이 동산 안에서 세 번 반복해서 잠들었다가 깨어나는 데 드는 시간에 관해서는 이미 앞에서 언급했다. 이 세 명의 제자들이 잠들었다는 사실은, 그들이 밤이 깊을 때까지 앉아 있다가 마침내는 피로에 지쳐서, 그 날 밤에 어떤 일이나 위험이 닥치더라도 주님과 함께 하기 위하여 깨어 있겠다던 당연한 욕망이 잠에게 패배당하고 말았다는 사실을 가르쳐 준다. 우리는 그들이 얼마나 오랫동안 잠의 유혹을 견디었는지는 모른다. 그렇지만 그들이 더 이상 졸음을 견디지 못하고 잠이 든 이후에는, 잠들었다가 깨는 것을 세 번 반복한 각각의 사이가 최소한 30분은 되었으리라고 보아야 한다. 이렇게 볼 때, 시내에서 동산까지 걸어 오는 30분의 시간과 위의 시간을 합하면 2시간이 된다. 우리는 여기에다가, 마침내 체포대가 성문을 향하여 나아가기 이전에, 유다가 떠난 뒤 만찬석상에서 나눈 이야기 시간(거리에서의 아름다운 저녁 기도에 든 시간을 빼고서라도)을 합해야 한다.

만약 누군가가 어떤 조용한 저녁의 황혼 속에 앉아 이 부분의 설명을 자세히 읽어 보며 자신을 그 자리에 세워 보면 이 모든 사건들이 실제의 행동과 잘 조화됨을 알 수 있을 것이다. 뿐만 아니라 그는 또한 이 사건의 진행 속도가 더욱 가속화될 수가 없었음을 깨닫게 될 것이며, 도리어 산만한 말들과 암시들 때문에 그 사건의 보조를 더욱 늦추어서, 지금 우리가 생각하고 있는 것보다 더 긴 시간이 그 사건에 소요되었다는 생각을 하도록 끊임없는 유혹을 받을 것이다. 예를 들면, 매우 이상하면서도 신비한 목적을 가지고 겟세마네에 도착한 제자들이 도착하자마자 드러 누워서 잠을 잤다고 생각할 수 있겠는가? 인간은 그런 식으로 행동하도록 되어 있지는 않다. 얼마 동안 몇 가지 질문들과 모호한 추측들이 입에서 입으로 전해졌을 것이다. 그들은 오랫동안의 걱정스러운 기다림과 의혹 속에 있다가 한 사람씩 심한 피로에 지쳐서 잠에 떨어졌을 것이다.

팽팽하면서도 긴장된 드라마가 진행되고 있어야 할 이 순간에 생긴, 최소한 3시간의 공백이 갖는 매우 중요한 의미가 설명되어져야 한다. 우리는 이것을 위하여 유다는 그 시간 동안에 무엇을 하고 있었으며, 마침내 체포대가 출발했을 때 유다는 예수님께서 어디 계시리라는 것을 어떻게 알고 있었는가 하는 것을 알아야만 한다. 어떻게 보면 이것이야말로 이 상황의 관건이다. 우리가 그것을 알게 되면, 우리는 역사에 있어서의 가장 기묘한 에피소드에 접근할 수 있는 열쇠를 소유하게 된다.

첫째로 우리가 이 기록으로부터 받을 수 있는 인상은 유대인들이 별 준비가 없는 상태에서 유다의 메시지를 들었다는 것이다. 나 개인적으로는 이 인상을 피할 수 없으며 더욱 연구를 진행시켜 보면 볼수록 확신이 깊어진다. 만약에 목요일의 마지막 순간에까지 예수님의 체포를 연기시키다가 드디어는 결과를 고려하지도 않고 체포를 결행하는 것이 유대인 지도자들의 고의적인 계획의 일부였다면, 어떤 준비와 사전의 조직이 진행된 기미가 있었을 것이다. 그런데 이 사람들은 어디로 가면 죄인을 체포할 수 있는지도 모르고 있었다. 심지어 그들은 베다니까지 갈 수도 있었다. 분명히 일이 그렇게 진행될 가능성도 컸다. 그도 그럴 것이 지명 수배자가 편리하게도 근처의 숲 속에서 자기들을 기다리고 있다는 것을 누가 알 수 있었겠는가? 만약 누군가가 알았다면 그 비밀스런 회합 장소가 알려졌을 때 유다가 만찬석상을 떠나고 얼마 있지 않아서, 복수의 여신은 신속하게 예수님을 덮쳤을 것이다.

그런데 우리 앞에 펼쳐진 상황은 몇 시간이나 지체되었다는 사실이다. 이 지연된 시간은 그 모든 체포 활동을 실패로 돌아가게 할 수도 있었던 치명적인 일이었는데도 말이다.

만일 그 지명 수배자가 그냥 도망칠 수 있는 보통 사람이라면 체포는 실패로 끝이 났을 것이다.

이 순간의 에피소드를 더 자세히 생각하면 할수록, 그 날 밤 유다가 제사장을 방문한 일이 전혀 예상 밖의 일은 아니었지만, 그들이 문제를 새롭고도 촉박한 국면으로 이끌었다는 인상이 더욱 강력해진다. 때문에 유다와 제사장들이 함께 의논하고 큰 결정을 내리며 즉석에서 체포 방법을 구상하기 위해서는 많은 시간이 필요했다. 마침내 체포대가 겟세마네로 출발한 시간은 그런 성급한 일들에 소요된 시간을 감안할 때 아무리 빨라도 상당한 시간이 소요된 후라고 보아야 할 것이다. 내 생각에는 네 복음서가 제공하는 설명에 의하면 이런 식의 해석밖에는 나올 수가 없을 것 같다.

이제 매우 흥미 있는 이 상황 속에는 확실한 역사적 근거를 가지면서 서로 잘 조화되어서 지연된 그 이유를 설명해 주는 두 가지 요소가 있다. 그 첫째 요소는, 유다가 만찬석상으로부터 가지고 온 메시지 속에는 유대 지도자들의 망설임과 의구심을 완전히 해결할 수 있는 새롭고도 놀라운 정보가 들어 있었다는 사실이다. 두번째 요소는, 그리스도 자신이 직접 자신의 체포를 촉구하며 재촉했다는 사실이다.

유다가 제사장들에게 전했던 말이 실제로 어떤 것이었는지 정확히 모르지만, 그 내용은 아마 다음과 같았을 것이다. "그는 죽음을 생각하고 또한 말하고 있다. 그는 감람 산 기슭의 동산에 가서 내가 올 때까지 기다릴 것이다. 그러니 속히 계획을 세우라. 그러면 내가 당신들을 그에게로 안내하겠다." 그런데 내 생각에는 이런 추론을 피할 수 있는 길이 없을 것 같다. 왜냐하면 이 드라마에 등장하는 두 주인공의 행동들이 조용한 가운데에서도 매우 분명하게 그 추론의 정당성을 지지하고 있기 때문이다. 우리는 예수님 편의 사람들과 유다 편 사람들이 어떻게 움직였다는 것에 대한 기록을 가지고 있다. 우리는 매우 늦은 시간의 암흑 속에서도 유다가 실수함이 없이 체포대를 겟세마네 숲속으로 인도했음을 알고 있다. 또한 우리는 예수님께서 제자들이 지치도록까지 바로 그 숲속에서 기다리고 계셨으며, 만일 시간이 지연되었더라면 새벽까지도 기다리셨으리라는 것을 알고 있다.

그런데 이런 상황은 어떤 사전 이해(나는 이렇게 부르겠다) - 전혀 언질이 없다는 의미에서 - 가 없이는 일어나기가 어려운 것이다. 여기서 우리는 예수님과 그의 배반자 사이에 일종의 약속이 있었다는 성급한 결론을 내리지 않도록 하자.[1] 내 생각에는 전혀 그런 일은 없었던 것 같다. 예수님은 심리 파악의 대가였다. 그리하여 그의 적대자들에게 그 날 밤에 자신을 넘겨 주겠다는 그의 확고한 결정은 극히 미묘한 방법에 의하여 성취되었던 것이다. 그

---

[1] 겟세마네에서 만나게끔 된 일의 진행이 매우 자연스럽게 이루어졌다는 사실을 기억한다면 이 일이 훨씬 사실적으로 보일 것이다. 유다는 제자들을 위하여 잠시 자리를 떠나 해야 할 어떤 임무를 맡고 있었음이 분명하다. 때문에 유다가 다시 이들에게로 돌아오기 전에 베다니 건너편의 언덕에서 만나기로 약속했으리라는 것은 자연스러운 일이다. 그런데 만날 장소로는 특히 겟세마네 동산이 적합했다. 왜냐하면 이 동산은 감람 산 기슭을 따라서 작은 마을로 넘어가는 가장 빈번하게 사용되던 두 곳의 통로 사이의 삼각 지점에 위치해 있었기 때문이다. 이 동산에 접해 있는 중심 도로 이외에 이 두 곳의 산길도 베다니로 통해 있었다.

런데 외관상으로는 결백한 사명을 띠고 그 다락방을 떠날 때 유다는 두 가지 확실한 사실을 알고 있었다. 그는 예수님이 겟세마네 동산으로 가려 하고 있다는 것과 예수님의 마음은 이미 십자가쪽으로 기울어졌다는 것을 알고 있었다. 뜻밖의 조화를 이루면서 그에게 다가온 이 두 가지 큰 사실은 그에게 큰 기회였으며 동시에 유혹이었다.

이것이야말로 그가 새로운 주인들에게 가져갈 수 있으리라고 기대했던 어떤 것보다 훌륭한 소식이라는 것을 유다의 명석한 두뇌는 재빨리 감지했다. 이제 장애물은 제거되었다. 왜냐하면 예수님은 최소한 오늘밤, 체포에 대하여 저항을 보이지는 않을 것이기 때문이다. 예수님에게는 항복의 분위기가 감돌았다. 이제 그들이 일을 이루도록 소식을 전하는 일만 남았다.

유다는 어떤 사람이라도 그렇게 했겠지만 이 새로운 최고의 사실을 마음속에 품고서 대제사장의 집으로 달려갔다. 비록 그가 수행하고자 했던 일이 있었어도 그의 사적인 일은 연기될 수 있었다. 국가의 기관이 지체없이 행동을 개시하는 것이 무엇보다도 급한 일이었다.

그렇다면 이제 그리스도의 죽음과 그렇게도 밀접한 이해 관계를 가지고 있던 가야바와 사두개인의 적은 무리에게 이 정보는 어떤 효과를 냈겠는가? 우리는 다행스럽게도 이 질문에 대하여 꽤 정확한 답변을 제시할 수 있다. 왜냐하면 이 상황에 대하여 그들의 입장에서 볼 때 어떤 것보다도 그들의 정책을 중요하게 지배하는 두 가지 근본적인 사실이 있었기 때문이다.

첫째로, 이 독특한 상황에서 그리스도를 체포하려는 시도가 실패로 돌아간다면 이것은 그들의 이익에 치명적인 결과를 가져다 줄 것이다. 부연하면 그들이 일을 착수했다가 어떤 이유-조금이라도 초자연성을 띤-로 인하여 실패한다면 하나님의 사업을 대행한다는 그들의 위신은 돌이킬 수 없는 타격을 받을 것이라는 말이다.

둘째로, 유월절 축제가 열리는 기간인 한 주일 동안에 예수님을 체포해서 재판도 하지 못하고 억류해야 할 일이 생긴다면 그것은 더욱 위험한 일이 될 것이다. 결코 그들에게는 그렇게 할 용기가 없었다. 축제 기간 동안의 예루살렘은 다른 지방에서 온 많은 사람으로 인해 소란스럽기로 유명하며 감정이 고조되기 쉬운 상태였다. 그렇기 때문에 유대 지도자들은 예수님의 체포와 같은 반향이 큰 사건에 의하여 대중이 최면 상태에 빠져서 몇 시간 동안은 자기들에게 유리할 것을 기대할 수도 있을지 모르지만 전혀 다른 상황이 곧 뒤따를지도 모르는 일이었다.

이런 선택의 기로에 놓인 사람들에게 가룟 유다가 목요일 밤 늦게 가지고 온 소식은 한편으로는 그들의 문제를 완화시켰지만 다른 한편으로는 어려움을 열 배나 더하게 하는 것이었다. 문제를 완화시킨 것은 그 소식이 그들에게 체포를 위한 확신과 확실성을 제공했기 때문이다. 뿐만 아니라 이 소식은 기회가 왔음도 알려 주었다. 그러나 그 소식이 그들의 어려움을 가중시킨 이유는, 그 기회가 너무 늦은 시간에 찾아왔기 때문에 일을 결행하고 난 후에는 보다 치명적인 제2의 위기를 맞게 되리라는 사실 때문이었다.

이렇게 볼 때 이 시점에서 그들에게 즉각 발생한 실질적인 문제는 아마 다음과 같았을 것이다. "과연 내일 해지기 전까지 모든 필수적인 법적 절차를 거쳐서 형을 집행할 수 있겠는가?" 이것은 쉽게 대답할 수 없는 매우 심각하고도 복잡한 질문이었다.

비록 대제사장 가야바가 그의 장인 안나스의 세속적 지혜와 오랜 경험의 힘을 크게 입고 있었다고 할지라도, 이 문제는 대제사장 자신도 즉각적으로 대답할 수 없었던 문제로 보인다. 적어도 이 계획은 산헤드린을 구성하고 있는 서로 다른 그룹의 대표자들과의 최소한의 상의를 요구하고 있었다. 이런 상황은 전혀 전례가 없는 것이었다. 또한 전체 일을 진행시키는 과정에서 생기는 실패는, 그것이 제아무리 미미한 요인에 의한 것이라 할지라도 매우 위험한 명령의 결과로 판명될 것이다.

그러므로 2-3시간 중의 많은 부분은, 급한 회합을 가지고, 대제사장 저택에서 실무자들이 급히 일을 진행시키며, 또한 산헤드린의 재가를 얻는 데에 필수 불가결한 유대 지도자들과의 면담을 갖는 데에 소비되었을 것이다. 이런 모든 것들이 이 사건의 설명 기사 속에 명백히 암시되어 있다. 그런데 이것들 이외의 다른 어떤 것이 남아 있을까? 개인적인 생각으로는 남아 있다고 생각한다.

그리스도의 체포에까지 이르는 상황들을 우리가 어떻게 해석하든지간에, 가룟 유다가 체포대를 겟세마네로 파견시킬 수 있었던 결정적인 소식을 가지고 가기 이전에 확실히 유대 지도자들과 본디오 빌라도 사이에는 이미 어떤 의사 교환이 있었던 것 같다.

이런 중대한 사건이 빌라도가 모르는 상태에서, 더욱이 빌라도가 이것을 수락하리라는 것을 유대인들이 확인도 하지 않은 상태에서 금요일 새벽에 빌라도에게 불쑥 제출되었으리라고 가정하는 것은 빌라도의 성격과 로마 점령지의 특성에 비추어 볼 때 무리한 일이다.

네 명의 복음서 기자 중에서 빌라도와의 사전 협의를 언급한 사람이 한 명도 없다는 사실은 이해하기 어려운 일이 아니다. 그들은 모두 자신의 독특한 관점에서 이 사건을 기록하고 있었다. 복음서 기자들에게는 빌라도가 유대인들의 계획을 승인했다는 사실이 별로 큰 중요성을 갖지 못했을 것이며, 더욱이 그것은 행정상의 문제로서 더욱 흥미를 끌지 못했을 것이다. 그러나 우리가 일단 자신을 제사장들의 입장에 놓고 본다면, 우리는 곧 비록 늦은 시간이라도 총독의 동의와 협력을 얻어내는 것이 얼마나 필수적인 일인가를 깨닫게 될 것이다.

  만약 누군가가 현재 우리에게 있는 복음서의 설명이 위와 같은 확신을 제공해 주기에 불완전하다고 느낀다면, 한 가지 미미하지만 중요한 상황을 함께 생각해 보고자 한다. 초대 기독교 문헌에 깊이 뿌리 박혀 내려온 한 가지 전승(이것은 로마의 재판에 관한 설명 속에서 요한도 입증했다)이 있다. 그것은 다름 아니라 당시 이방인의 궁정에 들어가면 안 된다는 유대인의 관례 때문에 빌라도가 관례를 깨고 유대인에게로 나아왔다는 사실이다(요 18 : 28, 29을 참고할 것 - 역자주). 유대인이 궁정에 들어가지 않은 이유는 물론 그때가 유월절이었기 때문에 몸을 성결케 해야 했기 때문이다. 만일 이것이 역사적인 사실이었다면 그것이 의미하는 바는 이렇다. 즉 만약 그리스도의 재판이 매우 중요하고도 긴급한 일이 아니었다면 빌라도는 그 날 재판을 열지 않았으리라는 것이다. 일반적인 일의 진행에 비추어 볼 때, 주요 관계자들과 증인이 참석할 수 없는 때에 재판을 속행한다는 것은 이 재판의 성격상 언어도단인 셈이었을 것이다. 빌라도가 그 날 총독의 궁정 바깥의 공개된 장소에 자리를 마련하고 전혀 이의를 제기하지 않은 채 그 사건을 청취했다는 사실은 이미 분명한 어떤 약속이 있었음을 암시하는 것이다.

  그러므로 우리가 제사장들의 속마음을 들여다 보고자 노력하며, 그들이 급히 해결해야만 했던 복잡한 문제들을 주시해 보면 우리는 그들과 빌라도 사이의 어떤 사전 대화가 필히 있었음을 알게 될 것이다. 유대 지도자들은 예기치 않았던 좋은 조건하에서 예수님을 체포할 수 있는 기회를 갑자기 제공받았다. 때는 밤이었고 군중은 유월절 준비에 몰두해 있었다. 게다가 이상하게도 피고 자신이 그 일을 원했으며 모든 상황이 그들의 계획을 돕고 있었다. 순전히 정치적인 측면에서 볼 때 일의 진행은 분명한 것이었다. 자기들이 애써서 열어야 하리라고 생각했던 문이 저절로 열린 것이다.

그러나 한편으로 법적인 어려움은 굉장히 컸다. 일몰 후에 법정을 여는 문제, 필요한 증인들을 불러 모으는 문제, 다음날 아침에 산헤드린 총회를 준비하는 문제 등이 심사 숙고와 신속한 조직의 구성을 요구했다. 많은 일들이 우연에 맡겨져야 했으며 또한 세워 놓은 계획대로 대강 맞아 주기를 바라는 도리밖에 없었다. 그러나 그들의 행운을 거는 행동이 시작되기 전에 일의 대체적인 윤곽은 확정되어야 했다.

그러나 사건의 가장 핵심적인 최소한의 계획-체포, 고소의 조건과 심증을 얻기 위한 야간의 증언 청취, 산헤드린으로부터 자신들의 결정을 인정받기 위한 사전 회합-이 확정된 후에도 그들은 분명한 답변을 얻어내야 하는 매우 중요한 문제를 하나 더 가지고 있었다. 유월절 이전에 십자가형을 실시해도 좋다는 허가를 로마로부터 얻어낼 수 있는가? 과연 빌라도는 그들에게 부과된 독특한 상황하에 그 재판을 청취하려고 하겠는가? 혹시 그가 완전한 재판을 고집하지는 않을까? 아니면 이미 유대인들의 법정에서 결정된 형식적인 판결을 의지하여 형을 집행할 수 있을 것인가?

이런 문제들은 통상 공적인 통로와 행정상의 업무를 통하여 확정되어야 할 것들이었다. 유대인의 재판이 있을 때마다 거리에는 로마 총독이 열람할 수 있는 일종의 소송 사건 기록표(calendar)가 있어야 했다. 그런데 이 소송 사건 기록표를 준비함에 있어서는 먼저 빌라도의 개인적 편의에 대한 문의가 항상 먼저 있어야 했다.

그런데 이 사건은 너무나 급박한 것이었기 때문에 이런 통로를 의지할 수가 없었다. 이미 시간은 늦은 밤이었다. 유죄가 확정되기 위해서는, 다음날 아침 일찍 사건을 심리하기 위한 예비적인 계획이 총독과의 사이에서 준비되어야 했다.

　빌라도가 보통 자신만의 어떤 즐거움에 빠져 있을 시간에 그와의 면담을 요청할 수 있는 사람은 예루살렘에 단 한 명이 있었다. 그 사람은 바로 대제사장 가야바였으며, 따라서 아마 십중팔구는 그가 갔을 것이다. 오직 그 사람만이 최고 기관의 권위를 가지고 예수님에 대한 고소 이면에 감추어진 정치적 타당성을 제시할 수 있었다.

　유대 나라의 명목상의 대표자가 매우 늦은 밤에 빌라도를 방문했느냐의 여부가 뭐 그렇게 중요한가 하고 생각될 수도 있다. 그러나 만약 우리가 다음 장에서 다루고자 하는 대로 일이 잘 진행되었다면, 기록되지 않은 그 방문이 근본적이면서도 광범위한 중요성을 가진다는 사실을 알게 될 것이다. 왜냐하면 이 방문은 다른 어떤 가정도 설명할 수 없는 일들을 설명해 주기 때문이다. 그 일이란 바로 그리스도의 운명을 결정한 다음날 긴박한 몇 시간 동안에 빌라도가 취한 매우 수상한 행동을 가리킨다.

4
심리학적 힘의 균형

만일 어떤 사람이 본디오 빌라도에 의한 예수님의 재판을 연구하려고 하면서 이 연구가 단순하고도 분명한 것이라고 생각한다면, 그는 그 사태에 대해 크게 잘못 계산하고 있는 것이다.

이 사건은 극히 미묘하다. 겉으로 보기에는 잔잔한 수면과 같이 고요하지만 그 외관상의 잔잔함 속에는 깊이 숨겨진 격류가 있어서, 이 격류 때문에 그 사건은 역사 속에서 타의 추종을 불허할 만큼 흥미 있는 심리 연구의 자료가 된다. 우리는 그리스도가 로마의 법정에 섰을 때, 그 분의 모든 신비를 제거해 버리지 않는다. 도리어 우리는 그 신비를 열 배나 증가시킨다.

복음서에 기록된 설명에 의하여, 드러나지 않은 어떤 수상한 점이 이 이야기 속에 숨어 있다는 최초의 힌트는, 유대인들의 행위나 피고의 행동에서 나타나지 않고 빌라도의 행위에서 나타난다. 이 재판 기록을 아주 독특한 것으로 느끼게 만드는 요인이 무엇인지를 밝혀 보기 위하여 4복음서를 자세히 여러 번 읽은 기억이 있다. 그런데 나는 그 기사를 여러 번 읽으면서 다음의 사실을 확신하게 되었다. 즉 항상 모호한 느낌을 주던 요인은 다름 아니라 4복음서에 기록된, 빌라도가 예수님의 재판을 대한 태도가 그의 성격이나 경력에 비추어 볼 때 어울리지 않는다는 점이다.

우리는 로마 제국의 이 무뚝뚝하고 교양 없는 군인의 경력에 대하여 최소한 몇 가지는 알 수 있다. 그렇게 신빙성은 없을지 모르지만, 전승에 의하면 그는 스페인의 세빌리아에서 태어났다. 그는 군인 가문 출신으로서 기수대(ordo equester)의 대원이었으며 한때는 게르만을 위하여 일하기도 했다. 그는 로마에 오래 체류하는 동안 클라우디아 프로큘라(Claudia Procula)라는 귀족 가문의 소녀와 교제를 갖게 됐으며 결국은 그녀와 결혼하였다. 이 여자에 대하여 좀 살펴보면, 그녀는 티베리우스의 세번째 부인인 클라우디아의 딸로서 가이사 아구스도(Augustus)의 손녀가 된다. 왕가와의 이런 우연한 관련이 빌라도에게 예기치 못했던 개인적인 이익을 주었다는 것은 어떻게 보면 당연한 귀결이었는지도 모르겠다. 어쨌든 그는 주후 26년에 세자누스(Sejanus)의 추천으로 유대 총독으로 지명되었으며, 그 자리를 수락하면서 아내를 함께 데리고 갈 수 있는 특권까지 누릴 수 있게 되었다.

이것이 빌라도가 유대로 오기 전의 경력에 대하여 우리가 알고 있는 짧지만 암시하는 바가 많은 사실들이다. 그러나 역사가 주로 언급하는 그의 일생에서의 가장 극적인 10년간의 기록을 우리가 알게 되면 우리는 그를 새로운 각도에서 볼 수 있게 된다. 이런 파란 많은 10년 중에 특히 두드러지는 세 가지의 에피소드가 있다. 그것은 바로 "로마의 군기"와 유대인의 "고르반"과 "봉헌 방패"의 세 가지 사건이었다. 이것들 외에도 "사마리아인의 사기 사건"이 발생했는데, 그는 이 사건으로 인해 소환되었다가 결국은 추방되고 말았다. 이런 각각의 에피소드들은 그 나름대로 우리가 지금 다루려고 하는 이 사람의 됨됨이를 설명해 준다.

자신에게 부여된 동기와는 전혀 다르게 움직인 그의 행동을 유의하면서 당시의 기록들을 조심스럽고 공정하게 읽어본다면, 우리는 그가 서툰 인물이라기보다는 차라리 조잡하면서도 고집이 센 인물이라는 것과, 로마의 권력자가 그를 그렇게 대우한 것은 그에게서 실제로 타인에 대한 책임과 분별 있는 통치를 기대해서가 아니라 그의 고집을 더욱 굳히기 위한 것이었다는 분명한 인상을 받을 것이다. 줄리어스 시저(Julius Caesar)와 다른 로마의 권력자들이 이방인들과 신하들을 다룬 특징적인 방식의 흔적이 빌라도에게서는 전혀 발견되지 않는다. 결국 빌라도는 자기의 목적을 성취하기 위하여 분에 넘치는 권좌에 달려드는 뭇 남녀의 표본에 불과했다.

그의 완고함과 정치에 대한 일상적인 통찰력 결핍이 "로마 군기 사건" 속에서 매우 분명하게 드러난다. 우리는 무엇이 그로 하여금 군단의 기와 다른 휘장들을 예루살렘으로 보내도록 자극했는지는 모른다. 그러나 그가 그 일을 밤에 실행했다는 사실은 빌라도 자신도 어떤 문제가 발생하리라는 것을 알았다는 의미이다. 그러다가 실제로 문제가 발생했으며 급기야 그는 가이사랴에서 6일 낮밤을 꼬박 공격을 받게 되었다. 그러나 그는 대화와 토론을 통하여 문제를 해결하려는 노력은 전혀 시도하지 않았다. 6일이 지난 후 그의 유일한 대답은 무력으로 대표단을 항복시키겠다는 것이었다. 그러나 그런 뒤늦은 시험을 통하여, 자기의 주장을 관철시키는 유일한 길은 대량 학살(예루살렘에 조각된 어떤 형상을 두는 일에 대한 반대가 너무나 광적이었으므로)이라는 것을 깨달은 후에 그는 결국 항복했으며 그들을 철수시켰다.

우리가 빌라도의 이런 행동을 거의 동일한 상황에 처한 다른 로마의 군인인 페트로니우스의 행동과 비교할 수 있다는 것은 다행스러운 일이다. 페트로니우스의 이야기는 요세푸스에 의하여 거의 완전하게 전해지고 있다. 이 이야기의 매우 현저한 점은, 유대인의 시위 운동의 배후에는 로마의 정치 권력과 뛰어난 정치 수완이라 하더라도 인정해 주어야 할 뿌리 깊은 도덕적 힘이 있다는 것을 페트로니우스가 공개적으로 시인했다는 사실이다. 그는 정당한 사색과 개인적인 회합을 통하여 장애물들을 제거하려고 노력했다. 그는 자기의 뜻을 관철시켜야 할 필요를 빌라도보다도 훨씬 강하게 느끼고 있었다. 왜냐하면 그는 미친 황제로부터 유대인의 성전에 황제의 상을 갖다 놓으라는 분명한 명령을 받았으며, 그 일이 실패하면 불쾌한 결과가 초래되리라는 것을 잘 알고 있었기 때문이다. 빌라도가 부딪혔던 것과 같은 요지부동의 바위 앞에 부딪혔을 때 그는 가이사에게 보고서를 썼다. 이 보고서는 그의 용기를 훌륭하게 입증했을 뿐 아니라 동방에서의 로마의 위광을 더욱 빛나게 했던 것이다.

그러나 내가 여기서 끌어내려고 하는 주장은, 이 미묘한 일을 처리한 페트로니우스의 솜씨와 거의 유사한 환경에서 취한 빌라도의 행동 사이의 차이점은 매우 특이하면서도 많은 것을 암시한다는 사실이다. 다시 말하면 결국 이 차이점은 전혀 다른 두 사람의 정신에서 생기는 차이이다. 빌라도가 한 일들은 모두 정신적 탄력성과 이해가 결핍된 동일한 상태에서 행해졌던 것이다.

그 실례로 "고르반" 즉 구별된 재물에 관한 사건을 생각해 보자. 빌라도가 이 돈을 쓰고자 한 목적은 칭찬할 만한 것이었다. 왜냐하면 그것은 실로암 연못의 물을 시내로 끌어들일 수 있는 수도관을 건설하고자 한 것이었기 때문이다. 다른 모든 사람과 같이 유대인들도, 예루살렘에 확실한 급수 시설이 마련된다는 것에 대해서는 깊은 관심을 가지고 있었다. 수세기를 통하여 많은 왕들과 정치가들이 이 문제로 씨름했으며, 유대인은 여러 번 이 문제를 해결하려고 전력을 기울이기도 했다.

이와 같이 유익한 공공 사업을 위한 돈을 마련하는 문제를 유대인의 권력자들에게 솔직히 제시했다면, 그렇게 어려운 일은 아니었을 것이다. 그런데도 빌라도는 오로지 종교적인 목적만을 위하여 마련된 기금인 "고르반"을 덮쳤다. 군중은 당연히 반란을 일으켰다. 그러자 그는 민간인으로 가장한 군인을 군중 속으로 보냄으로써 불필요한 피를 흘리게 했으며 치명적인 혼란을 야기시키고 말았다.

우리는 이와 극히 유사한 성질의 무자비한 마음 씀씀이를 빌라도가 헤롯 궁에 설치한 봉헌 방패(votive shields) 사건 속에서 엿볼 수 있다. 여기에는 이 작업에 대한 유대인들의 깊은 종교적 반발을 이해하거나 인정하려는 시도는 조금도 보이지 않거니와 심지어 그것에 관하여 대화를 해보려는 마음조차도 보이지 않는다. 그러다가 유대의 최고 지도자가 티베리우스에게 보낸 편지로 인하여 황제가 그를 심하게 문책한 이후에야 비로소 빌라도는 그 일을 양보했다.

빌라도가 어떤 갈릴리 사람의 피를 그들의 "제물"에 섞은 사건에 대한 힌트는 복음서들 속에도 나타난다. 우리는 그것이 구체적으로 어떤 사건을 가리키는지는 모르지만, 한 가지 확실한 것은 그것이 우리가 알고 있는 그의 기질에 잘 부합한다는 것과, 필로(Philo)의 기록으로 우리에게 전해진 사마리아인에 대한 그의 행동과도 유사한 점이 있다는 사실이다.

우리가 빌라도에 대한 유일한 일반 역사 기술 속에서 알 수 있는 그의 사람됨이란 바로 위와 같은 것이다. 그것들은 놀라운 일관성을 가지며 그 유형에 부합한다.

그러나 이제 이 사람이 실시한 예수님의 재판에 관한 복음서의 기록을 살펴보면, 우리는 이 사건 속에 나타난 그의 인격이 우리가 지금까지 그에 관한 연구 속에서 받은 인상과는 동일하지 않음을 즉시 알게 된다. 어떻게 보면 생명의 주님을 재판하는 빌라도는 본래의 빌라도-거만하고, 건방지고, 가혹한-가 아닌 것같이 보이기도 한다. 그는 유대인과 화해하려는 데는 눈에 띄게 열심이었으면서도, 그들의 소원을 수락하기는 아주 꺼려했다. 그가 우리에게 주는 인상은 두 개의 정반대되는 화해할 수 없는 힘에 의하여 찢겨진 한 사람이라는 것이다.

내 개인적인 생각으로는 빌라도가 이 문제에 손을 대려 하지 않았다는 느낌을 피할 수가 없다. 그는 어찌 되었든지, 무슨 대가를 치르고라도 그리스도를 석방해야겠다는 한 가지 강렬한 생각을 품고 있었다. 우리는 이런 사실을 모든 일들-사건을 헤롯에게 인계하려는 시도, 피고의 무죄를 세 번 인정한 일, 손을 씻은 일-속에서 발견하며, 최후로는 군중의 고집과 외침에 대한 무마책으로 바라바를 예수님 대신으로 삼으려는 필사적인 시도 속에서도 발견한다. "당신은 가이사의 친구가 아니요"라는 위협적인 음성이 그 북새통 위로 들렸을 때, 비로소 보다 큰 두려움이 그의 마음 속에 있던 예수님에 대한 이전의 두려움을 이기기 시작했다.

보통 때에는 매우 강한 자기의 의지를 가지고 있으면서 그에 대항하는 것을 허용하지 않으려 하던 사람이 이렇게도 자신에게 일관성 없는 행동을 취한 사실을 어떻게 설명할 것인가? 세속 역사 속에서는 폭군인 빌라도가 복음서의 페이지 속에서는 우유 부단한 빌라도로 나타나는 이유는 무엇인가?

빌라도 편에서의 여러 가지 개인적인 사건과 특히 재판이 벌어지기 전날 밤에 그의 집안에서 일어났을 어떤 일을 특별히 고려하지 않고는 이 현상에 대한 참된 설명에 도달하지 못할 것 같다.

예수님의 체포에 관련된 독특하면서도 다르게는 설명될 수 없는 시간 지연의 원인을 추적하면서, 예수님의 체포가 미리 빌라도에게 알려졌으리라는 것과 이 통고가 밤 11시 조금 전에 이루어졌으리라는 결론에 도달했던 것을 독자는 기억하고 있을 것이다.
　복음서에는 기록되지 않은 빌라도와의 이 면담의 증거는 분명하다. 게다가 그 날 밤에 클라우디아 프로큘라가 헤롯 궁에 있었다는 미미하지만 매우 중요한 상황이 그 면담의 사실을 더욱 강력하게 뒷받침한다. 이 특수한 상황에 단 한 번 나타나서 그 이후로 수세기 동안 전승된 클라우디아에 대한 언급이, 예수께서 돌아가시기 전날 밤에 그녀가 예수 그리스도에 대한 꿈을 꾸었다는 것이라면 그것은 매우 암시적이다.
　만약 우리가 예수님에 대한 로마의 재판이 변칙적이 아닌 전통적인 과정에 따라 진행되었고(복음서에서 사람들은 많은 경우에 이렇게 추측한다) 따라서 유대인들은 아무런 사전의 준비도 하지 않은 채 금요일 아침에 그리스도를 빌라도의 법정에 데려갔다고 생각한다면, 프로큘라의 꿈에 대한 언급은 전혀 비논리적으로 보이거나 실제 사실이 아닌 것으로 보일 것이다. 그러나 우리가 그 사건들을 실제의 순서대로 배열하면서 다시 한 번 생각해 보면 그것의 사실성이 확연히 드러날 것이다. 이제 그 밤에 일어났을 사건의 진행을 가장 논리적인 순서에 따라서 생각해 보기로 하자.

　그 때에 빌라도는 잠시 들르기 위한 방문이 아니라 보통 열흘이 걸리는 유월절 기간을 위하여 시내에 있었다. 때문에 마태의 분명한 진술이 없었다 하더라도 클라우디아가 그와 함께 예루살렘 시내에 있었을 가능성은 매우 크다. 이런 이국의 도시에 그들의 친구가 거의 없었으리라는 것은 분명한 사실이다. 빌라도와 같은 지위에 있는 사람은 극소수의 사람들과만 친분을 가져야 했기 때문에 이 두 사람은 특히 가까울 수밖에 없었을 것이다.
　그 날 밤 베드로가 불에 손을 녹였다는 사실로 미루어 볼 때, 빌라도와 클라우디아도 그 날 밤 궁전 안의 그들의 어느 넓은 방에서 난로를 피워 놓고 그 주위에 앉아 있었으리라고 상상해도 크게 잘못되지는 않을 것이다. 그 다음에 무슨 일이 일어났는지를 온전히 판단하기 위해서는, 예수님의 체포에 관계된 독특한 시간적인 제약을 다시 한 번 기억해야 한다. 우리는 복음서를 통하여, 빌라도가 이 사건을 금요일 이른 아침에 보고받았다는 사실을 알고 있다. 아마도 목요일 오후 8시에서 9시 사이에 대제사장이 유다의 급한 방문을 받았을 것이다. 왜냐하면 최후의 만찬은 그가 나간 뒤에도 얼마간 지속되었기 때문이다. 이제 남은 2시간은 예수님과 제자들이 겟세마네 동산에서 기다리던 시간이다. 만약 유다가 제사장들에게 전해 준 정보에 의하여 예수님의 체포가 결정되었다면(실제로 우리는 이렇게 믿을 강력한 이유를 가지고 있다) 9시부터 11시 30분 사이에 빌라도가 그 소식을 접했으리라는 것이 분명하다. 만약 그렇지 않았다면 다음날 이른 아침에 총독이 직접 움직이는 일이 어떻게 가능했겠는가?

내가 앞 장에서 제시했듯이 빌라도가 개인적인 시간을 집에서 갖고 있을 때 그에게 안전하게 접근할 수 있는 사람은 예루살렘에 단 한 사람이 있었으며, 그것도 매우 급한 정치적 용무에 의한 것이어야 했다. 그 사람은 바로 대제사장이었다. 사실 이 사건에 관한 빌라도의 협조가 그렇게도 짧은 시간에, 자세한 조사를 거치지도 않고 이루어진 것은 유대 나라 최고의 권위자가 급하게 직접 찾아갔기 때문이라고밖에는 달리 설명할 수가 없다.

때문에 이 특별한 방문자가 헤롯 궁에 모습을 드러낸 시간이 밤 9시부터 11시 사이―아마 9시보다는 11시에 더 가까운 시각일 것이다―의 어느 시간이라고 가정해도, 역사적 개연성에서 크게 벗어난 일은 아닐 것이다. 이 방문자가 직접 주인의 거실로 찾아갔을지도 모르지만, 아마 빌라도가 그를 만나기 위해 대기실로 나왔을 것이다.

내 생각으로는, 이들 예루살렘의 권력자들이 만난 몇 분 후에 그 급박한 대책의 윤곽이 잡혔을 것이다. 한 중요한 정치적 반대자를 그 날 밤에 체포해야 했다. 다음날 아침에 재판이 이루어져야 하며 극형을 언도하는 선고가 있어야 했다. 해지기 전에 사형을 집행하는 데 필요한 승인을 시간 맞추어서 하기 위해 아침 일찍 그 사건을 심리할 것을 과연 빌라도가 허락하겠는가?

제사장들의 결례 문제에 대해서도 어느 정도의 대화가 오고 갔을 것이다. 성전에서 요직을 맡고 있는 사람들은, 유월절과 같은 특별한 기간에 이방인의 궁전에 들어가지 못하게 되어 있었다. 그런데도 일은 매우 시급하다. 왜냐하면 이런 즉결 심판을 거부하면 (당시의 예루살렘의 거대한 민중을 생각해 볼 때) 폭동이 일어날 것이기 때문이었다. 이런 상황에서 과연 빌라도가 피고와 유대인 법정의 판결을 제시할 유대인의 대표자에게로 직접 나올 것인가?

대략 20분 내지 30분이 소요되었을 이런 토론을 마치고 방문자가 돌아간 후에 빌라도는 다시 난로 곁으로 갔을 것이다. 여자의 특징을 잘 아는 사람이라면, 이 순간에 클라우디아가 그 토론에 대하여 아무런 호기심도 갖지 않았으리라고 생각하는 사람은 아무도 없을 것이다. 때문에 그들이 그 날 밤 잠자리에 들기 전에 분명히 그 예기치 않았던 방문과 피고의 신분과 체포의 배후에 깔려있는 원인들(그것이 충분히 설명되었는지의 여부는 제쳐두고라도)에 대하여 얼마간의 대화를 나누었을 것이다. 남편과 유대인들 사이에 어떤 문제를 야기시킬 것 같은 모든 사건에 대하여 그녀는 특별한 관심을 가지고 있었음이 분명하다.

때문에 클라우디아가 늦은 밤에 그의 방으로 갈 때, 그녀가 마음속으로 예수님에 대하여 생각하고 있었으리라는 것은 거의 확실하다. 다음날 아침에 그녀가 선명하고 고통스러운 꿈에서 깨어났을 때 그녀는 이미 빌라도가 궁전을 떠난 것을 발견했으며, 또한 그녀는 빌라도가 간 곳이 어디라는 것과 그가 지금 수행하고 있는 일의 미묘함을 알고 있었다. 마태의 기록에 의하면, 가장 간결한 말로 그녀 자신의 심각한 우려와 빌라도가 취해야 할 행동에 대한 그녀의 생각을 적은 메시지-전보문처럼 간결하고 급한 어조의-를 클라우디아가 그에게 보낸 것은 바로 이 순간이었다. 그 내용은 이렇다.

>저 옳은 사람에게 아무 상관도 하지 마옵소서 오늘 꿈에 내가 그 사람을 인하여 애를 많이 썼나이다(마 27 : 19).

이제야 우리는 이 사건의 논리적이면서도 명료한 전후 관계를 알게 되었다. 그 결과도 역시 논리적으로 보이지 않는가? 나는 그렇게 생각한다. 왜냐하면 빌라도에게 보낸 클라우디아의 메시지에 나타난 가장 강렬한 특징은 긴박성이다. 그 말들은 매우 급한 상황에서 가장 짧은 말로 자기의 심각함과 긴급성을 전하려고 하는 사람의 말이다. 프로큘라가 빌라도에게 전하고자 하는 말을 이만큼 분명하게 표현할 수 있는 더 짧은 문장을 생각해 낸다는 것은 불가능할 것이다. 그녀는 다른 무엇보다도 우선 이 일에 개입하지 말 것을 그에게 경고하고자 하였다. 그 메시지로 미루어 볼 때 그녀는 빌라도가 하는 일이 단지 그리스도를 그 대적에게 넘겨 주는 일의 초기 단계라는 인상 이상의 그 어떤 것을 느끼고 있었던 것 같다. 따라서 그녀는 즉각적인 경고의 필요를 느꼈던 것이다.

위에 제시한 상황 속에서 만약 클라우디아가 그 전날 밤에 예수님의 체포를 미리 알고 있었다면, 이 지식이 그녀가 그런 꿈을 꾼 적절하고도 충분한 원인이 된다는 당연한 이치를 주장하기 위해 여기서 시간을 허비하지는 않겠다. 그러나 만약 빌라도가 죄수를 그 죄수의 대적들에게 넘겨 주려 하고 있다는 사실을 프로큘라가 몰랐다거나, 최소한 그러리라는 강한 예상이라도 갖지 않았다면,

다음날 아침 잠에서 깨어났을 때, 그 꿈이 그녀에게 그렇게도 급박한 두려움이 되지는 않았으리라는 것을 보여 주는 충분한 상황에 대해서는 독자의 주의를 환기시키려고 한다.
그 전체 메시지의 취지는 이렇다.

> 저 옳은 사람에게 아무 상관도 하지 마옵소서 오늘 꿈에 내가 그 사람을 인하여 애를 많이 썼나이다(마 27 : 19).

이 말을 아무리 해석해 보아도, 그것들은 어떤 일이 일어날 것을 두려워하며 그 일을 필사적으로 막으려는 한 여인이 쓴 글로밖에는 볼 수가 없다. 이 사실들은 한 가지 결론, 즉 빌라도가 사건을 재심리도 하지 않고 최소한의 공식적인 관례도 지키지 않은 채 유대 법정의 판결을 인가하려 했다는 믿을 만한 이유가 클라우디아에게 있었다는 결론을 내리게 한다. 환언하면 빌라도는 그 전날 밤에 이미 유대인의 결정을 인정하겠다는 결론을 실질적으로 내리고 있었으며, 이미 그 일을 보장해 주었을 수도 있었다는 말이다.
솔직히 고백하자면, 그런 극단적인 방법을 강구하도록 제사장들을 몰고간, 당시의 독특한 정치적 상황의 성격을 알았기 때문에 나의 마음은 어느 정도 위와 같은 결론을 내릴 준비가 되어 있었다는 것이다. 나는 예수님의 체포를 명령하기 전에 가야바가 알기 원했던 가장 중요한 일이 바로 빌라도가 이 일을 허락할 것인지의 여부였다고 생각할 수밖에 없다. 만약에 이런 독특한 상황과 예수님의 죄가 죽음에 해당된다는 대제사장의 개인적인 진술에 근거해서 빌라도가 산헤드린의 결정을 인가하기만 하면, 그 모든 일들은 다음날 일몰 이전에 확정되어서 처리될 수 있었다. 만약 빌라도의 동의를 얻을 수 없다면 일이 얼마나 지연될지는 아무도 말할 수 없기 때문에 차라리 더 좋은 기회가 생길 때까지 체포를 연기하는 것이 더욱 안전했을 것이다. 그런데 체포가 계획대로 실행됐다는 것은 유대인들이 이 점에 대해서 확약을 받았다는 의미이다.

그런데 놀랍게도 로마의 재판에 대한 기록까지도 이 견해를 분명히 지지하리라는 사실에 대해서는 나도 미처 준비하지 못하고 있었다—분명히 나 개인적으로는 이 사실은 놀라운 것이었다.

이 일은 자세히 연구해 볼 가치가 충분히 있는 것이다.

만약 우리가 본디오 빌라도에 의한 예수님의 재판을 다룬 4복음서의 기록을 나란히 뽑아 놓고 그것들을 자세히 비교 연구하면 우리는 거기서 공통적인 한 가지 사실을 발견할 수 있는데, 그것은 바로 "네가 유대인의 왕이냐?"고 물은 빌라도의 질문이다.

그런데 이 점은 매우 중요하다. 왜냐하면 마태와 마가는 빌라도가 유대인의 고소 제목이 무엇인지를 누구에게서인가 들었다는 암시를 전혀 주지 않기 때문이다. 마태와 마가의 특징은 부수적인 설명을 일체 생략하고 요점만을 말하는 사람들인데, 이 두 사람 모두는 빌라도가 예수님께 던진 이 중요한 질문을 다음과 같이 기록하고 있다.

마가	마태
새벽에 대제사장들이 즉시 장로들과 서기관들 곧 온 공회로 더불어 의논하고 예수를 결박하여 끌고 가서 빌라도에게 넘겨 주니 빌라도가 묻되 네가 유대인의 왕이냐(15 : 1, 2).	새벽에 모든 대제사장과 백성의 장로들이 예수를 죽이려고 함께 의논하고 결박하여 끌고 가서 총독 빌라도에게 넘겨 주니라······ 예수께서 총독 앞에 섰으매 총독이 물어 가로되 네가 유대인의 왕이냐(27 : 1, 2, 11).

그런데 결코 이런 질문이 이 과정의 처음 시작일 수는 없다는 것이 분명하다. 이 두 복음서 기자는 이 결정적이면서도 독특한 질문이 어떻게 생겨났으며 또한 빌라도로 하여금 이 질문을 던지게 만든 것이 무엇인가라는, 우리가 반드시 알아야 할 어떤 중요한 사실들을 건너 뛰고 있다.

다행히도 우리가 의존할 수 있는 독립된 다른 두 개의 글이 있다. 그러므로 나는 독자들이 이 글들을 좀 주의를 기울여서 읽어 줄 것을 당부한다. 비교를 돕기 위하여 그 전체를 아래에 인용하겠다.

누가	요한
무리가 다 일어나 예수를 빌라도에게 끌고 가서 고소하여 가로되 우리가 이 사람을 보매 우리 백성을 미혹하고 가이사에게 세 바치는 것을 금하며 자칭 왕 그리스도라 하더이다 하니 빌라도가 예수께 물어 가로되 네가 유대인의 왕이냐(23 : 1-3).	그러므로 빌라도가 밖으로 저희에게 나가서 말하되 너희가 무슨 일로 이 사람을 고소하느냐 대답하여 가로되 이 사람이 행악자가 아니었더면 우리가 당신에게 넘기지 아니하였겠나이다 빌라도가 가로되 너희가 저를 데려다가 너희 법대로 재판하라 유대인들이 가로되 우리에게는 사람을 죽이는 권이 없나이다 하니 이는 예수께서 자기가 어떠한 죽음으로 죽을 것을 가리켜 하신 말씀을 응하게 하려 함이러라 이에 빌라도가 다시 관정에 들어가 예수를 불러 가로되 네가 유대인의 왕이냐(18 : 29-33).

이 설명들 속에서 두 가지 사실이 두드러지게 나타난다.

첫째, 이 두 사람은 일어났던 일에 대해 훨씬 완전하고도 명료한 설명을 제시하고 있다. 그러나 우리가 알고 있었어야 할 중요한 두 번째 사실은, 유대인과의 예비적인 의사 교환이 어느 정도 진행된 뒤에 빌라도의 질문이 나왔다는 사실이다.

내가 특별히 주의를 기울이고자 하는 부분이 바로 이 재판의 예비적인 의사 교환의 측면이다.

만약 우리에게 주어진 것이 누가의 증언뿐이었다면 우리는 제사장들이 피고를 법정에 데리고 가자마자 다음과 같이 그들의 일반적인 고소를 제기했다고 가정할 수밖에 없을 것이다.

> 우리가 이 사람을 보매 우리 백성을 미혹하고 가이사에게 세 바치는 것을 금하며 자칭 왕 그리스도라 하더이다(눅 23:2).

심리적으로 보아서 이런 말로 재판을 시작하는 것이 완전히 자연스럽고도 만족할 만한 것이었다. 만약 다른 자료가 없었다면 재판이 이런 식으로 시작되었다 해도 정당했으며 심지어 그렇게 가정해야 할 강제성까지도 있었다고 볼 수 있다. 그러나 4복음서에는 우리의 주의를 끄는 어떤 것이 있다. 왜냐하면 이 복음서는 재판이 유대인들 편에서부터 어떻게 제기되었는가를 새로운 빛으로 조명하고 있기 때문이다. 이런 차이점은 요한의 글이 공관복음 저자들이 한 말과 모순되기 때문에 생긴 것이 아니다. 도리어 요한은 그들의 말을 확증한다. 그러면서도 그는 좀더 앞으로 거슬러 올라가서 이야기를 시작하며, 다른 세 복음서에서 빠진 설명을 연결시켜 주고 있다.

그는 우선 어떤 사실을 근거로 해서 생각해 보아도 가장 타당성이 있다고 판단되는 사실을 진술한다. 그 사실은 바로 예수님이 빌라도 앞에 세워졌을 때, 제사장과 다른 참소자들은 밖에 있고 피고 자신만은 궁궐 안으로 들여 보내졌다는 사실이다.
  요한에 의하면, 잠시 시간이 지난 후에 빌라도가 나와서 유대인들에게 이런 형식적인 질문을 던졌다. "너희가 무슨 일로 이 사람을 고소하느냐?" 이런 형식은 로마식 재판의 전형적인 시작 방법이다.
  왜냐하면 법관이 피고에게 질문을 하고 피고가 변명의 말을 한 다음에 공개적인 고소가 시작되는 것이 로마 재판 구조의 핵심적인 부분이기 때문이다.
  이 질문에 대한 제사장들의 답변은 너무나 중요하며 암시적이기 때문에 아무리 비중을 크게 두어도 부족하다고 생각한다. 제사장들의 대답은 이렇다.

    이 사람이 행악자가 아니었더면 우리가 당신에게 넘기지 아니하였겠나이다.

  이 구절의 의미가 무엇인지를 생각하기 전에 앞 페이지에서 나란히 언급했던 누가와 요한의 설명을 다시 한 번 자세히 읽어 보자.
  요한복음의 그 부분을 대강만 읽어 보아도 "우리에게는 사람을 죽일 권이 없나이다"라는 말 뒤에 어떤 생략 부분이 있음을 분명히 알 수 있다. 어떠한 상황이라 할지라도 책임을 회피하고자 하는 화난 듯한 대답을 하자마자 곧 이어서 "네가 유대인의 왕이냐?"라고 묻는다는 것은 빌라도에게는 있을 수 없는 일이다. 그 사이의 어떤 대화들이 그 질문을 이끌어 냈음이 분명하다.

  다행스럽게도 그 빠진 부분이 누가에 의하여 기록되어 있으므로 우리는 그 생략된 부분을 채워 넣음으로 다음과 같은 완성된 상황을 생각해 볼 수 있다.

로마 재판 시작의 재구성된 설명

피고를 빌라도 앞에 세우는 장면	저희가 예수를 가야바에게서 관정으로 끌고 가니 새벽이라 저희는 더럽힘을 받지 아니하고 유월절 잔치를 먹고자 하여 관정에 들어가지 아니하더라
고소 조건을 요구한 빌라도	그러므로 빌라도가 밖으로 저희에게 나가서 말하되 너희가 무슨 일로 이 사람을 고소하느냐
죄명을 명백하게 밝히기를 꺼려 하는 제사장들의 태도	대답하여 가로되 이 사람이 행악자가 아니었더면 우리가 당신에게 넘기지 아니하였겠나이다
빌라도의 답변	빌라도가 가로되 너희가 저를 데려다가 너희 법대로 재판하라
제사장들이 즉흥적으로 생각해낸 죄명	유대인들이 가로되 우리에게는 사람을 죽이는 권이 없나이다
	그들이 고소하여 가로되 우리가 이 사람을 보매 우리 백성을 미혹하고 가이사에게 세 바치는 것을 금하며 자칭 왕 그리스도라 하더이다 하니
피고에 대한 빌라도의 질문	이에 빌라도가 다시 관정에 들어가 예수를 불러 가로되 네가 유대인의 왕이냐

　이 재구성된 설명은 네 명의 기자들이 기록한 핵심적인 요소들을 순서에 맞게 배열했을 뿐 아니라 이 일의 진행에 대해서 우리가 가진 유일하게 정확한 기록이다. 왜냐하면, 기록에 대한 연구가 보여 주듯이, 재판의 시작 부분에 이르러서는 이 네 명의 기자가 모두 거의 일치하는 설명을 제시하고 있기 때문이다. 더욱이 그 글들은 믿을 만한 역사의 한토막 같다.

이제 우리는 이런 설명과 함께 역사적으로나 심리학적으로 세계 역사상 유례가 없을 한 사건에 대한 재구성 작업을 시도할 수 있게 되었다.

이 드라마에 있어서 역사적인 기록으로 전해지고 있는 첫번째의 분명한 행동은 예수님을 감금되어 있던 곳(아마 대제사장의 집일 것이다)에서 재판장으로 끌고 가는 것이었다. 여기에 소요된 시간은 약 20분이었을 것이다. 그러나 이 일은 매우 이른 시간에 진행되었으며, 옛 예루살렘의 좁은 길들을 통하여 신속하게 이루어졌으므로 이 일을 목격한 사람은 거의 없을 것이다. 총독은 이미 일찍 일어나서 대표단을 기다리고 있었다. 궁전 문 앞에 도착한 후에는 잠깐 동안 신임장을 검사받는 시간이 지났을 것이고, 다음에 예수님은 로마 군인의 감시를 받으면서 빌라도가 있는 방으로 들어갔을 것이다. 그 동안 대표단과 동행자들은 밖에서 기다리고 있었다.

지금부터가 매우 흥미 있는 부분이다. 잠깐 시간이 경과한 후에 빌라도 자신이 유대인 대표단에게 나와서 이렇게 질문했다. "너희가 무슨 일로 이 사람을 고소하느냐?" 위에서 말했듯이 이 질문은 분명히 빌라도가 이 사건을 다시 듣고자 했음을 가리킨다. 그런데 유대인들 편에서는 이 질문에 대하여 강력한 분노가 일어났던 것 같다. 그들의 대답에는 이 사건에 대한 전적인 권한을 가지고 있는 빌라도에 대한 예의가 결여되어 있을 뿐 아니라, 그들이 이 일에 있어서 그에 대한 특별한 불만을 가지고 있음을 가리키고 있기 때문이다.

> 이 사람이 행악자가 아니었더면 우리가 당신에게 넘기지 아니하였겠나이다(요 18 : 30).

이 대답이 역사적 사실임을 인정한다면 이 대답은 오직 한 가지

로밖에는 해석될 수 없을 것 같다. 즉 제사장들은 빌라도가 이 사건을 갑자기 다시 듣기로 결정한 것을 원망했다는 것이다. 유대의 지도자들은, 빌라도가 이 사건을 다시 듣는다는 형식적인 절차를 고집하지 않을 줄로 알았기 때문에 공개적인 고소 조건을 전혀 준비하지 않았던 것 같다. 이 말을 매우 타당성 있게 재해석해 본다면, 그것은 다음과 같을 것이다. "당신은 이 사람이 악행을 행한 자라는 우리들의 법정의 판결만으로는 만족할 수 없다는 말인가? 우리 자신이 이미 그를 사형당할 자로 판결했는데 왜 당신이 이 사건을 재심리하려 하는가?"
이 질문에 대하여 빌라도는 매우 미묘하게 대답했다.

> 너희가 저를 데려다가 너희 법대로 재판하라(요 18 : 31).

이런 노련한 반격에 대하여 유대인들은 어쩔 수 없이 새롭게 승인을 구하는 대답을 하지 않을 수 없었다.

> 우리에게는 사람을 죽이는 권이 없나이다(요 18 : 31).

여기서 유대인들은 고소 조건을 다시 설명하지 않고는 그들이 원하는 것을 얻지 못하리라는 것을 깨달은 듯하다.

> 고소하여 가로되 우리가 이 사람을 보매 우리 백성을 미혹하고 가이사에게 세 바치는 것을 금하며 자칭 왕 그리스도라 하더이다 하니(눅 23 : 2).

여기에 나타난 "왕"이라는 말이 결국 빌라도로 하여금 무엇인가를 해야겠다는 생각을 갖게 했다. 그래서 그는 다시 궁전으로 들어가서 예수님께 역사적으로 유명한 이 질문을 던졌다. "네가 유대인의 왕이냐?"

이 에피소드에는 특별한 주의를 요하는 두 가지 요소가 있다.
첫째는, 이 부분이 어떤 언행록을 복사한 것으로 보인다는 사실이다.
둘째는, 빌라도가 이 사건을 다시 듣고자 했을 때 유대인들이 보여 준 분명한 분노와 경악은 사건에 대한 어떤 약속 같은 것이 사전에 있었다는 사실을 분명히 보여 준다. 만약 유대인들에게 빌라도의 인가를 기대할 만한 확실한 어떤 것이 없었더라면 그들은 그렇게 거만하지 않았을 것이며 자기들의 판결을 승인할 것을 그렇게 강하게 주장하지도 못했을 것이다.
그러나 우리가 이 사실을 다른 한 가지 사건-남편에게 보낸 클라우디아의 메시지의 긴급성-과 나란히 놓고 본다면 빌라도의 행동이 그럴 수도 있었으리라는 특수한 개연성이 더욱 커진다. 우리는 이제 클라우디아가 너무 늦기 전에 그 메시지가 남편에게 전달되기를 간절히 바란 이유를 깨닫기 시작한다. 왜냐하면 이 사건들이 큰 변동 없이 그대로 진행되었다면, 잠자리에 들었을 때 클라우디아는 그 피고의 정체를 알았을 뿐 아니라, 빌라도가 유대인의 판결을 승인할 것을 생각하고(만약 이미 약속을 해버리지 않았다면) 있다는 것도 알았을 것이기 때문이다. 그녀로 하여금 소식을 그렇게 급히 전하게 만든 것이 바로 이와 같은 사실이었다. 그녀는 빌라도에게 어떤 희생을 치르고서라도 그런 과정을 밟지 말 것을 말하고자 했다.
만약 이런 해석이 정당한 것이라면 한 가지 사실이 분명해진다. 예수님께서 십자가에 못박히시던 날 아침에 클라우디아 프로큘라가 본디오 빌라도에게 보낸 메시지는 어떤 핵심적인 측면에서 역사의 과정을 바꿔 놓았다. 만약 빌라도가 실제로 이 메시지를 받앉다면, 그것은 그가 재판장에 도착한 직후였을 것이다. 왜냐하면 신경이 예민한 여인은 대개 잠을 설치는 법이며, 이 메시지의 전체 분위기를 볼 때 이 글은 잠에서 깨어나자마자 급히 쓴 것이기 때문이다. 빌라도가 청취실로 내려올 때만 해도 그는 유대인의 판결을 인정하려고 했음이 분명하다. 그런데 대표단이 도착하기 직전에 그의 마음을 바꿔 놓은 어떤 일이 발생했다. 그러나 그것이 전부가 아니다. 마음의 결정이 갑자기 정반대편으로 기울어지게 되면, 그 때의 심리적 현상은 독특한 상태가 된다. 그래서 이 아침에 유대인을 대하는 빌라도의 모든 태도가 단지 한 가지로 집중되어 있는 듯이 보인다―즉 그 사건의 책임을 다른 사람에게 전가시키려는 태도가 바로 그것이다.

이 사실은 복음서의 설명을 미루어 볼 때 피할 수 없다. 빌라도가 유대인으로 하여금 그들 스스로 그들의 판결을 집행하게 하려한 첫번 시도에서 우리는 이런 책임 회피의 의도를 볼 수 있다. 우리는 또한 그 피고를 공개 방면하겠다는 세 번의 선언 속에서도 그 의도를 볼 수 있으며 헤롯에게 예수님을 보낸 사실 속에서도 볼 수 있다. 마지막으로 그 혼란 속에서 더 이상 어떻게 할 수 없는 긴장된 순간에 이르자, 자신은 이 일에 아무런 책임이 없다는 표시로 손까지 씻는 그의 행동 속에서 우리는 그의 책임 회피 의도를 가장 분명하게 볼 수 있다.

우리는 빌라도 자신의 가족 속에서, 그리스도를 죽음으로 몰고 간 심리학적 힘의 평행사변형의 네번째 요소를 발견할 수 있다. 당시의 여인들에게 있어 예수님의 영향이란 대단한 것이었다. 예수님은 막달라 마리아를 그의 고향 막달라에서 취해서 영원한 그의 노예로 만들어 버렸다. 그는 글로바의 아내 마리아나 살로메 같은 여인에게서 아들들과 생계 유지자를 빼앗아 버렸지만, 그 여인들은 그 분을 위하여 죽음까지도 불사했으며 후에는 그 분 때문에 말할 수 없는 어려움도 견뎠다. 예수님은 마리아와 그 동생 마르다 같은 교양 있는 여인들의 가깝고도 친한 친구였다. 그 분은 또한 헤롯의 가족 중에서도 요안나라는 신실하고도 헌신적인 추종자를 가지고 있었다. 그렇다면 클라우디아도 그의 추종자의 무리에 포함시켜야 할까?

실제적인 제자라는 의미에서는 그럴 수 없다. 그러나 어떤 신비한 방법으로, 그녀가 예수님의 도덕적 영향과 영적, 지적 고매함에 감동되었다는 의미에서는 그렇다고 말할 수도 있을 것이다. 빌라도가 개인적인 생각으로 유대 대표단의 비위를 맞추며 예수님을 그들의 처분대로 맡기려는 유혹을 받고 있을 때, 그에게 본능적인 로마 재판의 고수 의식을 강화시킨 것은 바로 그녀였다. 또한 이 독재자로 하여금 몇 시간 동안, 최후의 한 순간까지 진리를 수호하고자 애쓰는 신중한 통치자의 역을 연출하게 만든 찬란한 장면도 바로 그녀에 의하여 생긴 것이다. 빌라도의 얼룩진 일생 속에서 일순간에 빛난 이 찬란한 순간을 결코 얕잡아 보지 않도록 하자.

그러나 이제 이 어렵고도 골치 아픈 사건에 대한 그의 태도를 바꾸게 했던 클라우디아의 자극도 거의 힘을 잃게 되었다. 우리가 당시의 모든 상황 속에서 들을 수 있는 것은 이것이 전부이다. 예수님이 무죄라는 사실을 분명히 믿은 한 사람이 그 재판을 되돌리려고 노력한 흔적이 분명히 보인다. 그러나 그 자극은 가이사를 들고 나오는 유대인들의 위협 앞에서 서서히 사그러지고, 그는 처음 의도했던 대로 그 피고를 그들의 손에 넘겨 주고 말았다.

그 의지의 전투는 이렇게 로마 총독의 패배로 끝이 났다. 그 후에 이 남자는 슬픔과 초조함에 싸여 왕궁으로 돌아갔을 것이다. 그러나 곧 이어서 반격이 가해졌다.

몇 시간 후에 제사장들이 다시 그에게로 왔다. 성급한, 심지어 무례하기까지 한 마음의 소원을 가진 그는 자기를 괴롭히는 자들에게 책상을 돌리고는 영원히 잊지 못할 말을 세 가지 단어로 써 주었다. "유대인의 왕 예수." 그들은 빌라도에게 그 말을 고쳐 줄 것을 요구했다. 그러나 그는 거절했다. "나는 내가 써야 할 것을 썼다." 그의 개인적인 위기의 최고의 순간이 지나가자 마침내 본래의 빌라도가 돌아왔던 것이다.

5
금요일 오후의 상황

그리스도의 죽음 직후에 일어난 사건들을 올바로 보기 위해서는, 우선 금요일 오후 4시경에 벌어졌음직한 상황을 조심스럽게 연구해야 한다.

지금까지 우리가 이 주제에 접근할 때는 거의 전적으로 공적인 관점과 제사장들의 관점에서만 보았다. 이 사건의 초기 단계에서는 그런 관점을 갖는 것이 매우 중요하였다. 고소를 하는 것은 제사장들의 일이었으며, 그 일의 배후에 무엇이 있는가를 아는 것은 우리에게 있어서 필수적인 일이었다. 그러나 그들의 목적을 성취하자 이런 유대인들의 공적 대표자들은 잠깐 뒤로 물러가고 새로운 일단의 사람들이 그들의 자리를 대신했다. 앞으로 두 세 장에서 우리가 주로 관심을 둘 사람들은 바로 이들—예수님의 개인적인 친구들과 추종자들—이다. 우선 이 사람들이 어떤 사람들이었으며 그들에 대하여 문서에는 어떻게 기록되어 있는가를 먼저 생각해 보자.

우선 베다니의 마리아와 마르다 그리고 그들의 오라버니인 나사로가 어떤 이유로 인해—뒤에 설명하겠다—이 최후의 비극에 관하여 아무 소식도 듣지 못했다고 생각한다면, 그리스도를 개인적으로 지지하였던 사람의 그룹 속에 16명이 남는 것을 보게 된다. 그들은 다음과 같다.

    남아 있는 열 한 제자
    예수님의 어머니 마리아
    글로바의 아내 마리아
    세베대의 아내 살로메
    막달라 마리아
    헤롯의 청지기인 구사의 아내 요안나

  이 외에도 높은 사회적 지위를 가진 두 사람을 더 생각할 수 있는데, 그들은 비록 공개적으로 서약한 제자는 아니지만 그리스도에게 강력한 공감을 느끼고 있던 아리마대 요셉과 유대인의 관원 니고데모였다.

  기록에 의하면 이 열 여덟 사람은 모두 유월절 기간에 예루살렘 시내나 그 근방에 있었다. 우리는 그들 모두의 행방에 대한 기록을 가지고 있다. 이 기록들은 특히 여자들의 경우에 더욱 중요성을 갖는다. 왜냐하면 앞으로 알게 되겠지만 그들의 증거가 곧 일어날 어떤 사건에 대하여 특별한 비중을 두기 때문이다.

  이제 여기서 우리가 주로 생각해야 될 문제는 다음과 같다. 그리스도의 즉결 체포와 십자가형에 의하여 일어난 재난이 이들에게 어떤 방법으로 밀어닥쳤는가? 그들이 무슨 일이 일어났다는 것을 깨닫고 나서, 그들의 지도자를 죽였을 뿐 아니라 그들 자신의 생명에도 근본적인 영향을 미칠 사건의 압박하에서 자신의 거취를 생각하고 있을 때의 그들의 상황은 어떤 것이었는가?

  다행스럽게도 우리는 제자들이 당면했던 이런 문제들에 대하여 완전한 답변을 제시할 수 있다. 비로소 상황을 완전히 이해한 것은 목요일 늦은 때였다는 데에는 의심의 여지가 없는 듯하다. 다락방에서 만찬을 가지면서 예수님께서 특별히 엄숙하게 한 말씀들이 제자들에게 어떤 분명한 파국을 준비시켜 준 것이 분명하다. 비열하고도 끔찍한 배신이 자신들에게 닥쳤음을 그들이 깨달은 것은 유다가 무장한 무리와 함께 도착한 때였을 것이다. 베드로가 잠깐 동안 무익한 저항을 시도한 후 그들 대부분은 도망가 버렸다. 예수님은 그의 체포자들의 손에 잡혀 있고, 가장 가까웠던 추종자들은 그들이 본 것에 놀라서 흩어져 버린 채로 밤이 지나 아침이 밝아 왔다.

그러나 날이 밝기 한두 시간 전 그들 중 두 사람, 베드로와 요한이 위험을 무릅쓰고 심히 복잡한 대제사장 집 근처에 다시 나타났다. 그들이 체포대의 뒤를 바싹 따라서 도시로 들어왔으리라고 생각하는 것이 타당할 것이다. 체포에 관한 기록을 놓고 살펴볼 때 산헤드린의 관원들과 겟세마네 동산까지 동행한 무리들은 어느 정도 다른 무리였음을 알게 된다. 파견 나갔다가 돌아오던 무리들은 분명히 성문 앞에 다시 모였을 것이며, 그 와중에서 베드로와 요한이 정체를 폭로당하지 않고 성문을 통과해 들어오기란 별로 어려운 일이 아니었을 것이다. 일단 그들은 성문을 통과한 뒤에 계속 무리를 따라 대제사장의 집까지 왔는데, 마침 문 지키는 여자가 요한과 면식이 있었기 때문에 그들은 쉽게 들어갈 수 있었다.

다른 제자들 중에는 과연 그 날 밤 시내에 있었던 사람이 있었을는지 의심스럽다. 그들은 분명히 당황했으며 체포될까봐 도망쳤다. 일몰 후의 성문 개방에 대한 규칙이, 많은 순례자들이 근처 언덕의 움막에서 잠을 자는 이 유월절 기간에는 크게 완화된다는 사실을 인정한다. 그러나 갑작스런 공포에 사로잡힌 사람들이 그런 범상한 시각에 발각될 위험을 무릅쓰고 그 근처에서 경야를 요구하였으리라고는 보이지 않는다. 차라리 전혀 다른 행동을 취하고 있었다고 보는 것이 타당할 것 같다. 이 문제에 대해서는 다음

장에서 더욱 자세히 다루겠다.

  그러므로 여러 가지 가능성을 놓고 볼 때, 여자들은 이 체포 사건에 대한 지식을 직접 얻을 수도 없었고, 참여할 수도 없었다. 그들이 이 사건을 안 것은 적어도 예수님에 대한 야간 재판이 끝난 그 다음날 아침이었을 것이다. 오늘날에는 신문, 라디오, 텔레비전을 통하여 뉴스가 신속하게 전달되지만 당시 예루살렘의 상황은 그렇지 않았음을 기억해야 한다. 대부분의 시민들이 이미 잠자리에 든 전날 밤 늦은 때에야 비로서 예수님의 체포가 결정되었다. 아마 체포대의 귀환은 인적이 가장 드문 길을 통하여 이루어졌을 것이며, 도시의 고지대에서도 그 시각에 체포대를 목격했을 배회자는 거의 없었을 것이다. 때문에 그 상황은 제사장들이 그렇게도 바라던 비밀 유지에 안성맞춤이었다. 해가 뜨자 성문이 열리고 사람들의 출입이 시작되자 지난 밤의 극적인 사건에 대한 소문이 점점 퍼져 나갔을 것이며 호기심에 찬 사람들이 점점 도시의 고지대로 모여 들었을 것이다. 그러나 당시의 기록에 암시된 바에 의하면 사람들이 그 사건의 진상을 모두 알게 된 것은, 이 크나큰 비극이 이미 그 절정에 달했을 때였던 것 같다.

  이러한 소문을 통해서나 혹은 베드로나 요한의 방문을 통하여 (이럴 가능성이 더욱 크다) 그 여인들이 금요일 아침에 소식을 들을 때까지, 사건이 무섭고도 위협적인 국면으로 방향을 바꾼 사실을 모르고 있다고 생각해도 크게 잘못되지는 않을 것이다. 예수님을 사랑하는 사람들에게 있어서는 어떤 대가를 치르더라도 예수님의 어머니에게 이 일을 알리는 것이 제일 큰 일이었을 것이다.

  만약 당시의 상태에 대한 이런 평가가 논리적으로 정확한 것이라면, 금요일 아침 예루살렘에서 예수님을 위한 어떤 활동을 전개한 사람은 열 여섯 명에서 일곱 명으로 줄게 되며 그 일곱 명 중 다섯 명은 여인이었다. 나머지 아홉 명의 제자들 중에서 요한과 베드로와 함께이든지 혹은 여인들과 함께이든지 이들과 힘을 합친 사람이 있었다면 그들에 대한 언급이 전혀 없을 수는 없었을 것이다.

더욱이 십자가상의 마지막 장면과 관련되어 알려진 사람들도 역시 이 일곱 명이었다는 사실에 의하여 나머지 아홉 명 중에서 예루살렘으로 돌아온 사람은 아무도 없었을 가능성이 더욱 높아진다. 이 중에서 두 명을[1] 제외한 다섯 명은 십자가 아래에 있었는데 이 두 명의 불참은 그 나름대로의 타당성을 가지고 있다. 예수님의 최후 고통의 순간에 동참하려는 그의 어머니의 마음을 막을 수 있는 것은 아무 것도 없었을 것이며, 그래서 우리는 예수님의 발 아래에서 마리아를 발견한다. 요한 역시 그 아래에 있었으며 마리아를 자신의 어머니로 여길 것을 약속한다. 그리고 글로바의 아내 마리아, 살로메, 막달라 마리아가 그 곁에 있었다.

이 모든 일들은 예상했던 대로이다. 비록 열 한 명의 제자가 가까이에서 어려움과 슬픔을 함께 나누어 왔다 하더라도, 우리는 역시 여인들이 그 자리에 동참할 것이라고 예상하여야 한다. 비록 그 때의 상황 속에서 강인한 남자들의 신경은 다 해이해졌을지라도 가장 연약한 여자들은 그 죽음의 장소로 불가항력적인 힘에 의하여 모여들었다. 그러나 이 큰 위험 속에서도 "곁에 서서" 최선을 다하고 있는 이 쓸쓸한 여인들과 요한의 모습은 너무나 인간적이며 현실적으로 생생하다. 만약에 참된 역사가 기록되었다면, 이 것이야말로 그 역사이다.

이제는 바로 다음의 사건들을 생각해 보자. 로마 병정들이 창으로 그의 옆구리를 찌르기 전에 이미 예수 그리스도가 육체적으로

---

[1] 베드로는 근처의 외진 곳에서 비통함과 참회의 눈물을 흘리고 있을 것이고, 요안나는(헤롯이 그 때 그 도시에 머물고 있었음에 비추어 볼 때) 아마 그녀의 공적 사무를 보고 있었을 것이다.

완전히 죽었다는 것은 나에게는 가장 확실한 역사적인 사실인 것 같다.
　모든 설명이 이 사실을 확증한다. 만약 최초의 기록(마가의)이 신빙성이 있다면 시체 처리를 허가하기 전에 이미 빌라도 자신이 백부장에게 직접 질문함으로써 예수님의 죽음을 확인했다. 그 당시뿐 아니라 목격자들이 생존해 있던 때에 이 사실에 의문을 제기한 사람은 아무도 없었던 것 같다. 이 사실에 대한 최초의 의문은 19세기 초에 합리주의자인 벤투리니(Venturini)가, 예수님은 단지 졸도했다가 무덤 속에 들어가자 돌무덤의 서늘함 때문에 다시 정신이 들었다는 이상한 논문을 제시한 것이었다. 그러나 이 이론은 스트라우스(Strauss)에 의하여 분명히 대답되었으며, 이 뒤의 한 장(章)에서 다루어질 것이다.

　네 명의 복음서 기자들이 일치하는 바에 따르면 예수님이 돌아가시자마자 아리마대 요셉이 빌라도에게 나아와서 자기가 예수님의 시체를 매장하겠다고 말했다. 때문에 이 비극의 다른 측면에 대해서 어떤 의심이 가해지든지간에, 높은 사회적 신분과 심지어 공적 지위를 가진 한 사람이 자신을 제사장의 무리로부터 멀리 분리시키면서, 십자가에서 죽은 죄수를 위한 성대한 매장을 허락받으려 했다는 것은 분명한 사실인 것 같다.
　이런 행동을 취한 요셉의 동기는 유대의 법대로 예수님을 매장시키려는 것에 불과하다고 주장하는 사람이 가끔 있었다. 그러나 실제 증거에 비추어 볼 때 이런 주장은 받아들이기 어렵다는 것을 알게 된다. 왜냐하면 해지기 전에 치워져야 할 시체는 한 구가 아니라 세 구였지만, 요셉의 편에서 나머지 두 명의 강도에 대하여 어떤 염려를 품고 있었다는 흔적은 도저히 찾아볼 수가 없기 때문이다. 그의 유일한 동기와 관심은 예수님의 시체에 대하여 인격적이면서도 개인적인 존경을 표시하고자 하는 것이었던 것 같다. 아리마대 요셉에 관하여 성경에 기록된 극히 미미한 설명들은 위의 가정을 약화시키기는커녕 더욱 지지한다. 우리에게 들리는 바에 따르면 그는 산헤드린에서 "그리스도를 죽일 것에 동의하지 않았다." 누가는 말하기를 그는 "하나님의 나라를 기다리는 자"라고 했다. 게다가 요한은 비록 용어는 다르지만 더욱 분명하게 "아리마대 사람 요셉이 예수의 제자나 유대인을 두려워하여 은휘하더니"라고 말했다. 그러나 큰 사건은 사람들 속에 영웅적인 기운을 불러일으키듯이, 요셉도 예수님이 이제 더 이상 대적들의 추격을 받지 않아도 되게 되자 자기 속에 감추어 두었던 열망을 겉으로 드러내 놓았다. 그래서 그는 빌라도에게 가서 시체를 요구할 수 있는 용기를 갖게 되었던 것이다.

만약 우리가 공관복음밖에 가지지 못했다면 아리마대 요셉이 혼자서 그 일을 했으리라고 생각할 수밖에 없었을 것이다. 그러나 요한이 여기에 한 가지 사실을 추가시켰는데, 이 사실은 요한의 기록이 아니면 전혀 예상할 수 없던 사건이었다. 그것은 바로 요셉이 빌라도로부터 시체의 매장을 허가받자 니고데모―요한의 기록에 의하면 어느 날 밤에 예수님에게 나아왔던 사람이다―도 거기에 합세했다는 것이다.

다른 공관복음에는 기록이 없는데도 요한이 혼자 보고한 사실들에 대해서 많은 유능한 비평가들의 마음속에 지니고 있는 의혹에 대해 내가 전혀 신경을 쓰지 않는 바는 아니지만 이 경우는 참으로 예외적이다. 성경 기자 중에서 니고데모에 대하여 언급한 사람은 요한밖에 없다. 나아가서 그 두 사람은 명백하게 많은 공통점을 가지고 있다. 그들은 모두 지배자 계급의 사람들이다. 이 두 사람 모두 예수님의 인격에 대하여 은밀하지만 깊은 존경심을 품고 있었다. 그 때를 전후해서 그들이 함께 왔다는 것은 거의 필연적인 것 같다. 더욱이 이 때는 그들이 존경했던 사람의 손상된 시체가 수치스러운 무덤 속에 던져질 순간이 아니었던가! 그때야말로 그리스도의 생존시에 그들이 부정했던 그 분에 대한 충성을 밖으로 표시할 수 있는 최후의 유일한 기회였다.

　이 장면에서 발생했던 일을 효과적으로 증거할 수 있었던 기독교인은 그 많은 인간 중에서 단 세 명의 여자, 즉 글로바의 아내 마리아, 살로메, 막달라 마리아로 제한되었다는 사실을 기억해 두어야 한다. 예수님의 모친은 종말이 가까워 오자 그냥 졸도해 버리고 만 것이 거의 확실하다. 복음서의 기록이 그것을 충분히 암시하고 있다. 십자가 위에서 필사적인 고투를 벌이고 있는 예수님의 고통스러운 모습에 의하여 번민의 극에 다다른 심신이 더 이상 스스로를 지탱하지 못한 것은 당연한 일이다. 고통당하며 죽어 가는 아들의 발 아래에서 무서운 몇 시간 동안에 그녀가 치러야 될 고통은 완전한 허탈 상태를 수반할 것이 분명했다. 요한이 군중을 뚫고 그녀를 임시 마련된 예루살렘의 숙소로 데리고 가서 잘 보살펴 주는 것이 매우 필요했을 것이다.
　그런데 복음서에는, 그 곳에서 최소한 다른 두 명의 여인이 계속해서 이 광경을 지켜 보았다는 확고하고도 일관된 증거가 있다. 모든 공관복음서의 기자들이 이 여인들에 관하여 분명하게 언급하고 있다. 그런데 각 경우마다 이상한 암시가 포함되어 있다. 그 암시란 당시의 상황이 그녀들로 하여금 매장시에 실제적인 어떤 행동을 할 수 없도록 한 것처럼, 그녀들이 멀리 떨어져서 그 광경을 쳐다만 보았다는 것이다. 그런데 이 사실이 그 상황의 실제성을 잘 설명해 주는 것 같다. 만일 네 명의 복음서 기자들의 주장처럼 아리마대 요셉(부자였으며 그 여인들에게는 전혀 생소한 사람이었을)이 장례식을 행했다는 것이 사실이라면, 그 여인들은 그를 어느 정도 피했을 것이며 따라서 멀리 떨어져 있었다는 사실은 이것으로써 설명되는 셈이다.

그러나 이것 외에도 확실한 역사적 사실로 취급되어야 하리라고 생각되는 것이 마지막으로 한 가지 더 있다. 아무리 생각해 보아도, 아리마대 요셉이 혼자서 그에 대하여 기록된 예수님의 장례를 모두 치를 수는 없다는 것이다. 누군가가 조력자가 있었음에 틀림없다. 240cm 길이의 천(전통적인 유대인의 습관이었다)으로 시체를 감싸는 작업에는 최소한 두 사람이 필요했다. 공식적인 형을 집행하는 언덕에서부터 정원 무덤(garden grave)까지는 분명히 상당한 거리였을 것이며, 다루기 매우 곤란한 큰 상처를 입은 시신을 옮기기 위해서는 최소한 두 명의 장정이 필요했을 것이다. 공관복음의 기자들이 니고데모에 관하여 전혀 언급하지 않은 것도 특이한 일이지만 그들이 그 보조자 문제에 대해서 전혀 침묵한 것도 특이하다. 그런데 바로 이 점이 어떤 보조자의 존재를 암시하는 것이며, 그 여인들에게는 전혀 낯선 사람인 니고데모가 바로 그 보조자들 중의 한 사림일 수도 있을 것이다.

예수님의 시신을 매장하면서 요셉이 다른 사람의 도움을 받았는지의 여부는 비교적 덜 중요하게 보일지도 모른다. 그러나 앞으로 분명하게 나타나겠지만 이 점은 앞으로 우리가 다뤄야 할 문제에 중요한 영향을 미칠 것이다.

지금까지 이야기한 것들이 바로 인류사에서 항상 기억되어야 할, 그 금요일에 예루살렘에서 예수님의 친구들에게 어떻게 위기가 덮쳤었는가에 대한 대략의 윤곽이다. 이런 모든 사건들을 정직하게 살펴볼 때 그 옛날의 이 사건들로부터, 이것들이 기록과 맞아 들어갈 뿐 아니라 실제 생활과도 부합된다는 인상을 받는다. 부서진 조각들이 서로 결합되어서 구체적이면서 이해할 수 있는 전체를 형성한다. 만약 이 사건의 결과가 그렇게도 어마어마한 것만 아니었다면, 이 기록은 매우 단순하고도 평범한 어떤 실제 상황의 기술이라는 피할 수 없는 확신을, 이 제한된 조용한 기록 속에서 얻는다고 선언해도 별로 지나친 말은 아닐 것이다.

　이와 같이 사도신경의 엄격하고도 정확한 구절에서와 같이 예수님은 "본디오 빌라도에게 고난을 받으사 십자가에 못박혀 죽으시고 장사한 지……." 그런데 나는 그 유명한 구절에다가 점을 찍곤 했다. 왜냐하면 젊었을 때는 영국교회 예배(English Church Service)시에 이 구절에 이르면 나는 이를 악물고 그 다음 부분을 소리내어 외우지를 않았기 때문이다. 독자들은 그 이유를 이해할 것이다.

　그런데 오늘날 나의 생각은 다르다. 나는 지금까지 그 문제와 씨름해 오고 있었다. 그 결과 발견한 것은, 이 문제가 내가 생각했던 것보다도 훨씬 다루기 어려운 것이라는 사실이다. 우주에 대한 합리주의적 개념의 틀에 딱 들어맞지 않는 것은 어떤 것이든지 믿지 않겠다고 말하기는 쉬운 일이다. 그러나 진실이 그 틀에 부합되지 않는다고 가정할 때에는 어떻게 하겠는가? 정직한 사람이 할 수 있는 최선의 일이다. 그 사실들을 끈질기게 그리고 공평하게 조사하면서 그 조사가 자기를 어디로 끌고 가는지를 살피는 것이리라. 이제 앞으로의 장들에서 내가 하고자 하는 것이 바로 이 일이다.

6
서른 여섯 시간 후

인간의 이성적인 모든 기준으로 볼 때 그리스도의 인격에 부과되었던 모든 신비는 그의 죽음과 장사와 함께 끝이 났어야 했다. 그가 문자 그대로 완전히 육체적으로 죽었다는 것이 분명한 역사적 사실임은 이미 밝혔으며, 그 시체를 공손하게 매장하기 위하여 어떤 일이 일어났는가에 대한 일관성 있는 직접적인 설명도 이미 살펴보았다. 나 개인적인 입장에서는 십자가형과 장사에 대한 설명 속에서 당시의 상황과 조금이라도 일치하지 않는 것은 전혀 발견할 수 없다. 전체의 설명은 마치 실제의 생활을 사실 그대로 순진하게 베껴놓은 듯한 인상을 준다. 그러나 일단 우리가 이 사건이 일어난 다음의 며칠에 관한 기록을 보면 우리는 다음과 같은 상황에 부딪히게 된다. 즉 만약 그 기록이 이 문제의 완전히 독특한 어떤 측면이 아니었다면, 근대적인 사고 방식과 역사에 친숙한 사람은 이 기록을 전혀 믿을 수 없을 것이라는 것이다.

나는 독자에게, 우선 금요일 오후 6시경부터 일요일 새벽에 몇 명의 여인들이 무덤으로 갈 때까지의 사건의 흐름을 생각해 볼 것을 부탁한다. 왜냐하면 우리의 구상은 단지 기록된 표면적 사실에 의하여 구성될 수밖에 없지만 이 표면적 사실 배후에는 여러 가지 감춰진 사실들이 숨어 있기 때문이다.

    금요일 오후에 예루살렘에서 예수님을 동조하는 사람은 아홉 명이었으며, 그 중에서 우리가 그 자취를 분명히 추적할 수 있는 사람은 일곱 명이었다는 것을 기억할 수 있을 것이다. 사도 요한은 예수님의 어머니 마리아와 함께 십자가 아래에 있었으며, 만약 우리의 추리가 옳다면 그는 최후의 순간 직후에 마리아를 데리고 안전한 피신처로 갔을 것이다. 막달라 마리아, 글로바의 아내 마리아 그리고 살로메 세 여인도 역시 십자가 근처에 있었다. 그러나 오후 늦게 예수님의 시체를 공손하게 장사 지내겠다고 자원해서 나온 사람은 아리마대 요셉과 관원인 니고데모였다.
    이렇게 볼 때 우리는 아홉 명 중에서 일곱 명을 분명하게 헤아릴 수 있다. 여기서 빠진 두 사람을 보면, 베드로는 갑자기 주님을 부정한 것에 대한 슬픔과 수치로 십자가 가까이는 오지 못하고 그 근처의 어느 곳에서 비통해 하고 있었다고 생각해도 큰 무리가 없을 것이다. 그리고 마지막 아홉번째 여인인 요안나는 일요일 아침에 무덤을 찾는 여인들 속에 다시 나타난다.
    이렇게 볼 때 예루살렘 성 안에서 실질적인 기동성을 갖춘 예수님 편의 사람은 세 명의 여자—막달라 마리아, 글로바의 아내 마리아, 공적인 의무가 허용하는 한 요안나의 도움을 받았을 살로메—뿐이었다는 사실을 한 눈에 알 수 있다.
    이 주말의 비극적 사건을 그대로 보면서 희미한 채 남겨졌을지도 모르는 많은 사건들의 진정한 의미를 우리가 이해하게 되는 것은, 예수님을 추종하던 사람들에게 그렇게 갑자기 밀어닥친 위기를 오히려 정면으로 맞서서 적절한 행동들을 스스로 수행해 나가며 사태에 대처한 사람은 바로 이 서너 명의 여인들이었다는 사실이다. 왜냐하면 그들의 친구들로부터 도움—마음이 불안정한 베

드로나 다른 일에 분주한 요한으로부터 얻을 수 있었을지도 모를
—을 구할 수도 있는 유효한 대화는 모두 단절된 상태에서 오직
이 여인들만이 위협의 모든 충격을 견디어 나갔다는 사실이 그 기
록들 속에 분명하게 쓰여져 있기 때문이다.
　가장 먼저 쓰여진 마가복음을 안내자로 삼아서 그 광경을 재구
성해 보자. 다행스럽게도 현재 우리가 연구하고 있는 문제에 관한
한, 마가의 증언은 분명하고 확실하다. 십자가의 최후의 장면을 묘
사하면서 그는 이렇게 기록했다는 사실을 기억할 수 있을 것이다.

　　　멀리서 바라보는 여자들도 있는데 그 중에 막달라 마
　　리아와 또 작은 야고보와 요세의 어머니 마리아와 또 살
　　로메가 있었으니(막 15：40).

　그러고 나서 마가는 매장의 사실에 대하여 가장 간략한 방법으
로 이렇게 기록하고 있다.

　　　때에 막달라 마리아와 요세의 어머니 마리아가 예수
　　둔 곳을 보더라(막 15：47).
　　　안식일이 지나매 막달라 마리아와 야고보의 어머니
　　마리아와 또 살로메가 가서 예수께 바르기 위하여 향품
　　을 사다 두었다가 안식 후 첫날 매우 일찌기 해 돋은 때
　　에 그 무덤으로 가며(막 16：1-2).

　그런데 이 설명에는 주의를 요하는 흥미 있는 사실이 두 가지
있다.

　　1. 마치 막달라 마리아가 그 모임의 지도자나 주동자인 것처
　　　럼 항상 먼저 나온다는 점.

2. 예수님의 매장시에 살로메가 이상하게도 없었다는 점.

　막달라 마리아에 관한 점은 잠깐 지나쳐도 될 것 같다. 그러나 살로메에 관한 이야기는 암시하는 바가 있으며, 그 설명에 참된 빛을 던져 주고 있다. 마가는 이름과 지명 등에 특별히 세심하며 그는 살로메가 십자가 근처에 있었음을 분명히 밝혔다. 그는 또한 새벽에 무덤을 찾은 여인들 중에 그녀가 포함되어 있었음을 언급했다. 그런데 이상하게도 뒤에 서서 "예수 둔 곳을 본" 여인은 두 명의 마리아뿐이다.
　실제로 예수님을 매장하고 있는 동안에 살로메가 없었다고 지적한 사실은 결코 우연한 것이 아니다. 아마 이것은 살로메가 어떤 급한 볼일 때문에 그 자리를 떠났다는 사실을 마가복음의 기자가 의도적으로 전하고자 했음을 의미한다.
　그 일이 무엇이었는가 하는 것은 거의 확실하게 추리될 수 있다. 여기서 우리는 글로바의 아내 마리아와 살로메는 사촌간이라는 사실과, 우정과 상호 도움이 매우 필요한 그 끔찍한 시련 속에서 그들은 막달라 마리아와 긴밀히 협의하면서 지냈다는 사실을 기억해야 한다. 뿐만 아니라 이 두 여인은 모두 예수님의 어머니 마리아와 연관이 있으며 또한 살로메는 사도 요한의 어머니였다.
　이 헌신적인 여인들은 그 끔찍한 십자가의 마지막 시간이 흘러가는 동안 두 가지 일에 정신을 빼앗기고 있었다. 그 한 가지는, 최후를 향하여 무서운 고통을 겪고 있는 그들의 위대한 지도자의 근심이었으며, 또 한 가지는 그들의 친척인 예수님의 어머니에 대한 동일한 근심이었다. 아직 예수님의 몸에 생명이 있는 한, 그들의 모든 정신은 그 분에 대한 생각과 염려로 가득했을 것이다. 그러나 마침내 큰 소리와 함께 그 분의 몸이 축 늘어지자 이제는 다른 염려가 그들을 사로잡았을 것이다.
　그 날에 그들이 마리아를 십자가로부터 떼어 놓으려는, 헛되지만 진지한 시도를 얼마나 열심히 했겠느냐 하는 것을 우리는 모르며 알 수도 없다. 그녀는 이미 젊은이가 아니었으며, 세 개의 십자가가 세워진 피비린내 나는 광경은, 가슴이 찢어지는 아픔과 정신적 긴장에 지친 한 여인에게는 견디기 어려운 것이었다. 내 생각으로는 이 작은 무리의 모든 충고와 간청은, 그녀를 십자가에서 떼어 놓는 일을 위하여 총동원되었으리라고 믿는다. 그러나 어머니의 본능은 너무나 강했다. 그녀의 이런 결정에 대하여 누가 그 권리를 부정할 수 있었겠는가?

그러나 나는 제아무리 뛰어난 의학 전문가라 할지라도 그녀의 신체적 고통이나 가슴이 터지는 고통이, 그녀에게 얼마나 치명적인 혼수 상태를 가져다 주었는지를 측정할 수는 없다고 생각한다. 그 무서운 장면에서 요한이 데리고 나간 여인은 분명히 반쯤은 기절하였으며, 그 일이 완료될 반 시간 이내에 완전히 혼절(昏絶)해 버릴 여인이었다.

십자가에서 약간 떨어진 곳에서 우리의 세 여인이 그 광경을 주시하고 있었다. 큰 소리가 나자 그들은 이미 종말이 온 것을 분명히 알았으며, 요한이 미친 듯한 어머니를 데리고 군중의 외곽을 벗어나 도시 쪽으로 고통스럽게 천천히 걸어가는 것을 보았다. 곧이어 급한 의논이 그녀들 사이에서 벌어졌다. 다른 사람들이 예수님을 위하여 무엇인가 할 수 있는 일을 하는 사이에, 누군가 한 사람은 큰 충격을 받은 그 여인을 돕기 위해 가야만 했다. 그 일을 살로메가 자원했다. 왜냐하면 아들을 사별한 그 어머니를 집으로 데려가는 요한은 바로 자기의 아들이었기 때문이다.

내 생각에는 이것이 이 사건들에 대한 진정한 해석인 것 같다. 설사 복음서에 이런 힌트가 없었어도 이런 식의 추리가 불가피할 것이다. 게다가 내 생각은 마가의 글이 결정적인 것 같다. 시간이라는 측면에서 볼 때 보편적으로 실제 사건과 가장 일치한다고 판단되는 이 가장 오래된 기록 속에서, 우리는 십자가의 충격 아래서 비틀거리면서도 자신들의 제한된 능력을 동원하여, 전례 없는 위기를 최선을 다해 헤쳐 나가는 몇 안 되는 예수님 편의 나머지 사람들의 생생한 모습을 본다. 베드로는 양심의 가책과 수치에 못이겨 한쪽 구석에 남아 있고, 요한은 그의 어머니 살로메와 함께 그들이 보살펴야 하는 예수님의 어머니를 돌보고 있었다. 막달라 마리아와 또 한 명의 마리아는 요안나와 살로메 뒤에 남겨 두고 간 상황 속에서 그들의 죽은 지도자에게 최후의 사랑과 우정을 바치기 위해 잠정적인 계획을 세우고 있었다.

  내 생각으로는 지금까지 말한 것이 금요일 일몰 직후의 상황으로서 이 때부터 안식일이 시작되었으며 예수님 무덤에서의 모든 작업도 끝이 난 것 같다. 이런 모든 일들은 매우 인간적이며 현실적으로도 생생하다. 그것은 우리 모두의 상황이었으며 특히 모든 여성은 더 잘 이해할 수 있는 상황이었다.

  복음서의 기록에서 우리가 계속 추리해 낼 수 있는 분명한 사실이 있다. 그것은 사건의 이런 상태가 곧 이어서 다가온 안식일 내내 지속되었다는 것이며, 여인들이 토요일 저녁에 쉬러 갈 때에 그들의 마음속에는 다음날 아침 일찍 무덤에 찾아가겠다는 분명한 생각을 가지고 있었으리라는 것이다.

  대개의 경우 몇 세기 전의 어떤 장면을 재구성하려고 할 때 특히 현재 우리의 경우와 같이 지극히 간단한 기록을 가지고 그 일을 하려고 할 때는, 작은 설명들을 전부 모아서 그 상황의 열쇠가 되는 사실을 찾아볼 수밖에 없다. 그런데 현재의 경우에는 그 기록들 자체가 매우 명백하다. 네 명의 기자의 공통된 진술에 의하면 무덤을 찾아간 것은 이른 새벽이었다. 즉 보통 사람들이 깨기 전이라는 것이다. 마가의 진술에 의하면 "매우 일찌기 해돋은 때에" 그 일이 있었다. 마태는 말하기를 "안식 후 첫날이 되려는 미명에"라고 했으며, 누가는 "새벽"이라고 했다. 제4복음서의 기자는 (이 점에 있어서 중요한 증언이 된다) "이른 아침 아직 어두울 때에"라고 했다.

비록 이 진술들 속에는 해가 실제로 돋았는지에 대해 약간의 차이가 있긴 하지만, 나는 이 약간의 차이점이 위에 인용된 진술이 우리에게 전하는 중심적인 사실에는 아무런 영향을 미치지 못한다고 생각한다. 여기서 우리는 북반구에서는 해 돋는 속도가 빠르다는 것과, 여인들이 같이 무슨 일을 하려고 할 때는 예기치 않게 일이 늦어지는 경우가 특히 많다는 것과, 따라서 그들이 일어난 시간은 매우 일렀지만 그들이 무덤에 도착했을 때는 해가 상당히 돋은 후였으리라는 것을 기억해야 한다. 어쨌든 네 개의 문서의 공통된 증언에 의하면 그것은 이른 시간이었으며 안식일이 지나고 일을 시작할 수 있는 최초의 시간이었다.

지금까지의 설명이 시간에 관한 것이다. 이제는 이 일의 진행에 있어서의 주요 인물들을 생각해 보자. 우리가 4복음서를 나란히 놓고 그것들이 공통적으로 주장하는 것이 무엇인지를 살펴보면, 어떤 한 가지 사실에 있어서 4복음서의 의견이 완전히 일치한다는 것을 알 수 있다. 그 사실이란 해가 어느 정도 돋은 후에 막달라 마리아가 일어나서 무덤으로 갔다는 사실이다.

이 사실에 대한 진술이 다른 세 개의 복음서보다도 제4복음서에 더욱 자세히 논의되어 있는 것 같다.

> 안식 후 첫날 이른 아침 아직 어두울 때에 막달라 마리아가 무덤에 와서 돌이 무덤에서 옮겨 간 것을 보고 시몬 베드로와 예수의 사랑하시던 그 다른 제자에게 달려가서 말하되 사람이 주를 무덤에서 가져다가 어디 두었는지 우리가 알지 못하겠다 하니(요 20 : 1-2).

우리는 이 구절에서 무엇을 추론할 수 있는가? 막달라 마리아가 홀로 무덤에 갔겠는가? 이 질문은 매우 결정적인 것이기 때문에 확실한 대답을 너무 쉽게 얻으려 하지 말고 잘 생각해야 할 것이다. 내가 이 구절을 여러 번 반복해서 읽고 느낀 바에 의하면, 만약 제 4복음서의 기자가 이 글을 기록할 때에 이 여자들에 관한 문제가 장차 수세기에 걸쳐서 수백만 사람들의 관심의 초점이 되리라는 것을 알았더라면 앞뒤가 맞지 않는 "우리"라는 복수형을 제거하기 위하여 문장을 고쳤을 것이다.

어떤 사실을 설명할 때에 의도적으로 그 설명을 모호하게 만드는 것을 사도 요한은 거의 하지 않는다. 도리어 그의 글은 가장 생생하고 분명한 문체의 대표가 될 만한 것이다. 그는 어떤 의미의 가장 미묘한 뉘앙스를 표현할 수 있는 능력을 가지고 있으며, 또한 매우 명료한 표현을 위하여 그런 능력을 거의 항상 사용하고 있다.

그러나 이 구절에 있어서만은 ― 순간적인 부주의 때문인지 혹은 마리아의 친구들에 관한 이야기가 별로 중요하지 않게 생각되었기 때문인지는 잘 모르겠지만 ― 그는 복음서 중에서 특히 모호한 편에 속하는 한 문장을 쓰고 있다. 이 구절에서 요한은, 마리아와 동행하기 위해 일부러 일찍 일어나지 않았다면, 마리아는 아직 아무도 잠자리에서 일어나지 않은 시간에 무덤을 향하여 떠났다는 데에서부터 이야기를 시작한다. 그는 그녀가 크게 흥분된 상태로 베드로와 요한에게 달려왔음을 묘사하면서, 그녀가 그 숨가쁜 소리로 말한 그의 뇌리에 깊이 박힌 그 역사적인 말들을 이렇게 회상하고 있다. "사람이 주를 무덤에서 가져다가 어디 두었는지 우리가 알지 못하겠나이다."

그런데 만약 마리아가 그 무덤에 홀로 간 것이 아니라는 사실과 그녀가 거기서 무엇을 보았든지 다른 사람과 함께 있었다는 것을 요한이 알지 못했다면, 그는 왜 이 이해하지 못할 "우리"라는 말을 썼겠는가?
 소위 "베드로 복음서"라고 불리는 유명한 외경 문서를 연구해 보면 이 문제에 대한 새로운 빛을 찾을 수 있다. 이 문서의 기자도 역시 막달라 마리아의 행동을 자세히 잘 설명하면서도 요한의 기록에서 발생한 그 애매함을 해결할 수 있는 한 구절을 덧붙이고 있다.

> 주일날 아침 일찍, 분노에 찬 유대인들을 두려워한 주님의 제자 막달라 마리아가 주님의 무덤에서, 사랑하는 자가 죽었을 때 여인이 행하는 그 일을 행하지 못했기 때문에—그녀의 친구인 다른 여인들을 데리고 그가 누워 있던 무덤으로 왔다.

 여기서 우리는 거의 사실에 가까운 한 가지를 볼 수 있다. 은밀하게 무덤을 찾아간다는 이 이상한 일의 주동자인 막달라 마리아는, 안전을 위해서든지 혹은 조용히 하기 위해서든지, 경험이 풍부하고 성장한 몇몇의 친밀한 여인들을 택해서 함께 무덤에 갔던 것이다.
 이제 우리가 세 개의 공관복음의 설명을 주목해 보면 이 세 명의 기자도 위의 설명과 의견을 같이한다는 사실을 깨달을 수 있을 것이다. 세 명의 기자는 한결같이 글로바의 아내 마리아가 마리아와 함께 무덤에 갔다는 사실을 확실하게 말하고 있다. 마가는 살로메가 그들과 동행했다고 말하는가 하면 누가는 그 그룹의 세번째 여인으로 요안나를 언급한다. 이 일의 엄숙함과 독특함을 생각해 볼 때 이 네 여인이 모두 함께 갔을 가능성이 있어 보이지 않는가?
 단순한 사람들의 삶에서 이 역사적인 순간의 독특한 상황을 깊이 생각해 보면 볼수록, 우리가 만약 그 역사적인 일요일 새벽의 예루살렘으로 돌아갈 수 있다면, 우리는 그 곳에서 막달라 마리아와 다른 마리아 그리고 살로메 혹은 요안나가 함께 그들의 죽은 지도자에게 최후의 경의를 바치기 위해 아직 어두운 예루살렘의 아랫성(lower city)을 슬픔에 잠긴 채 터벅터벅 걷고 있는 광경을 볼 수 있으리라는 것이 더욱 확실해진다.

일요일 아침에 최초로 그 무덤을 방문한 사람이 누구인가 하는 당연한 의심을 푸는 것이 중요하다. 왜냐하면 이 여인들이 그리스도가 묻혀 있던 곳에 다다른 순간, 그들의 보고에 의하면 시체가 거기에 없다는 이상한 일이 발생했기 때문이다. 그 기록들 속에 이 사실이 너무나 명백하게 진술되고 암시되었기 때문에 우리는 증거가 아닌 다른 어떤 것에 의해서도 밑받침될 수 없는 역사의 한 국면을 피할 수 없게 된다.

이 점에 있어서 우리의 주의를 끄는 최초의 사실은, 이 여인들이 무덤을 찾아간 목적이 지극히 자연스러운 것이었다는 점과 그들이 그 일을 행한 시간이 그들이 하고자 했던 일과 잘 부합된다는 점이다. 근동 지방에서는 대개 죽은 지 사흘이 지나면 시체가 부패하기 시작한다고 생각한다. 그렇기 때문에 그 여인들이 가능한 한 그 의식을 이른 시간에 집행하려고 한 것은, 안식일을 지켜야 한다는 사실에 비추어 볼 때 자연스러운 일이다. 그것은 분명히 일요일 아침 해가 뜰 때였다. 그들은 사람들 눈에 띄지 않기 위하여 이른 아침 시간을 택했을 것이다. 해가 뜨기 전에는 너무 어두웠거나 성문이 열리지 않았기에 갈 수가 없었기 때문일 것이다.

그러므로 일요일 새벽에 서너 명의 여인이 작은 무리를 지어서 무덤으로 다가가는 모습을 상상해도 역사적 사실에서 크게 벗어난 것은 아닐 것이다. 그러나 시간의 안개를 통하여 복음서 속에서 확고하고도 생생하게 드러나는 사실이 또 있다. 그것은 바로 모든 문서들에 기록된 대로 무덤 문을 막고 있을 돌에 대하여 여인들이 근심하며 관심을 가지고 있었다는 사실이다.
 분명히 여인들에게는 이 돌을 어떻게 움직일 것인가 하는 것이 제일 골치 아픈 문제였을 것이다. 그들 중 최소한 두 명은 매장 장면을 보았으며 일이 어떻게 되었다는 사실을 대강은 알고 있었다. 크고도 무거운 그 돌이 큰 문제였다. 때문에 가장 오래된 기록인 마가복음에서는 그 돌에 대한 여인들의 걱정이 심리적인 것일 뿐 아니라 그들이 무덤에 도착하자마자 발생될 명백한 역사적 사건이었음을 암시하고 있음을 발견하게 된다.

 이렇게 볼 때, 점수를 따기 위해서가 아니라 역사적 사실을 밝혀내기 위해 연구를 계속하는 사람이라면 누구나, 그 이후의 몇 분 동안에 발생한 사건들을 우리에게 설명해 주는 기자의 기억의 단편들이 결코 일상적인 경험은 아니라는 것을 분명히 수긍하게 될 것이다. 이것이 일상적이 아니라는 말은 서로 다른 설명들이 우연히 맞아떨어지는 것과 같은 것이 아니라는 뜻이다. 만약 그와 같은 것이라면 우리는 다른 각도에서 그 문제에 접근해야 할 것이다. 그러나 비록 마태와 누가가 그들의 복음서를 기록하기 전에 이미 마가복음이 있었으며 또한 요한이 그의 복음서를 기록한 것은 이미 세 개의 공관복음이 기록된 후였지만, 복음서의 기자들은 그들의 기억들을 서로 맞추려고 시도하지 않았다. 한 가지 분명한 사실은 그들이 무덤에 도착했을 때 전혀 예기치 못했던 상황 앞에서 충격을 받지 않을 수 없었다는 점이다.
 그들이 발견한 가장 본질적인 사실은 무덤 속이 다소 어지러져 있었으며 그들의 예상과는 반대로 예수님의 시체가 없었다는 사실이다. 이 점에 관한 공관복음 기자들의 일치된 증거를 누가는 이렇게 요약하고 있다. "주 예수의 시체가 뵈지 아니하더라." 게다가 마음속에 깊이 새겨진 이 전승의 성격을 강조라도 하듯이 요한

복음의 지극히 중요한 부분도 이 문제를 다룬다—이 구절은 공관복음과는 달리 매우 적나라하게 기록했기 때문에 무관심한 독자라도 이 구절에 주목할 수밖에 없을 것이다.

　　막달라 마리아가……시몬 베드로와 예수의 사랑하시던 그 다른 제자에게 달려가서 말하되 사람이 주를 무덤에서 가져다가 어디 두었는지 우리가 알지 못하겠다 하니(요 20:1-2).

역사적인 사실성에 대하여 공관복음과 제4복음 사이에서 어느 한쪽을 선택하라고 하면 공관복음에 우선권이 있다고 생각하는 사람들을 여기서 부당하게 설득시키고자 하는 생각은 나에게 조금도 없다. 그러나 나는 이 구절에 오면 어떤 강렬한 인상을 받는다는 사실을 말하지 않을 수 없다. 그 인상은 마치 이 기념할 만한 새벽의 안개 속으로 뚫고 들어오는 선명한 한 줄기 햇살과도 같은 것이다.

그러므로 만약 우리가 현존하는 문헌상의 모든 증거를 무시할 각오가 되어 있지 않다면—물론 이 책을 읽고 있는 정직하고도 날카로운 독자는 아무도 이렇게 하지 않으리라고 생각되지만—우리는 이 여인들이 무덤에 도착했을 때 거기서 그들은 무덤이 비어 있다는 인상을 정말로 받았음을 부인하지 못할 것이다. 그러나 나는, 그 때가 새벽이었고 다소 섬뜩한 상황에서, 더욱이 전혀 준비되지 못한 심적 상태에서 발견된 이 사실이 일종의 히스테리를 일으킬 수도 있었다는 추리에 대해서도 일리가 있다고 생각한다. 특히 그 중의 두 명은 이미 젊은 여자가 아니라는 사실을 생각해 볼 때 위의 추리가 더욱 그럴 듯하게 보인다. 요안나의 나이를 알 수 있는 방법은 없지만 글로바의 아내 마리아와 살로메는 만약 50세가 아직 안 됐을지라도 적어도 그 연령에 육박했을 것이 틀림없다.

첫눈에는 이 점이 별로 중요하지 않게 보일지도 모르지만 심리학적으로 볼 때 그것은 상당한 중요성을 갖는다. 이 여인들은, 자기들과 비슷한 한 작은 그룹의 여인들이 오늘날 켄살 그린 공동묘지(Kensal Green Cemetery)에서 아침 일찍 그와 비슷한 현상을 갑자기 만났을 때 느끼고 행동하는 것과 매우 흡사하게 행동했을 것이다. 가장 최초의 즉각적인 행동은 순간 망연 자실해서 서 있는 것이고 다음에는 즉시 누군가와 의논하고 도움을 구할 급한 필요를 느낄 것이다. 만약 그렇다면 그 그룹의 가장 젊고 활동적인 멤버였던 막달라 마리아가 베드로와 요한에게 그 사실을 전하기 위해 자진해서 시내로 급히 돌아왔을 것이며 나이 든 여인들은 뒤에 처져서 천천히 걸어 왔을 것이다. 그런데 제4복음에 기록된 상황이 바로 이와 매우 비슷한 것이다. 이런 사실은 또한 마리아가 숨을 헐떡이면서 "우리"라는 복수를 사용한 것에 대한 만족할 만한 설명도 된다.

여기서 우리가 다음 단계로 추리를 진행시키느냐 마느냐 하는 것은 앞으로의 연구에 해당되는 문제이지만, 이 이상한 에피소드의 중심적인 사실은 의심의 대상이 될 수 없을 만큼 분명한 것 같다. 이 여인들은 그들의 죽은 지도자에게, 안식일을 범하지 않고 가장 이른 시각에 어떤 봉사를 행하기 위해 계획하였다. 그들은 그들의 목적대로 일요일 아침 일찍 일어나서 무덤으로 갔다. 그러나 매우 중요한 역사적 사실은 이 봉사가 결코 행해질 수 없었다는 것이다. 그 날 아침에 요셉의 정원에서 어떤 다른 일이 벌어졌든 지간에 이 여자들은 그 분을 발견하지 못했고 따라서 그들의 보고대로 시체는 거기에 없었다는 것이 증거를 살펴본 결론이다.

7
두 자매와 밤에 도주한 사람들

이런 사실들의 의미와 특히 그들의 행동을 설명하기 위해 제시된 여러 가지의 설명들이 어떤 타당성을 갖는지를 연구하기 전에, 먼저 앞으로 우리가 연구하고자 하는 역사적 배경의 전체적인 상(像)을 완성시키는 것이 필요하다.

우리는 앞 장에서, 예수님이 목요일 밤에 겟세마네 동산에서 갑자기 예기치 못했던 체포를 당하자 그 분을 개인적으로 추종하던 작은 무리들이 둘로 나누어졌음을 보았다. 그런데 지금까지의 장들에서는 이렇게 둘로 나뉜 무리 중의 작은 그룹의 사람들이 이리저리 왔다갔다 하며, 예루살렘 안에서 잠시 고립된 채로 어떻게 지냈는가를 자세히 살펴보았다. 그러므로 외부에 있던 큰 그룹의 사람들에 대해서는 비교적 많은 주의를 기울이지 못한 셈이다. 그러나 이 큰 그룹의 사람들의 행동도 문제의 핵심적인 요소의 한 가지이다. 그렇다면 이 중요한 문제에 대하여 어떤 빛을 비춰 줄 사실이 문서로 남아 있지 않을까?

여기서 만약 우리가, 반드시 설명되어야 함에도 불구하고 빠진 두 그룹의 사람들이 있음을 일단 기억한다면 우리의 생각을 보다 명료하게 하는 데 도움이 될 것이다. 한 그룹은 예수님의 체포시에 도주한 것으로 기록된 아홉 명의 제자이고, 다른 한 그룹은 베다니의 마리아와 마르다 자매이다. 그런데 이 자매가 십자가와 매장의 현장에 없었다는 사실은 복음서 기록에 있어서 가장 특기할 만한 사실들 중의 하나이다. 예수님에게 마음과 영혼을 바친 두 자매가 여기 있다. 이들의 안락한 가정은 예수님께서 자신에게 허락하셨던 몇 안 되는 즐거움 중의 하나였다. 예수님께서 자유인이었던 그 마지막 날 아침에 이 집에서 걸어 나오셨을지도 모르겠다. 그러나 폭풍이 불어닥쳐서 그 분을 돕던 사람들의 모든 도움이 정작 필요할 때에, 이 두 명의 고귀하고도 헌신적인 여인은 이 장면에서 완전히 빠져 버리고 말았던 것이다. 여기에는 분명히 어떤 분명한 역사적 원인이 있을 것이며, 만약 가능하다면 이것을 밝혀내는 것이 우리의 임무이다.

만약 정상적이며 이해 가능한 어떤 상황 속에 둘 혹은 그 이상의 비범한 사건이 발생한다면 그 사건들 사이에는 어떤 연관이 있으리라고 보는 것이 건전한 추리 방법이다. 그런데 현재의 경우에서도 그런 의심을 품어 봄직한 특별한 이유가 있다. 예수님이 체포되기 이전의 복잡한 5일 동안 예수님과 제자들은 계속해서 베다니에 거처를 정하고 있었음을 결코 잊어서는 안 된다. 나는 과연 이 두 자매의 집이 예수님과 함께 무리를 이루고 있던 13명의 사람을 수용할 수 있었을까 하는 생각을 자주 해 본다. 아마 수용할 수 없었을 가능성이 클 것이다. 그러므로 예수님과 한두 명의 나이 많은 제자들만이 그 집에서 지내고 다른 제자들은 근처에서 임시 거처를 마련했을 것이다.

어쨌든 여러 가지 증거로 볼 때 전체 무리는 그 주간 내내 그 마을에 거하면서 매일 베다니에서 약 5km 가량 되는 거리를 여행해서 예루살렘으로 왔다가 가곤 했던 모양이다. 이렇게 볼 때 다른 사실을 알고 있던 가룟 유다를 제외한 11명의 제자들은 목요일 밤에도 베다니로 돌아갈 것을 의심없이 기대하고 있었을 것이다. 그렇기 때문에 돌아갈 시간이 훨씬 지난 후에도 동산에 머물러 있다는 사실이 제자들에게는 매우 이상하게 보였을 것이며, 자정이 점점 가까워 옴에 따라 두 자매의 마음도 점점 불안해지기 시작했을 것이 분명하다.

이런 사실들을 앞에 놓고 겟세마네 동산의 장면으로 다시 돌아가 보자. 모든 설명들은 일치해서, 예수님을 체포하기 위해 파송된 무리가 너무 많았기 때문에 대오를 만들어서 올 수가 없었음을 암시한다. 베다니로 가는 길과 감람 산 너머의 산길이 만나는 교차점과 성문 사이의 길에서도 그들은 길을 따라서 약 20미터 길이의 불규칙한 종대를 형성하고 걸어갔을 것이다. 우리는 약간 흥분된 이 잡다한 사람들의 무리가 동산 입구에 와서는 흩어져서 나무들 사이로 걸어서 예수님이 계시던 곳까지 접근했으며, 그들 중에서도 횃불을 든 무리와 유다가 성전 문지기들과 더불어 제일 먼저 왔고 그 뒤로 몇 명의 잡다한 "증인들"의 무리가 뒤따랐고 그와 함께 시내에서 잠깐 보고 뒤따라 온 사람들이 함께 했으리라고 생각해야 할 것이다.

유다가 예수님을 구별하자 곧 체포가 이루어졌을 것이며, 베드로는 체포대의 후미가 도착하기도 전에 무슨 일이 일어나고 있는지도 모르면서 벌써 대제사장의 종의 귀를 베었을 것이다. 나무들 사이의 넓은 공간에서 횃불이 높이 쳐들리자 상당한 고함소리가 났을 것이며 산헤드린의 관원들은 예수님의 손을 뒤로 포박했을 것이다. 그러는 동안에 나머지 사람들은 그 피고를 둘러싸고 있던 사람들에게로 접근했을 것이다.

베드로와 요한이 그들의 동료와 갈라져서 들키지 않고 어떻게 성문 안으로 들어왔는지를 연구하는 것이 우리의 목적의 일부는 아니다. 그러나 베드로와 요한은 분명히 예수님 곁에 서 있었을 것이며, 피할 수 있는 공간이 점점 없어지자 의식적으로 그 군중 속으로 섞여 버렸을 것이다. 베드로와 요한은 앞쪽에서 가물거리는 횃불의 어두운 빛 아래에서 큰 어려움 없이 그 잡다한 무리 속에 섞여 성문을 통과해 시내로 들어갔을 것이다. 그들이 발각될 위험을 무릅쓰고 성문을 통과한 것은 바로 이런 예기치 못한 우연한 방법으로 이루어졌다고 상상할 수밖에 없다.

만약 일이 실제로 이렇게 진행되었다면, 다음날 아침에 예루살렘에서 일어났으리라고 우리가 이미 제시한 그 상황이 전개되었을 것이다.

그러나 현재 우리가 연구하고자 하는 것은 다른 아홉 명의 제자에 관한 것이다. 킬솝 레이크(Kirsopp Lake)가 주장하듯이 이 사람들이 그 곳을 피해서 갈릴리로 갔을 가능성에 대해서는 뒤에 이야기하겠다. 이런 가능성들을 폭 넓게 생각하기에 앞서서 우리는 먼저 이 상황을 자세히 살펴보며, 특히 그들의 행위의 근원을 더욱 자세히 살펴보는 것이 반드시 필요하다.

어떤 위험한 재난이 급히 닥쳐와서 조용히 생각하거나 해결을 강구하기 위한 시간적인 여유가 없을 때는 우선 피하고 보는 것이 대개의 경우 사람들이 취하는 행동이다. 그런데 지금 이 경우는 위험이 급히 닥치기는 했지만 제자들이 그 울창한 숲 속을 신속히 빠져나갈 수 없었기 때문에 본의 아니게 사건의 진상을 파악할 수밖에 없었다.

우선 전통적으로 동산이라고 불리던 그 지점에 그 동산이 실제로 위치했었다면, 그것은 감람 언덕 기슭이었다. 체포대는 여리고로 가는 대로로 통하는 동산 입구로 들어왔을 것이다. 이렇게 볼 때 그런 무리로부터 피하고자 하는 사람은 분명히 그들이 오는 쪽과 반대쪽으로 도망갔으리라는 것은 당연한 이치다. 즉 감람 산의 경사면을 올라가서 베다니로 갔으리라는 것이다. 그들은 계속해서 높이 올라갔을 것이며 그리하여 그 아래에 펼쳐진 동산의 상황을 잘 볼 수 있는 곳까지 이르렀을 것이다.
　다행스럽게도 제자들은 그들에게 미칠 수 있는 위험의 가능성이 어느 정도라는 것을 파악할 수 있었다. 만약 아래의 숲 속에서 누군가가 자기들을 찾고 있었다면 횃불이 이리저리로 어지럽게 돌아다닐 것이다. 그런데 모든 상태는 분명했으며 제자들은 비할 데 없이 안전한 상태에 있었다. 그들은 그저 멀리에 앉아서 불빛이 다가오는지 감시만 하면 되었다.
　그러나 그런 일들은 실제로 전혀 일어나지 않았음이 분명하다. 전체 체포대는 잠시 시간이 지난 후 예루살렘으로 돌아온 것 같다. 체포대가 지정된 입구를 향하여 돌아갈 때 횃불도 함께 철수하는 것이 분명히 보였을 것이다. 남아 있는 제자들에 대한 모든 위험은 철수하는 불빛과 함께 사라졌다. 날이 밝을 때까지 더 이상 아무 일도 일어나지 않을 것 같았다.

　이것이 이 사건을 상식적으로 보는 견해이며, 또 그 일이 다르게 진행되었으리라는, 논리적으로 분명한 어떤 이유도 없다. 이런 유예 기간 동안에 제자들의 심리적 상태와 입장은 어떠했겠는가? 그들은 어떻게 행동했겠는가? 문제의 해결을 위한 긴급한 조치는 무엇이었겠는가?
　모든 사실을 알고서 분명한 확신을 가지고 이런 문제들을 답할 수 있는 사람은 아무도 없다. 그러나 우리는 모험적으로 어떤 추측을 해보고 나서 뒤에 자세한 관찰을 통하여 그 추측을 수정할 수는 있을 것이다. 만약 제자들이 자신의 처지를 평가해 보기 위하여 잠깐 정신을 안정시키고 살펴보았다면 그들은 한 가지 매우 위협적인 사실에 처했을 것이다―그것은 바로 베드로와 요한이 없어졌다는 사실이다. 그들은 이 사실을 근거로 최악의 가능성을 생각했을 것이다. 그들은 이 두 사람이 시내로 들어갔을지도 모른다는 상황을 전혀 예상할 수가 없었다. 그들 편에서 볼 때 베드로와 요한이 없다는 사실은—이것은 이 두 동료의 부름에 응하지 못한 그들의 전적인 잘못이다—가장 무서운 사실을 의미할 수도 있었다. 그들은 이 두 제자는 체포되었으며, 그 위기의 순간에 그들이 신속한 행동으로 피했기 때문에 그 두 제자와 같은 운명을 피할 수 있었다고 추리했을 것이다.

내 생각에는 이런 추리가 그들로 하여금 즉시 시내로 들어가고자 하는 생각을 막은 듯하다. 반면에 만약 (그들의 추측대로) 요한과 베드로가 체포되었다면, 제사장들의 악의와 대중의 분노의 폭발 앞에 무방비 상태로 서 있는 여인들의 처지가 매우 심각할 수밖에 없었다. 바로 이것이 분명히 고려되어야 할 사항이었다. 만약 더 이상의 자료가 없다면 생각을 여기서 더 진행시키는 것은 거의 불가능하다. 우리는 단지 아홉 명의 제자들을 감람 산에 남겨 두고 그 이후의 일에 대해서는 아무런 실마리를 찾을 수 없음을 시인해야 할 것이다.

그러나 우리에게는 아직 설명을 요하는 사실이 남아 있다. 그것은 마리아와 마르다도 동시에 설명 속에 등장하지 않았다는 사실이다. 이 두 개의 상황은 서로 연관되어 있을까? 어떤 한쪽의 조건이 만족되면 그것으로 이 두 가지를 모두 설명할 수 있을까? 상황을 어떻게 조화시켜야 십자가 사건을 전후한 그 끔찍한 몇 시간 동안에 이 여인들이 예루살렘에 없었다는 것을 설명할 수 있을까? 그리스도와 개인적 친분을 가지고 있던 모든 여인들이 이 일에 깊이 관여하여 행동했음에도 불구하고, 예수님께 가장 많은 도움을 준 이 두 여인이 그 일에서 빠졌다는 이 충격적인 사실을 어떻게 설명할 것인가?

만약 우리가 베다니의 전략적 입장을 기억한다면 이 문제를 이해하는 데 큰 도움이 될 것이다. 감람 산의 다른 쪽에 깃들어 있는 이 작은 마을은 여리고 대로상에 있는 예루살렘의 보초였다. 선한 사마리아인의 비유 속에서 예수님께서 불후의 이름을 부여하신 여리고로부터 가파른 계곡을 지나서 북쪽에서 오는 사람은 반드시 베다니를 지나게 되어 있었다. 반대로 예루살렘에서 북쪽으로 여행하는 사람도 역시 그 곳을 지나가야만 했다.

이 사실은 우리가 다루고 있는 문제에 대하여 몇 가지 중요한 의미를 준다. 첫째로 만약에 제자들이 정말로 갈릴리로 가기 위해 떠났다면 그들은 마리아와 마르다의 집에서 불과 몇 미터 떨어진 곳을 지나야 했으며, 이 곳은 또한 그들이 지난 5일 동안 체류하던 곳이었다. 이렇게 볼 때 만약 그들이 추적당하지 않는다는 사실을 확인하면서 그 곳을 지나가게 되었다면, 그 급한 소식을 전하며 그녀들과 협의하고 어떤 도움을 구하기 위하여 그녀들의 집에 들렀으리라고 생각할 수밖에 없지 않은가?

뿐만 아니라 그 제자들이 베다니에 들를 수밖에 없는 다른 몇 가지 이유가 또 있다.

1. 그들이 가진 약간의 소유물들이(그들이 아무런 휴대품도 지니지 않은 채 여행했으리라고는 생각하기 어렵다) 그들의 임시 숙소였던 베다니에 있었음이 틀림없다.
2. 예수님의 가까운 친구였던 마리아와 마르다도 갑자기 일어난 위험한 사태의 변화에 대하여 경고를 받을 필요가 있었다. 만약 피해야만 할 이유가 있었다면 그들에게도 피할 수 있는 시간이 있었다.
3. 만약 시내에 있던 여인들이 실제로 어떤 일이 일어났는지를 알고 예루살렘을 떠나는 것이 옳다고 생각했었다면 그들도 우선 베다니로 피했을 것이다. 왜냐하면 그들이 가고자 하는 곳도 역시 베다니를 지나야 하기 때문이다.

예수님의 체포로 인해 도피해야 할 두 그룹의 사람들은 모두 마리아와 마르다의 집으로 모일 수밖에 없다는 사실과, 이 마을의 독특한 입장을 놓고 볼 때 제자들이 거의 본능적으로 그리로 가리라는 것은 거의 확실하다. 따라서 이 사람들이 당장 갈릴리로 떠났다고 인정하든 않든, 혹은 그들이 최소한 두 여인을 구하기 위해 노력할 만큼 신사적인 사람들이었다고 주장하든 않든, 또 이 사람들의 처한 상태가 급한 휴식을 필요로 했으므로 가장 가깝고 그럴 듯한 장소를 찾고 있었다고 생각하든 않든, 이들은 곧 베다니로 갈 수밖에 없었다.

이제는 베다니의 그 작은 집안에 있는 사람들의 입장에서 사건을 살펴보자. 이미 앞에서 살펴보았듯이 복음서에 암시된 상황에 의하면 두 자매는 목요일 저녁에도 예수님이 돌아오시기를 기다리고 있었다. 그러나 시간이 지나도 예수님께서 오시지 않자 그들은 자연히 경계심이 생기며 근심에 빠지게 되었다. 만일 그 분에 대한 아무런 소식도 듣지 못한 채 밤을 새웠다면, 최소한 한 명은 다음날 아침 일찍 예루살렘으로 갔을 것이며 그래서 시내에 있던 그룹과 만났을 것이다. 만났다면 우리는 베다니의 마리아 혹은 마르다(혹은 둘 다)가 십자가와 매장의 현장에 있었다는 기록을 접할 수 있었을 것이다.

그러나 우리는 복음서에서 이런 사실에 대해 약간의 희미한 암시도 발견할 수가 없다. 모든 기록들이 베다니 자매에 대해서 전혀 언급하지 않은 사실과 특히 무덤을 찾아간 부분에서 그렇다는 사실은 매우 암시적이며 도전적이다. 이 사실은 베다니에서 일어난 어떤 상황으로 인해 이 비극적인 대단원을 그들에게 전하지 못했다든가 혹은 그들이 시내에 있는 여인들과의 협력을 회피했다는 것을 의미한다.

이런 것이 사건의 진상이라는 점을, 기록에 나타난 독특한 성질과 분위기가 가르쳐 주고 있다. 만약 지치고 슬픔에 **빠진** 이 사람들 중의 두세 명이라도 어둠 속에서 그 작은 베다니 마을에 들렀다면 어떤 일이 일어났으리라는 것은 상상할 만하지 않은가?

우리는 그 제자들이 받은 정신적 충격을 이해해야 할 것이다. 예수님은 제사장들의 명령에 의하여 성전 파수꾼들에게 지금 막 체포당하셨다. 요한과 베드로도 (그들의 견해에 의하면) 역시 붙잡혔다. 사람들은 악의에 차서 포악해졌다. 이런 모든 일들이, 그 시간적인 요소와 더불어 극히 위험한 사태라고 두 자매에게 설명되었을 것이다. 한편 이 말을 들은 두 자매는 사태의 진상에 대해 전혀 모르고 있었으므로, 상황을 사실보다도 더욱 어둡게 평가했을 것이다. 그들이 그 상황을 어떻게 보든지간에 미래는 즉각적인 위협으로 가득 차 있었다. 멀리 떨어진 예루살렘 성벽 내에서는 무슨 일이 벌어지고 있었을까? 어쩌면 배반자 유다가 다른 사람들까지도 잡아들이기 위해 새벽에 다른 체포대를 준비하고 있을지도 모른다. 감람 산 주위를 샅샅이 뒤진다면 베다니가 빠질 리 없었다. 그들은 이 자매들도 사건에 연루되었다고 체포할지도 모르는 일이었다.

이런 생각들이 피할 수 없이 그들의 마음속에 떠올랐을 것이다. 그러나 문제는 그뿐이 아니었다. 이 아홉 명 중에 세 사람의 어머니들은 여전히 예루살렘에서 아직 불확실하지만 실현 가능성이 매우 높은 위험 앞에 놓여 있었다. 그들이 시간 맞춰서, 임박한 위험에 대하여 경고를 받을 수 있을까? 만약 그렇다면 어느 순간엔가 그들도 이 작은 집의 문을 두드릴 것이다.

물론 역사의 사실을 통하여 우리는 시내의 상황이 이상하게도 전혀 딴판임을 알고 있다. 우리는 베드로와 요한이 잡히지 않았음을 알고 있다. 우리는 또한 제사장들이 두려워한 사람은 예수님이었기 때문에 예수님만 체포함으로써 그들은 만족했다는 것도 알고 있다. 그러나 황급히 베다니로 도망간 제자들의 상태를 놓고 볼 때-그 작은 집 안의 심리적 분위기란 우리가 위에서 말한 대로였을 것이다. 예수님과 관계된 사람들의 안전에 대한 염려, 위협, 불확실성 등이 가장 지배적인 관심사였을 것이다.

다음날 아침이 되어도 이런 상태에는 아무런 변화가 없었을 것이다-아니 아침이 온다는 사실이 그런 분위기를 더욱 강화시켰을 것이다. 어떤 순간에 무슨 일이 닥칠지 몰랐다. 그들은 모두 최악의 상태를 두려워하고 있었다. 예수님께서는 공적인 재판의 최후의 어려움을 견디고 계셨고, 그의 대적들은 다른 일들에 정신을 뺏기고 있을 때 이 작은 무리의 사람들은 가장 심각한 염려에 빠져 있었으리라고 생각하는 것은 좀 이상한 일이다.

더욱이 바로 그 상황의 성격을 생각해 볼 때 그들이 무슨 일이 일어나고 있는지를 몰랐을 것이라고 생각하는 것도 역시 이상한 일이다. 보통 때에는 예루살렘과 베다니에는 항상 왕래가 있었으며 따라서 시내에서 일어난 일은 두세 시간 내에 베다니로 알려졌다. 그러나 그 도시가 생생하게 기억하고 있는 가장 위대한 스승에 대한 사형 집행은 결코 일반적인 종류의 센세이션이 아니었다. 빌라도의 법정과 갈보리로 가는 길에 모든 사람의 이목은 어쩔 수 없이 집중되었으며, 그 때문에 예루살렘과 베다니 사이의 왕래는 잠깐 중단되었을 것이다.

큰 고함소리가 들리고 수많은 군중이 마을로 쏟아져 나오면서, 비로소 예루살렘에서 진행되던 일에 대해 어떤 참된 소식이 근처의 마을들로 퍼졌을 것이며, 그 시각은 이미 해질녘이었으며 따라서 안식일이 눈앞에 닥친 때였을 것이다.

예수님께서 큰 죄값을 지불하시던 그 어지럽고도 극적인 시간 동안에 진행된 가장 그럴 듯하다고 내가 생각하는 상황이 바로 이런 것이다. 이 생각은 기록이 분명히 우리에게 가르쳐 주는 사실과 일치할 뿐 아니라 어쩌다가 전혀 모호한 상태로 남겨졌을지도 모를 일들을 해결해 주고 있다. 나는 잠정적으로나마 이런 견해를 하나의 가능한 설명으로 제시하는 바이다.

8
일몰과 새벽 사이

예수님 생애의 마지막 국면에 대한 이런 모든 혼란된 이야기들을 정리함에 있어서 항상 시간 문제가 떠나지 않는다는 것은 어떻게 보면 이상한 일이다.

우리는 앞 장에서 사건들의 피할 수 없는 긴박성이 어떻게 체포를 재촉했으며, 어떻게 관원들로 하여금 행동을 개시하게 했으며, 어떻게 예비 심리의 시간을 질질 끌게 했으며, 어떻게 로마 재판의 성격을 근본적으로 변화시켜 놓았는지를 보았다. 이 모든 일들은 마치 눈에 보이지 않는 어떤 감독—이 사람의 결정은 추호의 변동을 허락하지 않는—의 채찍 아래에서 진행된 것같이 보인다. 그러므로 우리는 이제 첫눈에 인식을 하든 못하든간에 이런 사실을 발견하게 될 것이다. 즉 우리의 연구는 점점 좁아져서, 이제 약 1900년 전의 어느 토요일 일몰로부터 다음날 아침 새벽 시간까지 그 시간 동안에 예루살렘 성벽 밖에서 어떤 일이 일어나고 있었는가 하는 데로 압축된다는 사실이다. 우선 이에 관한 사실들을 설명하기 위해서 지금까지 제시되었던 여러 가지 가설들을 한번 자세히 살펴보자.

그 가설들 중에는 이 책을 읽는 독자들이 심각하게 논의할 것을 거의 바라지도 않을 한 가지 생각이 있다. 그 생각이란 사도 시대에 매우 광범위하게 퍼졌던 것으로서 사도들 자신이 그 시체를 훔쳤거나 탈취했다는 것이다. 나는 이런 의견의 역사적 엄밀성을 검사하기 위해 많은 지면을 할애할 생각은 전혀 없다. 왜냐하면 모든 사람이 이런 의견에 대하여 어떤 판결을 내리리라는 것이 이미 자명하기 때문이다. 내가 아는 한 오늘날 비판의 가치가 있는 글을 쓰는 작가 중에서도 이 문제가 논의의 가치가 있다고 주장하는 사람은 발견할 수 없다. 우리는 그 뒤의 행동과 기록 속에서 이 열 한 명에 대해 너무나 잘 알고 있다. 아무리 봐도 그들의 행동과 기록은 그렇게 짜여져 있지 않다. 이런 멋진 계획을 생각해 내고 발각되지 않으면서 그 계획을 실행에 옮길 만큼 담대한 주동자의 흔적은 아무 데도 없다. 설사 그 일이 가능했고 그 일을 한 사람이 제자들이라면 그 이후의 기독교 역사는 현재와 판이하게 달랐을 것이다. 그 사실을 아는 사람들 중의 누군가가 조만간에 그 사실을 발설하고야 말았을 것이다.

더욱이 일생을 통해 박해와 개인적 고통을 감수해야 했던 초대 교회의 높은 도덕적 수준을 볼 때, 열 한 사도가 모두 알고 있던 거짓이 그 고매한 도덕의 기초가 되었다는 것은 불가능한 일이다. 나는 나 자신에게 그런 사기극의 일당이 베드로인지, 아니면 요한인지, 안드레나 빌립 혹은 도마인지를 여러 번 물어 보았다. 이 이상한 사건에 대하여 어떤 설명이 제시되든지간에 제자들이 시체를 훔쳐가지 않은 것만은 분명하다.

그렇다면 우리에게는 여전히 빈 무덤의 문제가 미해결의 상태로 남아 있다. 지금까지 여러 사람들이 제시했던 여러 가지 설명들 속에서 어떤 빛을 발견할 수 있지 않을까?

이 문제에 대한 비판적인 접근에는 주로 여섯 가지의 독립된 경향이 있다. 그 중에서 네 가지는 무덤이 비어 있었다는 사실을 인정하지만 나머지 의견은 이 이야기들이 전혀 거짓이거나 아니면, 사람들이 무덤을 복음서에 기록된 대로 제대로 관찰하지 않았다는 보다 극단적인 견해를 주장한다. 그 가정들을 간단하게 요약하면 다음과 같다.

1. 아리마대 요셉이 몰래 더 적당한 무덤으로 시체를 옮겨갔다.
2. 로마 권력의 명령에 의하여 시체가 치워졌다.
3. 무덤에 대하여 바쳐질지도 모를 숭배를 막기 위하여 유대인의 권력자들이 시체를 치웠다.
4. 예수님의 목숨이 완전히 끊어지지 않고 있다가 무덤 속의 서늘함 때문에 회복되었다.
5. 여인들이 희미한 빛 속에서 무덤을 잘못 택했다.
6. 무덤에는 아무도 찾아간 일조차 없으며 여인들에 관한 이야기는 뒤에 부과된 것에 불과하다.

이것이 광범위한 가설들이며, 내가 아는 한에는 복음서의 설명에 대한 합리적 대안으로 제시된 중요한 것들이다. 이것들을 차례대로 잠깐 살펴보자.

1. "아리마대 요셉이 시체를 옮겼다"

첫눈에 보면, 로마 총독에게서 시체를 얻어갔다고 보편적으로 인정되는 이 사람이 그의 개인적인 이유로 시체를 다른 곳으로 옮겼으리라는 것은 꽤 그럴 듯한 의견인 것 같다.

복음서 속에 있는 빈약하기까지 한 설명으로부터 많은 작가들이 끌어 낸 추리는, 요셉이 자신의 어떤 용도를 위해서 그 무덤을 샀으며, 그 무덤이 십자가 형장에서 별로 멀리 떨어지지 않았다는 사실은 그가 안식일 동안에만 잠시 사용하기 위하여 그 무덤을 샀음을 나타내는 것이며, 따라서 요셉은 가능한 한 일찍 보다 영구적인 어떤 무덤으로 시체를 옮기고자 했으리라는 것이다. 이 모든 설명은 매우 이해할 만하며, 만약 이 이론 하나만이 있었다면 상당한 일관성과 힘을 가지고 큰 설득력을 발휘했을 것이다. 그러나 우리는 이 가설에 대한 역사성을 매우 심각하게 생각하지 않을 수 없다. 이 가설은 설명하고자 하는 모든 상황에 적용되어 무리가 없어야 한다. 그 가설에 의한 직접적인, 혹은 광범위한 결과가 연구되어야 하며, 이런 모든 조건을 만족시킬 수 있는 능력에 의하여 그 가설의 가치가 마지막으로 평가되어야 할 것이다.

이 가설을 더욱 자세히 연구해 보면 이 가설의 개연성을 심각하게 손상시키는 분명한 약점과 비일관성이 드러난다. 첫째로 여기서 설정된 시체 운반 시간(안식일이 끝나는 시간과 새벽이 밝아 오는 시간 사이일 수밖에 없는)에 문제가 있다. 즉 이 시간은 존경받는 지도자가, 날이 밝은 뒤에도 훨씬 편리하게 잘 수행할 수 있는 합법적인 작업을 위하여 택한 시간으로서는 납득이 가지 않는다. 이 이론에 의하면 아리마대 요셉과 여인들의 작은 무리는 서로 별개의 행동을 했으며 그들의 계획의 우연한 일치 때문에, 안식일이 지난 후 가능한 한 이른 시간에 무덤에서 서로 만나리라는 것을 전혀 모르고 있었다. 어둠 속에서는 여러 가지 어려움이 있을 것이므로 그 때는 분명히 어느 정도 환해지기 시작할 무렵이었을 것이다. 그렇다면 논리적으로 볼 때, 막달라 마리아와 그녀의 친구들이 무덤에 도착했을 때 그 곳에서 이미 작업을 벌이고 있던 요셉 편의 사람들을 만났어야 했을 것이다.

그러나 이런 극적인 만남이 이루어진 흔적은 아무 데도 없다.

그러므로 우리는 가정된 시체의 운반이 훨씬 이른 한밤중에 이루어졌다고 생각할 수밖에 없다. 이제 우리는 등잔이나 횃불을 든 한 무리가 큰 어려움을 무릅쓰고, 상당히 먼 길을, 그 무거운 시체를 가지고 성벽 너머의 불빛도 없는 지역에서 길을 찾아 가면서 마침내는 다른 무덤에 시체를 안치시키는 모습을 생각해야 한다. 우리는 또한 수의를 다 벗기는 수고를 하고, 그것을 무덤 속에 남겨둔 후에 벌거벗은 시체를 다른 곳으로 옮겼으리라고 생각해야 한다. 또한 우리는 그들이 무덤 문 닫는 것을 잊어버렸거나 아니면 그 일을 하기 위해 시간을 허비하는 것을 원치 않았다고 생각해야 한다.

그렇다면 이제 우리는 그 장면을 이렇게 재구성한 것이 얼마나 설득력을 가질지 한번 생각해 보자. 이렇게 말하는 사람이 있을지도 모르겠다. "이것이 바로 진상이 아닌가? 새벽이 작업을 위한 이상적인 시간이라고 인정은 하지만 사건은 다르게 진행되었을지도 모르겠다. 큰 국도를 통해 소식이 너무 빨리 전달되었기 때문에 요셉은 만약 해가 돋은 후에 일한다면, 적어도 두 시간은 걸릴 그 일이 진행되는 동안에 위협적인 군중이 몰려들 것을 두려워했을 것이다. 그가 실지로 어둠 속에서 예비 작업을 끝내고, 막달라 마리아와 그 무리가 무덤에 도착했을 때는 이미 영구적인 매장지로 출발한 후가 아니었겠는가?"

이런 견해는, 기록과 일치되어야 한다는 요구를 상당히 만족시켜 주는 것이 사실이다. 이것은 큰 돌이 굴려져 있는 것을 보고 여자들이 놀란 상황을 설명해 준다. 이것은 또 한 무덤이 비어 있는 채로 발견된 사실도 설명해 준다. 이것은 두 제자에게 전해진 다음과 같은 막달라 마리아의 숨가쁜 메시지와도 근본적으로 일치한다. "사람이 주를 무덤에서 가져다가 어디 두었는지 우리가 알지 못하겠다!" 만약 만족시켜야 할 다른 조건이 없었다면 이것은 설득력 있고 자연스러운 설명이 될 것이다. 그러나 어떤 이론이 첫눈에 아무리 그럴 듯하고 확실해 보여도 독자적으로 성립될 수는 없다. 그 이론은 작은 사실들뿐 아니라 큰 사실들에서도 타당성을 가져야 한다. 그런데 이 이론이 만족시키지 못하는 것이 바로 큰 사실들이다.

아리마대 요셉을 기록과 일치시키는 데에는 두 가지 방법이 있다. 그는 (1) 예수님을 비밀스럽게 따르던 추종자 혹은 제자로서, 예수님께서 살아 계실 때에는 다른 사람들에게 알리고 싶어하지 않던 그 분에 대한 충성심을 사후에는 공개적으로 드러내 놓고 보여 주고자 노력한 사람일지도 모른다. 아니면 (2) 십자가에 못 박힌 죄수는 일몰 전에 매장해야 한다는 유대인의 율법 준수에만 관심이 있던 경건한 산헤드린 의원이었을 수도 있다.

요셉이 예수님의 시체를 자기 무덤에 안치시키기를 꺼렸으리라고 가정한 사람들은 그 이유를 설명하기 위한 방편으로 두번째의 가능성을 열렬히 지지했다. 그러나 내 생각으로는 그 견해를 받아들이는 데에는 한 가지 극복할 수 없는 난관이 가로놓여 있는 것 같다. 일몰 전에 장사 지내야 한다는 유대의 법률이 다른 두 명의 강도에게도 똑같이 적용되었지만, 요셉이 그들의 매장에도 관계했다는 암시는 아무 데도 없으며, 심지어 그들에 대해 일말의 관심조차 가졌다는 흔적도 없다. 그런데 이 점은 매우 중요하다. 왜냐하면 이 세 건의 사형 집행은 모두 로마 법률의 절차를 거친 것들이기 때문이다. 다른 두 강도의 시체 처리를 위해서도 예수님의 경우와 같이 빌라도의 허락을 받는 것이 반드시 필요했다. 의심할 것도 없이 제사장들은 뒤에 이 두 명의 시체 처리를 위한 공적인 권한을 얻었을 것이며 그들의 시체는 같은 무덤에 묻혔을 것이다. 그런데 이런 일들은 분명히 아리마대 요셉이 빌라도에게 개인적인 청원을 드린 다음에 이루어졌을 것이다. 이와 같이 요셉이 빌라도에게 독자적으로 청원을 했다는 것은 그가 공적으로 시체 처리에 관여한 것이 아님을 의미한다. 도대체 존귀한 관원이며 산헤드린의 의원인 한 사람이, 보다 낮은 직위의 관리에게 맡겨져야 하는 비천한 일을 직접 하겠다고 나선 이유가 무엇일까?

둘째로, 제사장들이 아리마대 요셉에 대해 매우 분노했으며 공회 앞에 그를 소환했다는 사실이 외경 문서 속에 분명히 지적되어 있다. 만약 그가 그들의 명령대로만 움직였다면 그들이 그렇게 분노할 이유가 없었을 것이다. 그러나 그가 군중과 빌라도 앞에서 예수님을 훌륭하게 장사 지냄으로써 제사장들의 집약된 행동을 웃음거리로 만들었다면, 이것은 그들이 분노할 만한 충분한 이유가 되는 것이다. 마지막으로 마태복음에는 요셉이 예수님의 제자였다는 분명한 진술이 기록되어 있으며, 누가는 요셉이 그들의 계획과 행동에 동조하지 않았다고 말하고 있다.

이런 모든 사실들이 의미하는 바는 요셉은 진심으로 예수님께 동조했으며, 당시 진행되고 있던 일의 불법성과 황당함에 대하여 깊이 번민한 나머지 그 위대한 선생의 시체를 모든 사람 앞에서 훌륭하게 장사 지내 주기로 결정했으리라는 것이다. 그는 이런 목적을 가지고 일부러 빌라도에게 가서 시체를 청구했으며 자신이 선택한 무덤에 장사 지냈던 것이다.

만약 우리가 아리마대 요셉을 이렇게 이해한다면, 또한 이 견해와 관련된 다른 사실들도 역시 수긍할 수밖에 없다. 첫째는, 요셉이 그런 상황 속에서 시체를 다른 곳으로 운반하려고 했을 이유가 도무지 없다는 것이다. 그가 복음서에 기록된 대로 행동했다면 그는 자신의 사회적 지위와 지배 계급으로서의 위치를 상당히 양보했을 뿐 아니라 심지어 손상시키기까지 했다. 그는 이 한번의 행동으로써 돌이킬 수 없이 예수님 편의 사람들과 행동을 같이 할 수밖에 없었다. 만약 그의 마음속에 예수님에 대한 깊은 사랑과 존경심이 없었다면 그는 그렇게 과감하고 용감한 행동을 취할 수 없었을 것이다. 그와 같은 지위에 있는 사람이 그리스도의 생존 사역 기간에 그에게 바치기를 주저했던 그 희생을 마침내는 실천에 옮겼다는 사실을 볼 때, 존경하던 스승이 자기의 무덤에 묻혀 있다는 생각은 그에게 영원한 위로가 되었을 것이다. 즉 그 분이 돌아가시던 그 며칠간의 슬픈 기억을 밝게 만들어 줄 수 있는 신성한 회상이 될 것이다. 우리는 아리마대 요셉의 행동을 깊이 생각해보면 볼수록, 너무 늦기 전에 예수님 편이 되기 위하여 지나가는 마지막 기회를 잡으려는 내적인 자극에 의하여 행동한 한 사람을 보게 된다. 그렇다면 그가 반드시 자신의 행동에 따라올 벌칙들—그의 오랜 친구들의 조소, 제사장들의 깊은 적대감, 십자가에 못박혀 죽은 수치스러운 선지자의 추종자로 자처한 치욕—을 당하고 나서 겨우 서른 여섯 시간 후에 자신이 그렇게도 어렵게 얻은 영광을 버리려고 하겠는가? 나는 그렇다고 생각할 수 없다. 심리학적으로 보아도 결코 그럴 수 없다.

그런데 요셉이 시체를 치우는 데에 관여하지 않았다는 더욱 그럴 듯한 다른 이유가 있다. 길어도 칠 주 안에 제자들은 확신을 가지고 예루살렘에 돌아와서 예수님이 부활하셨다고 선포하고 다녔다. 만약 요셉이 완전히 합법적인 절차를 통하여 시체를 치웠다면, 또한 (대중의 소요를 피하기 위하여) 그 일을 마리아와 그녀의 친구들이 무덤에 도착하기 전인 한밤중에 처리했다면, 제사장들은 그 사건의 진상을 쉽게 알 수 있었을 것이다. 결국 다른 무덤을 찾아서, 두세 명의 일꾼이 시체를 가져 오도록 지시받았을 것이다. 그렇다면 온 예루살렘이 온통 기독교인의 논쟁으로 소란스러울 때에, 제사장들은 왜 사라진 시체에 대한 소문을 효과적으로 봉쇄하기 위하여 사실을 말하지 않았는가?

마지막으로, 나는 이것이 가장 결정적인 증거라고 생각한다. 즉 우리는 당시의 기록 속에서 예수님의 유골이 들어있기 때문에 경배나 숭배의 중심이 되었던 무덤이나 묘실이 있었다는 어떤 흔적도 발견할 수 없다. 예수님께서 그 빈 무덤이 아닌 다른 곳에 장사되었다는 것이 분명히 기록되었다면 오늘날 그런 흔적이 전혀 발견되지 않는다는 것은 생각하기 어려운 일이다. 예수님이 묻혀 있을지도 모를 수많은 장소에 대한 소문이 분명히 퍼졌을 것이고, 그렇다면 무수한 순례자들이 그 곳을 향해서 떠났을 것이다.

그런데 이상하게도 이런 일은 일어나지 않았다. 우리가 이 사실을 설명할 수 있는 유일한 길은, 무덤의 위치는 모두가 알고 있었으며, 시체가 장사된 지 얼마의 시간이 지난 후에 누군가가 그 곳을 관찰해 보았더니 시체가 없어졌다는 복음서의 기록을 그대로 믿는 것이다.

2, 3. "관원들(유대인 혹은 로마인)이 시체를 치웠다"

이 두 가지 견해를 함께 취급하는 것이 더욱 편리할 것이다. 왜냐하면 이 두 가지 견해가 제시하는 상황은 우리가 앞에서 다루었던 첫번째 견해가 제시하는 상황과 크게 다를 것이 없기 때문이다.

이렇게 오랜 시간이 지난 오늘날에도 로마나 유대의 권력자들이 공적으로 예수님의 시체를 옮겼으리라는 이유를 제시하는 것은 불가능한 일이 아니다. 비록 그런 일이 일어났을 가능성은 매우 희박하지만 말이다. 빌라도는 십자가에 붙일 명패의 이름을 고칠 것을 거부할 만큼 고집이 센 사람이었다. 그는 이 고통스러운 사건을 회피할 수 있는 일이라면 무엇이든지 기꺼이 수락했음이 분명한데, 마침 한 부자 유대인이 그 시체의 매장 허가를 요구했고, 그래서 그가 허락했다면 무엇이 더 필요하겠는가? 당시의 총독이 빠져 있을 그 심적 상태로 미루어 볼 때, 비록 유대인 권력자의 요구라 할지라도 그의 결정을 변화시키기 위해서는 상당히 강력한 설득력이 필요했을 것이다.

　복음서와 외경 문서들에 공히 기록되어 있는 매우 강하게 존속하는 전승이 하나 있는데, 그것은 유대인들이 어떤 요구를 가지고 빌라도를 찾아갔다는 것이다. 나는 다음 장에서 매우 독특하면서도 중요한 파수꾼들의 문제를 다룰 것이다. 그러나 이 전승의 전체 요점은, 제사장들이 빌라도에게 요구한 것은 시체를 다른 곳으로 치우기 위한 것이 아니라 치워지는 것을 방지하기 위한 것이었다는 사실이다. 외경 문서에서든 아니든 현존하는 당시의 문서들 속에서는 제사장들이 매장지를 옮기려고 생각했다는 암시는 전혀 찾아볼 수가 없다. 도리어 외인들이 시체를 훔쳐가지 못하게 하기 위하여 그들이 애썼다는 진술은 분명히 여러 군데에 나타난다.

　그러나 시체가 없어진 후에 제사장들이 그 사실을 어떻게 시인했는가를 알게 되면, 그들이 어떤 공적인 이유로 시체를 옮겼을 것이라는 가정은 완전히 파괴되고 만다. 왜냐하면 만약 유대인들이 빌라도에게 시체를 옮길 것을 건의해서 그 허락을 받았다면 그들은 마지막으로 시체가 안치된 곳을 알았을 것이며, 실지로 시체가 없어졌다는 소문이 퍼질 때에 제자들이 시체를 훔쳐 갔다는 애매한 소리를 하지는 않았을 것이기 때문이다. 그들은 분명히 빌라도의 명령, 혹은 그들의 요구에 의한 법적인 이유로 시체가 다른 곳으로 옮겨졌다는 보다 강력한 근거를 제시했을 것이다. 대제사장이 그런 사실을 발표했으면 그것은 최종적인 권위를 가질 것이었다. 그런 발표는 예수님께서는 육체적으로 부활했다는 어떠한 주장도 영원히 파괴해 버릴 것이다. 왜냐하면 그런 주장을 해 오면 언제든지 시체를 제시할 수 있었을 것이기 때문이다. 시체가 어딘가 다른 무덤에 있을 것이라고 가정하는 사람은 이 점을 도저히 설명하지 못하며, 이것은 또한 사람들이 시체를 치웠다는 모든 이론이 궁극적으로 부당하다는 것을 의미한다.

4. "예수님은 십자가에서 완전히 죽은 것이 아니다"

내가 여기서 이 견해를 다루는 것은, 독자들의 간절한 바람이라는 생각에서가 아니라 단지 이런 이론도 있기 때문에 빠뜨리지 않기 위해서이다. 이 견해는 참으로 단순한 역사적 호기심 외에는 아무 것도 아니다. 무덤이 비어 있다는 사실의 강력한 설득력에 자극을 받은 나머지 독일 합리주의자인 벤투리니는, 그리스도가 십자가에서 완전히 죽은 것이 아니라 단지 기절했다가 무덤 속의 냉기 때문에 다시 회복되었고 뒤에 제자들에게 나타났을 것이라는 의견을 제시했다.

십자가 이후의 현상에 대해 엄밀하게 합리적인 설명을 제시하기 위해 시도된 이 제안은 아주 합리적이다. 이 제안은 예수님이 당한 치명적인 부상, 양손과 발의 끔찍한 파열상, 지나친 출혈에 의한 기진함, 도움이 가장 필요했던 위기 속에서 누구의 도움도 받을 수 없던 상황, 그의 시체를 단단히 휘감은 붕대, 무거운 바위 등을 전혀 무시하고 있다. 찢겨진 채로 방치된 다섯 군데의 상처에서 피를 흘리며 4월의 차가운 무덤 바닥에 아무 간호도 받지 못한 채 완전히 늘어져 있을 인간의 신체를 생각해 본다면 이런 주장이 얼마나 황당 무계한 것인지 알 수 있을 것이다. 그러나 이 이론은 이미 오래 전에 뛰어난 비평가인 스트라우스(Strauss)의 가치 있는 연구에 의하여 치명타를 맞았다.[1]

---

[1] "거의 반죽음이 된 몸으로 무덤에서 겨우 기어 나와 치료와 간호를 요구하다가 마침내 그 고통을 이기지 못한 사람이 그의 제자들에게 자신이 무덤과 죽음의 정복자이며 생명의 왕이라는 인상을 심어 준다는 것은 불가능한 일이다. 그런데도 제자들의 미래의 사역의 근거에는 바로 그 분이 생명의 왕이라는 확신이 있었다. 만약에 예수님이 그런 식으로 무덤에서 빠져 나왔다면, 그 행동은 그 분의 삶과 죽음 속에서 제자들에게 주었던 영향력을 약화시켰을 것이며, 고작해야 그 분에 대한 연민의 정을 일으킬 수는 있었겠지만, 그들의 슬픔을 영광으로 바꾸거나, 그 분에 대한 단순한 존경을 경배로 바꿀 수는 없었을 것이다." 스트라우스,

5. "여인들이 실수했다"

이 주장은 무덤에서의 역사적인 만남을 어느 정도 자세히 연구한 후에야 논의를 진행시킬 수 있는 한 가지 문제를 안고 있다. 그러나 이 이론이 안고 있는 광범위하고도 일반적인 문제점을 보다 간편하게 생각해 볼 수 있는 다른 길이 있다.

이 주장에 의하면, 막달라 마리아와 그녀의 친구들이 일요일 아침에 무덤에 갔을 때는 새벽이 겨우 밝아 오기 시작했으며 매우 어두웠으리라는 것이다. 이런 어둠 속에서는 물체가 이상하게 보이기 때문에, 여인들이 무덤을 잘못 찾는 매우 단순한 실수를 범했으리라는 것이다. 이 이론은 또 주장하기를, 무덤에 도착해서 무덤 문이 열려 있는 이상한 사실을 발견했을 때, 그들은 한 청년 -동산지기라고 생각되는-을 만났는데, 이 청년은 그 여자들이 하고자 하는 일을 알고는 예수님이 거기 계시지 않다는 것을 이야기해 주려고 했다는 것이다. 그러자 자신의 용무가 발각되자 여인들은, 옳은 장소를 가르쳐 주려는 그 청년의 나머지 말은 듣지도 않은 채 동산에서 도망갔다는 것이다.

여러분은 이 이론이 비록 외관상으로는 합리적이지만 독특한 약점을 지니고 있음을 간파할 수 있을 것이다. 만약 그 여인들이 무덤을 잘못 찾을 만큼 어두웠다면, 그 시간에 동산지기가 일을 하고 있었다고 생각하기가 어렵다. 다시 말해서, 동산지기가 작업을 시작했을 만큼 날이 밝았다면 여인들이 무덤을 잘못 찾지는 않았을 것이다. 때문에 이 이론은 동시에 발생할 수 없는 두 개의 사건이 동시에 발생했다는 사실에 근거하고 있다. 그러나 이것은 이 이론에 포함된 논리적 모순의 일부일 뿐이다.

예수의 새 생명(*New Life of Jesus*) i, 412(tr.).

이 사건을 가능한 한 가장 밝은 빛에서 관찰하기 위해 나는 이 사건을 가장 잘 해설한 사람 중의 하나인 레이크 박사의 진술을 참고할 것을 제안하겠다. 그는 예수 그리스도의 부활(*The Resurrection of Jesus Christ*)이라는 책 속에서 그 이론을 가장 완전하고도 명료하게 전개시켰다. 나는 레이크 씨의 견해를, 가능한 한 그의 말 그대로를 가지고 소개하도록 노력하겠다. 왜냐하면 그의 문체의 개방성과 솔직성은, 그의 견해에 반대하는 사람들에게도 역시 동일한 솔직성을 요구하기 때문이다. 지금 우리가 하고 있는 일은 단순한 변증이 아니다. 우리가 연구해서 이해하고자 하는 것은 바로 이론 그 자체이다.

내 생각이 옳다면 레이크 씨는 무덤을 찾아간 여인들의 이야기는 순수한 역사적 사실임을 가정하고 논리를 전개시키는 것 같다. 이 사건 이후에 어떤 일이 일어났든지간에, 바로 이 에피소드는 초대 교회의 문헌들에 너무 깊이 스며들어 있기 때문에 존중될 수밖에 없을 것이다. 여인들의 모험에 대한 기사는 가장 오래된 문헌인 마가복음에 기록되어 있을 뿐 아니라 마태복음과 누가복음에서도 반복되었으며, 특히 요한은 막달라 마리아에 관한 것을 자세히 확인하였다. 게다가 외경인 베드로 복음에도 기록되었으며 더욱 중요한 것은 누가복음 24:13-24에 기록된 엠마오로 가는 여행 중에서도 확인되었다.

때문에 여인들이 무덤을 방문했다는 사실의 핵심적인 역사성은 현재로서 의심의 여지가 없다. 그러나 레이크 씨가 문제 삼고자 하는 것은 과연 여인들이 찾아간 무덤이 진짜 예수님의 무덤이었는가 하는 것이다.

다음에 소개한 것은 레이크 씨가 자신의 주장을 발전시킨 두 개의 주요 구절이다. "전승 배후의 사실들"이라는 제목의 장에서 그는 이렇게 말하고 있다.

여인들이 자신들이 찾아간 무덤이 바로 아리마대 요셉이 주님의 시체를 장사 지낸 그 무덤이라고 확신할 만한 입장에 처해 있었는지는 심각한 의문이다……만약 그것이 예수님의 무덤이 아니었다면 모든 상황은 잘 맞아떨어질 것 같다. 여인들은 아침 일찍 주님이 묻히는 것을 보았다고 생각된 그 무덤으로 찾아갔다. 그들은 무덤 문이 닫혀 있으리라고 생각했는데 실제로는 열려 있었다. 그 때 그 무덤 입구에 서 있던 한 청년이 그녀들의 용무를 짐작하고서 그들이 장소를 잘못 찾은 것을 일러주려 했다. 그 젊은이는 "그가 여기에 없다. 그가 누워 있던 자리를 보라"고 말하면서 아마 다른 무덤을 가리켰을 것이다. 그러나 그 여인들은 자기들의 용무가 발각된 사실에 놀란 나머지 그 청년이 말한 것을 불완전하게 이해했거나 전혀 이해하지 못한 채 도망가 버렸다. 뒤에 주님이 살아나신 것을 안 후에야 비로소 여인들은 무덤이 분명히 비어 있었으리라고 생각했다. 그리고 그 청년은 그들이 보았던 것 이상의 존재로서, 그녀들의 실수를 지적한 것이 아니라 부활을 선포한 것이었으며, 그 소식을 제자들에게 전해 주기를 원했던 것이라고 믿게 되었다.

이와 동일한 생각이 그 뒤에 이어지는 "마가의 기록"이라는 장에서 다음과 같이 전개되고 있다.

장사 현장은 주님의 마지막 순간을 남아서 볼 수 있었던 몇몇 여인에 의해 먼 거리에서 관찰되었을 것이다. 다른 제자들은 아무도 없었다. 왜냐하면 그들은 예수님이 체포된 후에 모두 흩어져서(베드로는 다른 사람들보다 조금 늦게 피했다) 고향으로 돌아갔든지, 아니면 탈출의 기회를 포착할 때까지 예루살렘에 숨어 있었기 때문이다.

모든 제자들은 얼마 후에 다시 그들의 옛 집에 있었으며 그들의 옛날 생활 방식으로 돌아가려고 하였다. 그런데 놀랍게도 주님이 그들에게 나타나셨는데, 첫째로 베드로와 요한에게 나타나셨고 다음에는 모든 제자들-유대뿐 아니라 갈릴리에 살고 있던-에게 나타나셨다. 기록에는 정확하게 설명되어 있지 않은 이 나타남의 영향에 의하여 그들은 주님이 부활해서 승천했다고 믿게 되었고, 예루살렘에 돌아가서 주님이 하던 일을 계속하도록 부름을 받았던 것이다.

그들은 예루살렘에 돌아와서 무덤을 목격한 여인들을 만났다. 그 여인들은 말하기를, 요셉이 예수님을 장사 지낼 때에 부족하게 한 것이 있어서 그것을 보충하려고 셋째날 아침에 무덤에 갔더니, 무덤 문은 열려 있었고 한 청년이 그들에게 자기들이 찾는 예수님은 거기에 없다고 말했다는 사실을 이야기했다. 때문에 이미 가지고 있던 부활에 관한 신념에-이 신념이란 당시에는 무덤이 비었다는 것을 의미했다-여인들의 보고가 덧붙여져서 제 삼일에 부활 사건이 발생했다는 것으로 발전했다.

내가 바로 이 부분을 인용한 것은, 이 부분이 매우 분명하게 누가의 말을 인용해 가면서 레이크 씨의 근본적인 견해를 잘 설명해 주고 있다고 생각했기 때문이다. 그의 견해는 다음과 같다.

1. 여인들은 실수를 범했을 것이다.
2. 제자들이 예루살렘에 없었기 때문에 여인들은 자신들의 발견을 곧 전할 수 없었다.
3. 제자들은 몇 주일이 지나서 갈릴리에서 돌아온 후에야 그

이야기를 전해 들을 수 있었다.

나는 여기서 원래의 복음서에 나타난 미묘한 점들을 살펴보고자 하는 것이 아니다. 복음서에 대한 연구는, 우리가 뒤에 다루게 될 자세한 관찰을 통해서만이 이루어질 수 있다. 그러나 그런 과정을 통하지 않더라도 특별히 부각되어서 주의를 요하는 세 가지 요소가 있다.

첫째로, 제자들이 부활절 아침에 예루살렘에 없었거나 그 소식을 듣지 못했다는 증거(레이크 씨의 해석에서는 결정적인 중요성을 갖는)가 나에게는 매우 의심스러우며 불완전하게 보인다. 이 증거는 오직 마가복음의 단편적이며 불완전한 문장에 근거하고 있다. 이런 주장을 부정하는 가장 직접적이며 명확한 긍정적인 증거가 있다. 제자들이[2] 예루살렘에 있었다는 사실은 마가 자신이 명백하게 암시할 뿐 아니라 전체 공관복음의 전승도 암시한다.

복음서 기사 중에서 의심을 허용하지 않는 사실이 한 가지 있다면 그것은—가장 최초의 기록에 의하면 비록 제자들이 예수님을 버리고 도망갔지만—그들이 모두 도망간 것은 아니라는 점이다. 그 날 밤 그들 중 한 명이 도시에서 위험을 무릅쓰고 한밤중의 재판 광경까지 보고 있었는데 그 사람은 바로 베드로였다.

나는 이 일에 대하여 여러분들이 어떤 생각을 가지고 있는지 잘 모르지만 내 생각으로는 복음서의 다른 어느 기록보다도 베드로의 타락과 회개에 관한 이 감동적인 작은 이야기의 역사성은 확실하다고 믿는다. 이 이야기는 삶의 어떤 사실을 그대로 옮겨 놓은 것으로 믿기는 쉬워도, 하나의 꾸며낸 이야기로 믿기는 정말로 어

---

[2] "가서 그의 제자들과 베드로에게 이르기를 예수께서 너희보다 먼저 갈릴리로 가시나니 전에 너희에게 말씀하신 대로 너희가 거기서 뵈오리라 하라 하는지라"(막 16:7).

렵다. 예수님의 수난에 대한 최초의 기독교적인 설명 속에, 가장 위대한 사도들의 한 사람이었던 베드로의 명성에 치명적인 손상을 입히는 이야기가 기록된 이유를 곰곰이 생각해 보면, 우리는 그 이야기가 지워 버릴 수 없는 사실의 기억이었기 때문이라는 결론을 지을 수밖에 없다.

이와 같이 만약 베드로가 금요일 아침에 분명히 예루살렘에 있었다면, 베드로와 그의 친구들이 일요일에는 이미 예루살렘에서 피하고 없었다고 누가 감히 확신 있게 주장할 수 있겠는가?

둘째로, 이 가설에 의하면 여인들 자신의 행동이 이상하게도 부자연스러워 보인다. 이 여인들이 어떤 사람들이었는가를 기억해 보라. 우리가 지금 다루고 있는 사람들은 그저 제자들의 무리에 속해 있는 평범한 사람이 아니라 그들의 혈족들이다. 살로메는 두 제자의 어머니였으며 살로메의 동생인 글로바는 다른 두 제자의 어머니였다. 게다가 그들은 시내에 거주하던 사람들이 아니라 유월절을 지내기 위하여 특별히 예루살렘에 올라온 사람들이었다. 만약 한 몸과 같던 제자들이 어떤 급작스런 위험에 부딪힌다면 그 여인들도 역시 같은 위기를 맞을 것이다. 제자들은 그 여인들을 제사장들의 음모와 군중의 분노 앞에 버리고 떠날 수가 없었다. 그들의 안전을 도모하며 그들을 도시로부터 신속하게 도피시키기 위한 어떤 노력이 분명히 시도되었을 것이다.

남자와 여자들의 이런 상호 의존성에 비추어 보면 레이크 씨 이론의 매우 결정적인 부분에 심각한 혼란이 생긴다. 레이크 씨는 여인들이 무덤에 갔었다는 사실을 확신하기 때문에 그들이 일요일 아침까지는 예루살렘에 있었다고 말할 수밖에 없다. 그러면서도 그는 여인들이 침묵을 지켰다고 주장하기 때문에, 일요일 일출 이전에 제자들은 모두 예루살렘을 떠났다고 말해야 했다. 결국 이 두 가지 사실과 마침내는 제자들이 그 이야기를 들었다는 사실을 조화시키기 위하여, 모든 피할 수 없는 논리적 결과를 무시하고, 그는 제자들이 고향으로 돌아가서 여러 주일을 체류하면서 어떤 경험을 거친 후에 예루살렘으로 돌아올 때까지 여인들은 예루살렘에 머물러 있어야 했다고 주장했던 것이다.

   도대체 레이크씨는 이 타 지방의 도시에서 그들을 북쪽(고향)으로 이끄는 모든 힘을 거부하면 그 여러 주일 동안 그들은 무엇을 하고 있었다고 상상할까? 과연 레이크씨 자신이 이런 상황에 처한다면 아내나 어머니를 예상 못할 위험에 남겨둔 채 혼자 안전을 찾아서 탈출하겠는가? 나는 그렇게 볼 수 없다고 생각한다. 도시에 남아 있으면서 수수하게 예수님의 무덤을 찾는 일이 여인들에게 위험한 일이 아니었다면 제자들 역시 도시에 남아 있는 것이 안전했을 것이다. 반대로 도시에 남는 것이 제자들에게 위험한 일이었다면 살로메, 글로바의 아내 마리아, 특히 예수님의 어머니 등도 역시 그 도피에 참여했어야 했을 것이다.

   그러나 레이크 씨의 견해에는 이것보다 훨씬 깊고도 근본적인 문제가 있다. 피상적인 관찰에 의하여 이런 견해를 취했던 레이크 씨나 가드너 스미스 씨는 모두, 만약 그들의 이론이 옳다면 그 사실은 제사장들에게도 알려졌을 것이고, 만약 그렇다면 그런 모든 사건들은 일어나지 않았으리라는 것을 깨닫지 못했던 것 같다. 빈 무덤에 관한 이런 모든 넌센스에 대한 궁극적인 해답은 바로 그 동산지기를 데려오는 것이라는 사실을 가야바와 그 일당들이 즉각 파악하지 못했을 리가 없기 때문이다.

   여기 온전하고 궁극적인 권위를 가지고 단 몇 마디의 말로 그런 모든 헛소문을 바람에 날려 버릴 수 있는 사람이 있었는데 그는 바로 동산지기였다. 이런 소문 뒤에 반드시 따랐어야 할, 사실을 밝히기 위한 즉각적인 노력과 그에 의한 논쟁이 있었다는 흔적이 어디에 있는가? 예수님의 무덤은 비어 있지 않으며 시체는 아직 그 안에 있다는 확신에 찬 제사장들의 선언이 어디에 있는가? 그런 논쟁이나 선언의 흔적은 아무 데도 없다. 그들은 단지 제자들이 시체를 훔쳐갔다는 처음의 공허한 변명만을 반복할 따름이다.

    기독교의 반대자들이 역사적 사실로서의 그 동산지기 청년을 증거자로 호출하지 못한 데에는 두 가지의 확실한 이유가 있다. 첫째는 앞으로 우리가 보겠지만, 그는 처음부터 동산지기가 아니었으며 그가 일요일 아침의 미명 속에서 동굴에 나타난 것은 어떤 다른 이유에서였을 것이다. 그러나 궁극적이며 결정적인 이유는 기독교의 초기 수십 년 동안에 그리스도의 무덤이 비어 있었다는 사실을 누구도 의심하지 않았다는 사실이다. 그 사건들은 논쟁의 여지가 없을 정도로 분명했던 것 같다.

6. "여인들은 무덤에 가지도 않았다"

    이 이론이야말로 복음서의 주장에 대한 유일한 참된 대안이다. 만약 일요일 아침에 아무도 무덤을 찾지 않았고, 따라서 무덤이 여러 달 동안 관심 밖에 그대로 있었다는 것을 증명할 수만 있다면 지금까지의 모든 가설들의 궁극적인 기초가 파괴될 것이다. 왜냐하면 만약 여인들이 그 무덤이 비었다고 선언하지만 않았다면, 제사장들은 빈 무덤에 대한 해명을 꾸며댈 필요를 못 느꼈을 것이며, 도시는 일상적인 생활로 돌아갔을 것이며, 십자가 사건만큼이나 시끄러운 빈 무덤 사건에 의한 피할 수 없는 홍분과 논쟁 속에 빠져 들어가지 않아도 되었기 때문이다.

    그러나 나는 지금까지 다루었던 여섯 개의 가설 중에서 이것만큼 철저하게 비이성적인 것은 없었다고 생각한다. 앞으로 보면 알겠지만, 빈 무덤 사건 이후에 전개된 사건에 비추어 보면 이 여섯 번째 가설은 철저하게 거짓임이 드러난다.

9
역사적 수수께끼

이 문제에 부딪힌 사람은 누구나 조만간에, 어떠한 논리적 추리로도 해결하거나 제거하지 못할 한 가지 사실에 직면하게 된다. 게다가 이 사실은 구체적이면서도 비판의 여지가 없는 역사적 확실성을 가지고 우리 앞에 서 있는 것이다.

그 사실이란 바로, 문제의 서른 여섯 시간이 지난 이후 6주 내지 7주 사이 — 논리적으로 볼 때 이 시간을 선정하지 않을 수 없다 — 에 지금까지 우리가 연구해 왔던 작은 그룹의 사람들 마음속에 깊은 확신이 생겼는데, 그것은 바로 예수님이 무덤에서 부활했음을 증명하는 하나의 변화였다.

내가 보기에는 그 실제의 상황이 역사적으로 비류가 없을 만큼 독특한 것 같다. 이 독특성이란, 십자가의 마지막 장면을 잘 확인한 한두 명의 감정적인 여인이 예수님이 살아났으리라는 예감에 사로 잡혀서 악의에 찬 반대와, 반신반의하는 그들의 친구들에게 그 부활의 사실을 끈질기게 주장했기 때문이 아니다. 만약 한두 명의 여인이 그렇게 했더라면 이 여인들은 그들에게 가해진 역사적 제재의 일부분도 견디지 못했을 것이다. 그것이 독특한 이유는 예수님의 체포시에 도주했던 아홉 사람을 포함한 전체 무리와, 전에는 이 이야기 속에 등장하지도 않았던 많은 다른 사람들이 자신들의 생각을 바꿀 수밖에 없는 어떤 사건이 일어났음을 확신하게 되었기 때문이다. 그 사건은 그들의 낙담을 승리로, 슬픔을 강렬한 기쁨으로 바꿔 놓았다.

만약 사도행전 서두의 어느 한 구절 속에만 이 극히 이상한 사건의 유일한 증거가 남아 있다면 그 증거를 당시의 운동과 밀접한 관계를 가진 결과 공정한 입장을 상실한 어떤 역사가가 화려한 수식을 사용하여 기록한 것으로 취급할 수 있을 것이다. 그러나 그렇게 주장할 수 있는 사람은 아무도 없다. 그 사실에 대한 훨씬 오래고도 권위 있는 증거를 바울과 베드로와 야고보의 편지 속에서와, 예루살렘에서 근동 지방을 지나 로마의 카타콤에 이르는 기독교 교회의 조직망 속에서 찾아볼 수 있다. 팔레스타인 같은 작은 나라에서 뿜어 나온 용암이 로마 세계 전체를 뒤덮기 위해서는 그 중심의 화산이 지극히 뜨거운 불덩어리가 되어야 할 것이다. 이런 사건을 대하면서, 물리적 측면의 인과 관계만을 문제 삼으면서 심리적 측면의 원인을 간과한다는 것은 언어도단이다. 지금 여기서 우리가 직면하고 있는 이 현상은 세계의 역사를 가장 크게 움직인 사건이기 때문에, 도대체 어떤 큰 힘이 이런 일을 일으켰는지를 알아야 그 원인을 설명할 수 있을 것이다.

그러나 이상한 것은, 우리가 이런 역동적인 힘의 근원이라고 추정할 수 있는 원료는 겨우 도마와 같은 습관적 회의주의자, 베드로와 같은 연약하기까지 한 어부, 요한과 같은 부드러운 공상가, 실용주의적인 세리였던 마태, 안드레나 나다나엘과 같은 뱃사람, 불가피하게 포함시키지 않을 수 없는 여인들 그리고 고작해야 두세 명의 다른 사람들이라는 사실이다.

나는 기독교를 배태시킨 역사적인 핵심 인물들을 무시하고 싶지는 않다. 그러나 심각하게 생각해 볼 때, 지도자의 수모와 죽음 그리고 십자가의 충격 앞에서 휘청거리던 여러 종류의 평범한 사람들이 형성한 작은 집단 속에서 그런 추진력을 기대할 수 있겠는가? 도저히 그럴 수가 없다. 더욱이 그 위기 앞에서 그 집단이 와해되어 버린 사실을 생각하면 할수록, 그 집단이 재결합하여서 그런 결과를 일으킬 수 있는 뜨거운 구심점을 형성할 수 있었으리라고는 생각되지 않는다. 그런데도 역사의 명백한 증거는 그런 일이 일어났음을 보여 주고 있다. 이렇게 단순하고도 평범한 사람들을 변화시켜서, 지금까지 우리가 연구해 왔던 풍비 박산난 예수님의 무리와는 다른 강력한 집단이 되게 한 어떤 사건이 그들의 삶 속에 들어왔다.

그 경험이 도대체 무엇일까-그것이 심리적인 것이든, 물리적인 것이든, 혹은 두 가지 모두이든, 아니면 우리의 직접적 지식의 영역을 벗어나는 어떤 초월적인 것이었든-하는 것이 바로 우리가 지금 연구하고 있는 문제의 요점이다.

그러나 이 문제에 관한 보다 광범위하고 세밀한 토의로 들어가기 전에 우리가 특별히 주목해야 할 점이 하나 있다. 이 사건들에 관한 공적인 역사-초기부터 보편적으로 수긍되었을 뿐 아니라, 사건의 진상을 파악할 수 있는 예외적인 능력의 소유자가 작성한 문서-에 의하면 예수님의 부활에 관한 최초의 공적인 발표는, 예루살렘에서 칠칠절 기간-유월절 바로 다음날부터 시작되는 일곱 주간의 절기-에 이루어졌다.

그러면 도대체 이 일곱 주간의 공백이 어떻게 생긴 것일까? 이것은 매우 타당하면서도 무엇인가를 암시하는 질문이다. 누가가 처음 사도행전을 쓰기 시작한 것은 문제의 사건이 발생한 지 30년 혹은 40년이 지난 후였다. 때문에 거기에는 부활의 신화-정말로 신화였다면-가 가장 완전히 발전된 형태를 갖출 수 있는 시간적

여유가 있었다. 많은 목격자들은 이미 사라졌으며, 생존해 있는 목격자와 그 사건 자체 사이에는 이미 여러 해의 간격이 놓여 있었다. 때문에 그들이 A.D. 65년에 말했던 이야기는 비판의 여지가 없는 문자 그대로의 사실이었든지, 아니면 당시의 사람들에게 최대의 확신을 심어줄 수 있도록 발전된 어떤 형태였을 것이다. 그 이야기는 시간이 흘러감에 따라 점점 설득력이 약한 방향으로 변해가지는 않았을 것이다. 도리어 약점이나 부조화되는 면을 줄이고, 어색하거나 불편한 점들을 떨어버리는 쪽으로 흘러가기 쉬웠을 것이다.

그러나 순수한 전설이라는 관점에서만 보더라도 이 칠 주일이라는 공백은 어딘가 어색한 것이며, 처음부터 날짜상의 문제를 야기시키는 것이다. 이 공백은 사도들의 이야기의 신빙성을 높이는 데에 아무런 도움도 되지 못한다. 도리어 사도들의 이야기를 혼란시키기만 한다. 이 공백은 신앙에 대한 불필요하면서도 납득조차 가지 않는 걸림돌이다. 이 공백은 심각한 의심에 빠질 수 있는 문을 활짝 열어 놓는다. 사람들은 이렇게 말할 것이다. 만약 예수께서 부활절 아침에 죽음으로부터 살아나셔서 그의 제자들에게 나타났다면, 왜 그들은 즉시 그 사실을 선포하기 시작하지 않았는가? 왜 사람들이 그 큰 비극을 잊어버리기 시작했을 때까지 일곱 주간을 기다렸다가 비로소 갑자기 세상에 전파하기 시작했는가?

부활과 같은 중대한 사실을 수록한 그 기록 속에 그렇게도 많은 의심의 여지가 있다는 것은 상상하기 어려운 일이다. 만약 그 이야기가 완전한 소설이었다면 이 작품은 그 작가에게 별로 명성을 안겨 주지는 못했을 것이다. 만약 그 이야기가 사건이 발생한 후 수년 동안 반복하여 이야기되어진 완전히 자유롭게 흘러오던 전설이었다면 그 전설은 모든 치명적인 약점을 다 제거하고, 부활사건이 발견된 바로 그 날부터 이 승리의 사실이 전파되었다고 말할 것이 분명하지 않은가?

그렇다면 이제 우리는 사건의 발생과 최초의 전파 사이에 낀 이 이상한 일곱 주간을 어떻게 해석해야 할 것인가? 내 생각에는 이 문제에 대해 유일하게 만족스러운 해답은, 우리가 지금 다루고 있는 것은 전설이나 소설이 아닌 사실이라고 보아야 한다는 것이다. 소설가는 소설 속의 사건들을 자신의 목적에 맞게 변형시킬 수 있지만 전기 작가는 삶을 있었던 그대로 기록해야만 한다.

나는 이 책을 읽고 있는 독자들 중 많은 사람들이 과거에 한번쯤은 어떤 오래된 도로 — 여러 세기 동안 인간을 위하여 봉사해 온 도로 — 위에 잠깐 서서 한 지점에서 외견상으로는 아무 것도 없는데, 무엇을 피하는 것같이 길이 갑자기 꼬부라지거나 돌아간 것을 보고서 그 이유를 곰곰이 생각해 본 적이 있으리라고 믿는다. 그 길이 목적지까지 곧장 가지 못할 아무런 이유도 보이지 않는다. 그 우회 도로는 거리를 줄이기는커녕 오히려 늘인다. 곧장 갔으면 훨씬 쉬웠을 그 곳에서 길이 휘어지는 납득할 수 없는 일은 왜 일어났을까?

그런 상황이 벌어질 때마다 만약 당신이 그 지역의 역사를 충분히 거슬러 올라간다면, 당신은 그 곳에서 없어진 지계표나, 어떤 구획된 공간이나, 그 길을 만들어간 보통 사람들이 알지 못한 어떤 까닭을 발견함으로써 해답을 발견해 낼 수 있을 것이다. 그 길이 구부러지거나 뒤틀린 것은 거기에 피해야 할 어떤 실제적인 것이 있었기 때문이다.

그런데 내 생각에는 우리가 지금 연구하고 있는 이 문제 속에서도 그와 매우 유사한 어떤 일이 일어나고 있는 것 같다. 예루살렘은 최후의 격동 속에서 완전히 폐허가 되고 성소는 철저하게 파괴된 시점, 즉 부활 사건이 발생한 수 년 후라면 이 일곱 주간이라는 미심쩍은 요소가 완전히 제거된 부활 이야기를 꾸며낼 수도 있었을 것이다. 부활의 사실을 완전히 받아들일 것을 전제한다고 해도, 부활의 사실이 발견되자마자 곧 그것을 전파하기 시작했다고 말하면 이것을 처음 듣는 사람들에게 훨씬 호소력이 있었을 것이다. 그렇게 되면 이 사실을 문제 삼는 사람은 아무도 없었을 것이다. 그렇게 되는 것이 중요한 사건의 필수적이면서도 논리적인 결과였을 것이다.

그러나 우리는 여기서 원래 그 길을 닦은 사람들을 잊어버리고 있다. 기독교가 시작된 처음 40년 동안 고대 세계에 전파되며 가르쳐졌던 부활의 이야기는 외방 사람들이 지어내서 말한 것이 아니라 원래 예수님을 따르던 무리들이 말한 것이다. 그들은 20년이나 30년을 기다린 후에 그 사실을 세상에 외친 것이 아니다. 그들은 그 일이 발생한 지 두 달 안에 그들의 조직된 캠페인을 시작했다. 그리고 나서 30년 안에 그들은 바로 이 이야기를 고수한다는 이유로 난폭한 죽음을 당했다.

그러므로 처음부터 이 일곱 주간의 공백은, 비록 허점과 의심의 여지를 남겨 놓는다는 사실에도 불구하고, 발생한 사건에 대한 그리스도인의 설명의 중요한 한 부분을 담당하고 있었다. 그들은 그 일곱 주간의 이야기를 항상 말했다. 왜냐하면 그것은 신실한 사람들이 말할 수 있는 유일한 이야기였기 때문이다. 환언하면 그것은 바로 역사적 사실이었다.

이 사실을 깨닫게 되면 우리는 곧 위대한 기독교의 선언이 예루살렘에서 공개적으로 처음 발표된 것은 십자가 사건이 있던 해의 칠칠절－사도행전에서 지적한 날이며, 기독교의 전승이 지금까지 주장해 온 유일한 날－일 수밖에 없음을 깨달을 수 있다.

이제 이 중요한 선언이 어떤 방법으로 발표되었는지를 살펴보자. 예루살렘은 정기적으로 한 번씩 맞이하는 감정의 고조 상태에 있었다. 그 때는 다시 명절이 되었으며 유월절보다는 못하지만,

도시는 방문자와 순례자로 붐비고 있었다. 명절을 지키고자 하는 것 이외에는 아무 목적과 용무가 없는 많은 사람들과 함께 예루살렘의 좁은 길들과 시장들은 변함없이 생기에 넘쳐 있었으며 종교적 감정은 고조되어 있었다.

사도행전에 의하면, 우리가 지금 생각하고 있는 그 선언이 발표된 것은 바로 이 때였으며, 우리에게 전해진 자세한 기록들은 그 일이 사실인 듯한 강력한 인상을 준다. 이제 우리는 12-14명의 남자와 여섯 명 정도의 여자가 예루살렘에서 상당히 흥분된 상태로 집 밖으로 갑자기 뛰어 나오는 장면을 상상해야 한다. 또한 군중이 그들의 주위로 신속하게 모여드는 것을 생각해야 한다. 어떤 사람은 대놓고 비웃으면서 그들이 술에 취했다고 비난한다. 다른 사람들은 그들이 무엇 때문에 그렇게 흥분했는지를 들으려고 열심이다. 그리고 우리는 어부 베드로가 집의 층계 같은 조금 높은 곳으로 올라 서서 공개적으로 자신들의 일을 설명하는 것을 그려 보아야 한다.

분명히 이런 방법으로 그리스도인의 최초의 경험이 선포되었다. 그러나 이제 그 사건이 어떻게 전개되었을지를 주목해 보라. 예수님께서 부활했다는 신념이 개인 속에만 자리잡고 있었거나 밀폐된 실내에서만 이야기되고 선포되는 한, 예루살렘의 외적인 상황은 아무런 변화가 없었을 것이다. 그러나 제자들의 주장이 공개적으로 진지하게 유포되었다면 분명히 두 가지 일이 일어날 수밖에 없었다.

첫째, 이 새로운 운동에 참여한 사람들과 반대하는 사람들 사이에 열띤 논쟁이 반드시 일어났을 것이다. 이것은 결코 사소한 종교적 문제에 대한 일상적인 의견의 차이가 아니었다. 그것은 큰 공적인 악평에 해당되는 것이었다. 만약 제자들의 말이 사실이라면, 계속 예수님을 압박하다가 마침내 그 분을 죽여버린 제사장들의 무리는 백성을 배반한 것이 되며 하나님 앞에 가장 극악한 죄를 지은 것이다. 만약 그것이 사실이 아니라면—그 모든 것들이 허위이며 속임수라면—오직 도덕적 근거에서라도 그것은 당장에 이론적으로 타파되어서 제거되어야 했다. 그 중간적인 입장을 취할 가능성은 전혀 없다. 사람들은 그 새로운 운동에 가담하든지 혹은 강력히 반대하든지 둘 중의 하나였다.

둘째로, 그들이 예수님을 대항한 권력자들의 정책에 대한 위험한 질문을 무마하기를 아무리 원했다 해도, 성전 부근과 그들의 코 앞에서 자신들의 도덕적 죄악을 전파하는 캠페인에 대하여 그들이 무관심했을 수가 없다. 사건이 그들에게는 너무나 강력했다. 그들은 자기 방어를 위하여 진압을 위한 어떤 행동을 취하지 않을 수 없었다. 진압에 실패한다는 것은 자기들의 입장을 철회하는 것이며, 침묵함으로써 제자들의 의견에 동조하는 결과가 될 것이었다.

사도행전의 증거를 보면, 다소의 사울에 의한 최초의 큰 박해가 일어나기 전, 그리스도인 공동체가 급속도로 발전되던 4년 동안은 이런 조건들이 만족되었음이 분명하다. 지도자적인 사도들은 최소한 한 번, 어떤 때는 두 번씩 체포되었다. 최초의 경우는, 표면적으로는 앉은뱅이인 사람에 관한 문제와 관련되어서 일어났지만 사실은 예수님에 관한 제자들의 가르침이 명백한 원인이었다. 이 사실은 제자들이 풀려날 때에 "도무지 예수의 이름으로 말하지도 말고 가르치지도 말 것"을 명령받았다는 기록 속에도 분명히 나타났다. 이것은 권력자들의 평화의 동산을 짓밟고 파괴할 운동에 대한 최초의 무익한 도전이었다.

유대인 지도자들의 이와 같이 엉거주춤한 행동과 나란히 발생한 확실한 사실은 기독교가 무서운 속도로 추종자를 얻고 있었다는 것이다. 그 운동은 아무도 예기치 못했던 힘으로 퍼져 나갔다.

첫날에 이 새로운 신앙을 받아들인 사람이 삼천 명이었다는 누가의 기록을 독자들이 수긍하려는지의 여부는 별로 큰 문제가 아닌 것 같다. 그러나 다메섹처럼 멀리 떨어진 곳까지 수색해야 했던 사울의 무서운 박해를 생각해 보면, 4년 후에 그 신자의 수가 위험한 수준에 도달해 있었음을 알 수 있다. 사울이 분쇄하려 했던 기독교 집단의 인원을 5천 명 정도로만 본다고 해도(행 4 : 4), 4년동안에 걸쳐서 매일(안식일을 포함해서) 세 명 이상의 개종자가 생겨났다는 계산이 나온다. 이렇게도 혁명적인 교리가 바로 예루살렘 지역 내에서 그렇게 성장했다는 것은 놀라운 성장률이었으며, 개종자가 오천 명이었다는 숫자도 실제 숫자보다 밑도는 수였음이 거의 분명하다.

이제 독자들은 아마, 이렇게도 광범위한 소란과 사상의 대립들 ― 예수님이 부활했다는 명확한 선언을 포함한 ― 이 예수님의 소수의 제자들의 물리적인 힘에 의해서만 이루어질 수 있었을까를 심각하게 생각할 것이다. 왜냐하면 바로 이 점이 우리가 수시로 생각해야 할, 구체적인 문제를 이해하기 위한 필수적이면서도 근본적인 문제이기 때문이다.

무엇보다 중요한 것은 물론 증거라는 문제이다. 그런데 재미있는 것은 우리가 지금까지 보아 왔던 여러 가지 징후에 의하면, 제자들에 의하여 그런 일이 일어났다는 것은 전혀 불가능해 보인다. 첫째로 우리가 앞 장에서 간단하게 언급하고 넘어갔던 상황 ― 그러나 지금에 와서는 다시 중요하게 부각된 ― 을 다시 생각해 보자. 그 상황이란 바로 십자가 사건이 있은 후의 극적인 수주일 그리고 수년 동안 그 시대의 사람들이 예수님의 무덤에 대하여 어떤 흥미를 가졌다는 흔적이 전혀 없다는 사실이다.

예수님의 친구들과 대적들의 기억 속에서 예수님의 무덤이 완전히 망각되어진 과정을 깊이 생각하지 않고 당시의 기록을 읽는다는 것은 불가능한 일이다. 그 이후에 누군가가 요셉의 정원에 가서 바위를 깎아낸 굴 속을 들여다 보면서 "여기가 바로 주님이 묻혀 있는 곳이다"라고 말한 흔적이 아무 데도 없다. 순교당한 그 위대한 선생의 시체를 이장시킨 장소를 제시하려는 악의에 찬 노력이 시도된 기록도 없다. 더욱 충격적인 것은 누군가가 그 사건을 잘 알고 있는 것처럼 가장하고, "그가 마지막에 묻힌 곳은 이 곳이 아니라 저 곳이다"라고 말한 적이 전혀 없다는 사실이다. 그렇게 특별한 사건에는 반드시 수반될 위와 같은 일들은 전혀 발생하지 않고 도리어 완전한 무관심이 지배하게 되었다. 여인들이 동산에서 돌아온 이후부터 예수님의 무덤은, 역사가 보여 주듯이, 완전한 망각 속으로 빠져 들어갔던 것이다.

그런데 매우 이상한 일이 생긴 것이다. 우리가 이 일을 어떤 방법으로 관찰하든지, 그것은 하나의 무서운 사실이며, 검증을 요구하는 사실이다. 예수님의 생존시에 그 분과 친밀히 지냈으며, 어쩌면 그 분의 죽음에 의하여 어떤 환상에 빠졌을지도 모를 사람들의 숫자는 정말로 소수였으며, 미미한 수였다. 아무리 많이 잡아도 서른 명이 고작일 것이다. 그런데 이 소수의 집단이 여러 지방과 먼 나라들에서 온 수백, 수천의 순례자들의 무리 속으로 흩어져 들어갔다. 그렇다면 이 다양한 많은 사람들 속에는 예수님의 빈 무덤을 심각하게 생각하는 사람이 적지 않았을 것이며, 따라서 그 내용에 대한 논란이 일어나서 격렬한 논쟁이 벌어졌으리라고 대개들 생각할 것이다.

그러나 이상하게도 그런 논쟁의 흔적은 아무 데도 없다. 무덤이 비어 있었다는 가정은 보편적으로 받아들여졌던 것 같다. 논쟁에 관한 유일한 기록으로 남아 있는 것은, 제자들이 시체를 몰래 치웠는지에 대한 엉뚱한 문제였다. 나는 이것을 매우 의미 심장한 사실이라고 본다. 다시 말하면 결국 빈 무덤을 하나의 상식적인 사실로 만든 어떤 일이 일어났으며, 그 결과 무덤이 비었다는 사실은 이미 논쟁이나 토론의 대상이 못될 만큼 확실했던 것이다.

그러나 그렇게도 우리의 주의를 끄는 것은 무덤이 사람들의 기억으로부터 망각되었다는 사실만이 아니다. 또 한 가지 이상한 사실은 비이성적이며 비논리적인 입장을 취하지 않고는 무덤이 비었다는 사실을 전혀 부정할 수 없다는 점이다.

극히 비극적인 순간이 지난 몇 주일 후의 예루살렘을 한번 생각해 보자. 예수님을 따르던 무리가 얼마간 멀리 떨어진 갈릴리로 갔다가 수도로 돌아왔다. 석 주간일 수도 있고 여섯 주간이나 일곱 주간일 수도 있다. 어쨌든 그 여행의 정확한 기간은 중요한 것이 아니다. 왜냐하면 그 기간이 몇 주간이 되었든지간에, 그들이 예루살렘에 돌아왔다는 것은 십자가 사건에 의하여 야기된 격한 감정이 가라앉았음을 의미하기 때문이다. 그들이 예루살렘을 떠나 있던 기간 동안에 그 집단의 각 구성원들은 그들의 생각을 완전히 바꾸어 놓은 어떤 일을 체험했다. 지난 2년 동안의 여러 가지 사건들과, 특히 당시에는 이해하지 못했던 예수님의 모호한 말들을 곰곰이 생각해 본 결과 그들은, 예수님께서 부활하셨으며, 그들의 표현을 빌면, "하나님의 우편으로 들려 올라 갔다"는 것을 확신하게 되었다. 이런 신앙은 부활한 예수님이 자신의 상처 자국을 그대로 지닌 채 자기에게 나타났다고 확신하는 몇몇 제자들의 체험에 의하여 크게 강화되었다. 이런 체험들은 이미 신앙의 분위기 속에 들어 있던 다른 사람들에게도 전달되었으며, 이런 식으로 전체 무리에게로 퍼져 나갔다. 그러자 그 사실을 믿은 남녀들은 모두 예수님이 참된 메시아임을 전파하기 위하여 예루살렘으로 떠났다.

(나는 위에서 매우 전격적인 사실들을 가능한 한 공정하게 제시하려고 노력했다. 만약 독자 중에서 위와 같이 진술한 것이 설득

력이 약하다고 느끼는 사람이 있다면, 그것을 강화해도 상관없다. 그러나 그는 곧 그 사건을 심리학적인 측면에 보다 착념하면서 표현하기가 얼마나 어려운지를 곧 알 수 있을 것이다.)

그런데 여기서 만약 우리가 제자들의 회심을 설명함으로써, 갑작스럽고도 급속한 기독교의 발생까지 설명했다고 생각한다면 그것은 다시 없는 오해가 될 것이다. 아직까지도 근본적인 문제가 남아 있다.

이제 우리에게는 확신에 차 있지만 실은 (우리의 가설에 의하면) 완전히 망상에 젖어 있는 이 사람들을, 그 묘한 무덤이 그대로 놓여 있는 도시의 한가운데로 보내는 일이 남아 있다. 그 곳에서는, 그 무덤에 아무런 일도 일어나지 않았다고 믿으면서, 제사장들이 한 일은 궁극적으로 하나님의 뜻과 목적을 나타내는 것이라고 철학적으로 수긍하는 사람들이 몇 주일 동안 계속해서 살고 있다. 여기서 우리는 그 소수의 사람들이 그 도시의 그런 많은 군중을 자기들의 신앙에 동조시키기 위하여 작업을 개시했다고 생각할 수밖에 없다.

무엇보다 분명한 것은 그들에게 복음을 전하겠다는 그 시도는 감정에의 호소가 아닌 지성에의 호소라는 형태를 취할 수밖에 없었으리라는 것이다. 그런데 유대인은 매우 논리적인 민족이다. 기독교 지도자들이 얼마나 변함없이 청중의 지성과 판단력에 호소했는가를 알기 위해서는 스데반과 바울의 설교 및 사도행전에 기록된 다른 몇 편의 설교만 읽어 보면 충분할 것이다. 우리가 뒤에서도 보겠지만, 기독교인들이 자기들의 주장을 강하게 내세운 모든 회당에서 여러 달 동안 계속된 격렬한 지적 논쟁은 사도들의 전파에 의하여 야기된 것이었다.

만약 이런 모든 일들이 가버나움이나 디베랴 혹은 십자가의 사건이 일어난 곳에서 멀리 떨어진 지점에서 발생했다고 상상한다면, 그 일이 어느 정도의 성공을 거두었으리라고 생각할 수도 있다. 정확한 자료를 검사하거나 구할 수도 없는 어떤 일을 완전히 확신하는 일단의 무리가 꽤 많은 개종자를 얻는다는 것은 가능한 일이기도 하다—그들이 과연 교회까지 세울 수 있었겠느냐 하는 것은 별개의 문제이긴 하지만 말이다.

그러나 역사의 선언에 의하면 이 논쟁은 예루살렘에서 벌어졌다. 그런데 이 곳은 어떠한 환상도 허용되지 않으며, 누구든지 저녁 식사 시간과 취침 시간 사이에는 무덤에 가서 자기 눈으로 사실을 확인할 수 있는 곳이며, 공적이며 권위가 있으며 결정적인 증인의 강력한 무리가 버티고 있는 곳이었다. 그런데 누가의 기록에 의하면, 바로 이 확고하고도 보수적인 사실주의의 중심지에서 하루에 삼천 명이나 개종했으며 그 인원은 곧 오천 명으로 늘었던 것이다.

불과 몇 년 후에 다소의 사울이 나서서 이 새로운 종교를 억압하기 위한 거대한 캠페인을 벌여야 할 만큼, 그들의 신앙이 꾸준히 유대인 속에 파고 들어갈 수 있었던 결정적인 요인은 도대체 무엇이었을까? 매우 이성적인 사람들에게 그리스도인들이 옳고 제사장들이 그릇되다는 사실을 하나씩 하나씩 설득시켜 나간 그 힘은 어디서 나왔을까? 만약에 제자들에 대한 제사장들의 반대와 심각한 회의와 군중의 동요 위에, 무덤 자체의 말 없는 확고한 증거가 제자들의 주장을 부정했다면 그들에게 무엇이 유익했겠는가?

그러나 이것 외에도 우리가 간과해서는 안 될, 문제의 다른 측면이 또 있다. 그 다른 측면이란 제자들 자신이 어떻게 이 놀라운 일을 믿게 되었느냐는 것이다.

우리는 지금까지 제자들의 모든 행위가 마치 그들 자신 속에서 나오는 것같이만 생각했다. 그러나 인간의 마음을 연구의 대상으로 삼는 사람에게는 이것만큼 곤란한 문제도 없다. 우리는 고대의 다른 어떤 그룹보다도 이 열 한 명의 사람들을 더 잘 알고 있다. 그들의 사람됨에 대해서는 기록 속에 잘 설명되어 있을 뿐 아니라, 그들을 택한 예수님 자신은 사람의 정신적, 영적 자질을 아무렇게나 평가하는 분이 아니었다.

우리는 상황을 재구성해 보던 초기 단계에서 제자들이 예수님의 시체를 훔쳐 갔다는 견해를 거부했는데, 그것의 근거는 그 견해가 제자들의 도덕적 품성과 독특한 마음 자세에 모순이 된다는 것이었다. 만약 우리가 제자들을 하나의 완전한 환상의 영향 하에서 예외 없이 획일적인 정신을 갖게 된 사람들로 본다면 도저히 해결할 수 없는 어려움이 야기된다. 수수한 어부인 베드로와 그의 형제 안드레, 성격상 의심이 많은 도마, 지나치게 예민하지 않으면서도 그 나름대로의 맛이 있는 세리 마태, 지극히 점잖으면서도 머리 회전이 조금 늦은 빌립 등의 사람들을 놓고 볼 때, 이들 모두는 절대적으로 흔들리지 않는 집합적 환상에 빠져서 돌아다닐 사람들로는 보이지 않는다. 그런데 우리 앞에 펼쳐진 상황은 절대적으로 흔들리지 않는 집합적 환상이 아니라면 불가능하다. 결국 이 사람들이 굽히지 않고 당한 그 폭력과 박해는, 마음속으로 의심을 품고 마지 못해서 추종하는 사람들에게는 기대할 수 없는 것이었다. 그들의 신앙은 무조건적이어야 했으며 그 상황들을 극복할 수 있는 강력함을 가지고 있어야 했다. 더욱이 그 신앙이 조만간에 확산되기 위해서는, 설득력 있는 논리와 이미 확증된 증거에 의하여 사람들의 독자적인 정신 속으로 파고들어가야만 했다.

여기서 이 현상의 독특한 점은, 그 신앙이 우리가 추적할 수 있는 예수님의 추종자들 사이에서 퍼져 나갔을 뿐만 아니라 소수의 사람들이 당시의 가장 유능한 변론가들과 투쟁하면서 그 당시 가장 탁월하고 고도로 조직된 비밀 단체가 고안해 낸 방해에도 굴하지 않고 자신의 신앙을 예루살렘으로 가지고 들어왔으며, 그 이후에는 상상할 수도 없는 용기를 가지고 유대의 가장 예리한 지식의 중심지로 가지고 들어갔다는 사실이다. 그리고 그들은 이겼다. 이 갈리리 시골뜨기들의 주장은 그로부터 20년 내에 유대인의 교회를 분열시켰으며, 가이사랴에서 드로아에 이르는 지중해 동부 연안의 모든 도시에 그들의 자취를 남겼다. 그리고 이 신앙은 50년이 채 못 되어서 로마 제국의 평화를 위협하기 시작했다.

자기의 감정에 따라 믿는 어떤 사람들의 열심과 풍문으로 들은 것을 사실이라고 주장하는 사람들의 마음 상태를 전부 이야기한다고 해도 여전히 우리 앞에는 이런 큰 신비가 남는다. 그것은 왜 승리했을까?

기독교 교회가 그 수를 점점 늘여 간 것은 명절 때에만 예루살렘을 찾아오는 방문자들을 통해서가 아니라 예루살렘의 주민을 통해서였다. 우리는 그 증거의 원인을 그들의 열광적인 친구들 속에서뿐만 아니라 그들의 대적들의 기능 마비와 새로운 개종자들의 점증하는 세력 속에서도 찾아야 할 것이다. 예루살렘의 상류층 사람들이 처음부터 이 운동을 짓밟기 위해 어떤 일을 했음에도 불구하고 실패한 사실을 기억한다면─대박해자인 율리시즈가 일격을 가했다가 제자들의 손에 의하여 도리어 산산조각이 날 때까지, 사도들을 침묵시키려는 필사적인 노력이 얼마나 집요하게 경주되었는지를 기억한다면─그 제자들이 환상에 빠져 있었을 것이라는 모든 평계와 임시 변통의 배후에는, 비록 침묵하고 있지만 반박할 수 없는 사실이 버티고 있음을 깨달을 수 있을 것이다─이 사실이란 복음이 퍼진 지리적 조건과 그 복음의 인과 자체에 의하여 요지부동한 것으로 확정된 사실이다. 우리는 또한 기독교가 예루살렘에서 가공할 만한 차원에까지 성장해 가던 4년 동안에, 이 새로운 교리로 인해 자신의 위신과 명성이 심하게 모욕당하고 침해당하던 가야바나 안나스, 혹은 사두개인 집단의 어느 누구도 그들의 어려움을 가장 쉽게 해결할 수 있는 지름길을 택하지 않은 이유를 알 수 있다.

만약에 요셉이 장사 지낸 그 무덤에 예수님의 시체가 여전히 누워 있었다면 왜 그들은 그것을 말하지 않았을까? 높은 관직에 있는 사람이 차갑고 냉정하게 실제 사실을 밝히며 성전 구내에 시체를 공개했다면, 그것은 마치 기독교 이단의 촛불에 한 통의 물을 부어 버리는 결과가 되었을 것이다. 그런 행동은 그들이 원하는 바를 확고하게 구축했을 것이다. 그런 행동은 매일 증가하는 새로운 개종자들을 한꺼번에 완전히 분쇄하지는 못해도 강력하게 방지할 수는 있었을 것이다.

그러나 그들은 그렇게 할 수 없는 이유가 있었기 때문에 그런 반격을 전혀 시도할 수 없었다. 현재 우리에게 전해진 그 논쟁에 관한 어떠한 기록들 속에도, 어떤 책임 있는 사람이 나서서 예수님의 시체는 아직 무덤에 있다고 주장했다는 기사를 발견할 수가 없다. 단지 우리에게 전해진 기록은 왜 그 시체가 무덤 속에 없었는지에 대한 이유뿐이다. 그리스도의 무덤은 비어 있었다는 일관된 가정이 이런 모든 고대의 문서들 속에 흐르고 있을 뿐이다.

과연 우리가 이렇게 상호 확증을 주는 누적된 증거를 무시하고 회피할 수 있을까? 나는 전혀 그럴 수 없다고 생각한다. 전후의 관계가 너무나 강력하게 잘 부합된다. 제자들의 큰 두려움이 절대적 확신으로 변한 사실, 일곱 주간의 공백이라는 기묘한 사실, 예루살렘에서 놀라운 속도로 개종자가 증가한 사실, 권력자들이 강력한 행정적 처분을 내리지 못한 사실, 교회가 그 권위와 세력이 점점 증가함으로써 마침내 사울이 그들을 핍박하기 위해 일대 박해를 시도했다는 점 등을 기억해 볼 때, 우리 앞에 펼쳐진 그런 사실들은 한 어부의 환상에 의한 심리적 영향이라고만은 볼 수 없는 더욱 실재적인 것임을 깨닫지 않을 수 없다.

　빈 무덤은 최종적이며 반박할 수 없는 객관적 증거임이 분명하다. 제자들은 운명의 장난에 의하여 그들의 위대한 스승의 시체가 누워 있는-만약 그들의 주장이 거짓이었다면-곳에서 도보로 불과 15분의 거리도 안 되는 장소에서 그들의 캠페인을 벌일 임무를 부여받았던 것이다. 그 운동의 결말은 바로 그 자리에서 몇 명의 증인에 의해서도 내려질 수 있었다. 만약 여인들의 말이 진실이었고 예수님의 시체가 무덤 속에 없었다면 그 사실을 시험해 보는 것이, 칠 주 전에 여인들이 처음으로 그 사실을 발견한 것만큼이나 간단한 일이었다. 아마 요셉도 다른 용도 때문에 그 묘실을 막아 놓는 따위의 일은 하지 않았을 것이다.

　지금까지 우리의 생각을 다른 방향으로 집중시킨 결과, 결국은 처음 출발 지점으로 다시 돌아왔다. 첫눈에는 이 사건이 황당하게 보일지라도 여인들의 이야기의 핵심적인 정확성을 지지하는 증거는 너무나 강력하며 또한 일관성이 있다. 그 증거들은 우쭐대지 않으면서도 끊임없이 요점을 지향하는 증거이다. 게다가 우리가 앞으로 보게 되겠지만, 그 역사적 상황을 다른 보다 큰 기준-절대적 발언권과 침해받을 수 없는 권위를 가진 사람들의 개인적인 증언-에 의하여 검증해 보아도 그 방향은 여전히 변하지 않는다.

10
대표자 격인 어부의 증언

이 사건에 대하여 절대적이며 결정적인 증인 역할을 할 수 있는 사람—만약 그들의 증언을 얻어 낼 수만 있다면—이 세 명 있다. 그 첫번째 인물은 어부 베드로로서, 그는 자신이 직접 예루살렘 공격을 지휘했으며, 그 이후로 여러 해 동안 그 운동의 절대적인 지도자 역할을 수행했다. 두번째는 예수님의 형제인 의인 야고보로서, 비상한 이유로 그리스도인들과 운명을 같이 했으며 마침내는 그 때문에 죽어 갔다. 세번째 인물은 다소의 사울인데 국가의 모든 권력을 등에 업고 이 운동을 파괴하려고 노력하다가 마침내는 이 운동에 휩쓸려 들고 만 사람이다.

이와 같이 이 세 사람은 모두 십자가 이후의 기독교 전파에 일익을 담당한 사람들이다. 그들은 모두 그 야만적인 시대의 방식대로, 그들의 신앙 때문에 무서운 대가를 지불했다. 기독교의 최초의 탁월한 증인인 이들이 부활을 어떻게 믿고 가르쳤는가에 대해 알 수 있다면, 우리가 연구하는 데 많은 모호한 부분들이 분명해질 수 있을 것이다. 먼저 베드로의 경우를 생각해 보자.

베일이 걷히고, 단합된 예수님의 무리들이 예루살렘에 나타났을 때 확고한 지도력과 권위를 가지고 등장한 사람은, 우리가 심리적인 근거로 추측했을 때 떠오르는 그 사람이 아니었다. 즉 예수님과 친했으며, 그의 신임을 받던 제자 요한이 아니었다. 실천적인 마태도 아니었다. 열렬한 이상주의자인 나다나엘도 아니었다. 그 지도자는 후에 베드로라고 불린 시몬이라는 어떤 어부였다.

다행스럽게도 이 투박한 어부의 초기 역사는 그 무리의 다른 어느 사람보다도 더 잘 알려져 있으며, 그에 관하여 기록된 많은 사실들이 단순한 아첨꾼의 말로는 보이지 않을 뿐 아니라, 꾸며진 이야기는 더욱 아닌 것 같다. 그의 어처구니 없는 비겁함과 진리를 향한 막무가내 같은 충성심이 그 기록 속에서도 돋보인다.

예수님께서 가이사랴 빌립보 지방을 가시다가 그를 심하게 꾸중한 말로 예를 들어 보자. "사단아 내 뒤로 물러가라 너는 나를 넘어지게 하는 자로다 네가 하나님의 일을 생각지 아니하고 도리어 사람의 일을 생각하는도다." 이것은 어떤 사람의 명예에도 전혀 보탬이 되지 않는 이야기이다. 특히 이 사실이 많은 기독교 교회들이 주일 아침마다 읽는 준 공식적인 문서(quasi-official document) 속에 기록되었다면 더 그렇다. 그런데도 그 사실이 기록에 포함되어서 받아들여지는 데에 대한 이성적인 대답은 하나밖에 없다. 그 대답은 그 사실이 위대한 사역 기간 도중에 제자들이 체험했던 역사적 사실의 일부였기 때문에 기록으로 남을 수밖에 없었다는 것이다.

모든 시대를 통하여 적나라하게 알려진 유명한 다른 에피소드를 생각해 보자 — 이것은 베드로가 대제사장 집의 바깥 정원에서 예수님을 부인한 사실이다. 이 에피소드는 분명히 그 옛날의 역사적인 사실에 대한 회상의 일부이다. 베드로의 친구가 그것을 해설하면서 기록한 후기 기독교 문서에 이런 치욕적인 이야기가 실려 있는 것을 보면서, 이 기록이 진짜 적나라한 사실의 기록일 수밖에 없다는 설명 이외의 어떤 설명이 가능하겠는가? 초대 교회의 진실성의 기준이 얼마나 높았는가를 보여 주는 증거가 필요하다면, 지금 우리 앞에 나타난 이 사실이 가장 설득력 있는 증거가 될 것이다.

만약 우리가 베드로의 별로 영웅적이지 못한 이런 에피소드를 있던 사실 그대로를 옮겨 쓴 것으로 인정한다면, 바로 그 베드로에 대한 보다 부드러운 복음서 속의 초상화도 매우 진실하고 그를 있는 그대로 묘사한 것으로 받아들여야 할 것이다. 전체적으로 볼 때, 그가 비록 겉으로는 초라해 보이지만 내적으로는 따뜻하고 숭고한 마음을 지닌 사랑스러운 사람으로 보인다. 또한 매우 감정적이어서 갑자기 화도 잘 내지만 곧 깨닫고 잘못을 인정하는 사람인 것 같다. 급작스런 격한 감정이 지나가면 곧 이성을 되찾는다는 것은, 이런 형태의 사람들의 장점이기도 하다.

더욱이 그의 직업은 어부였으며 갈릴리 촌사람의 철저한 단순성을 지니고 있었다. 복음서를 아무리 찾아봐도 그가 어떤 예민함이나 지적인 명석함을 가지고 있었다는 흔적은 아무 데도 없다. 가끔 예수님께서 말을 돌려서 바리새인들을 더욱 곤경에 빠뜨린 그런 대화들을, 베드로는 몇몇의 다른 제자들보다 더 이해하지 못했을 것이다. 그가 무리를 이끈 듯이 보이며 또한 무리의 대변인 노릇을 한 것같이 보이는 이유는, 부분적으로 그가 연상이기 때문에도 그랬지만 근본적으로는 그의 훌륭한 자질 때문이었다. 그는 무척 개방적이고 솔직하며 진지했기 때문에 무의식적으로 외식과는 완전히 거리가 멀었다. 처음부터 예수님을 따르던 무리들의 명백한 동의 하에 그들을 대표하여, 예수님께서 무덤에서 부활하셨음을 낭랑하게 선포한 사람이 바로 이 사람이었다. 그는 십자가 사건이 있은 몇 주 후에 예루살렘에서 그 사실을 선언했다고 기록되었는데, 그 때의 그의 언어의 명석함은 자세한 연구를 요하는 것이다.

누가의 기록에 의하면, 베드로의 설교의 요지에 대해서는 전혀 의문의 여지가 없다. 그가 오순절 날에 모인 군중들을 향해 일어서서 행한 최초의 역사적 선언에서 사용한 단어는 참으로 선명하고도 분명하다. 더욱이 그의 연설의 어구를 자세히 살펴보면 그 어구들이, 역사가인 누가가 그것을 기록하던 당시보다도 훨씬 이전의 신앙 구조에 속한 것임을 알 수 있다. 그 말을 직접 연구해 보는 것이 좋을 것이다.

> 유대인들과 예루살렘에 사는 모든 사람들아 이 일을 너희로 알게 할 것이니 내 말에 귀를 기울이라 때가 제 삼 시니 너희 생각과 같이 이 사람들이 취한 것이 아니라……이스라엘 사람들아 이 말을 들으라 너희도 아는 바에 하나님께서 나사렛 예수로 큰 권능과 기사와 표적을 너희 가운데서 베푸사 너희 앞에서 그를 증거하셨느니라 그가 하나님의 정하신 뜻과 미리 아신 대로 내어 준 바 되었거늘 너희가 법 없는 자들의 손을 빌어 못박아 죽였으나 하나님께서 사망의 고통을 풀어 살리셨으니 이는 그가 사망에게 매여 있을 수 없었음이라……이 예수를 하나님이 살리신지라 우리가 다 이 일에 증인이로다(행 2:14-32).

먼저 나사렛 예수, 하나님께서 **그를 증거하셨느니라**는 매우 중요한 말을 주의해야 한다. 사도행전이 쓰여지기 오래 전에 예수님을 지칭하던 이 독특한 표현은 이미 그리스도인 사회에서 사라졌다. 그 분은 이미 존경을 지나서 경배의 대상이 되었다. 그러므로 이 어투는 이 설교가 매우 초기의 것이었음을 무심코 드러낸다. 이 어투는 십자가 사건 이후의 일곱 주간 혹은 여덟 주간 내에서나 있었을 그런 분위기를 풍긴다.

그런데 우리는 부활에 관한 명백한 언급에서 다시 초기의 그런 동일한 어투를 발견한다.

이 예수를 하나님이 살리신지라 우리가 다 이 일에 증인이로다.

이 구절은 단순하면서도 직접적이다. 이 어투는 최근에 발생한 일을 서술하는 데에는 적합하지만 오래 전에 일어났던 사건의 서술에는 부적합할 것이다. 더욱이 이 말은 사도행전의 앞 부분에서, 매우 유사한 말로 제각기 다르게 세 번 정도 나타난다.

비평가들이 주장하듯이, 만약 이 다양한 말들이 동일한 사건에 대한 제각기의 설명이라면 그 어투의 유사성은 중요한 의미를 갖는다. 그 의미란 위의 인용 구절이 베드로의 연설을 정확히 기억하고 사실대로 적은 기록이라는 점이다. 다른 자세한 내용에서는 매우 상이하면서도, 이 한 구절에 있어서만은 이상하게도 근본적인 일치가 이루어진다면 그 말은 증거로서의 가치가 있는 것이다.

이와 같이 부활 사건이 있은 다음, 여러 해 후에 쓰여진 사도행전은, 사건 당시의 운동의 지도자격 인물이었던 어부 베드로가 예수님께서 완전한 물리적인 의미로 부활했음을 가르쳤다고 분명히 주장한다. 바로 이 가르침에 있어서 베드로는 그의 무리로부터 확실한 지지를 받고 있었음이 분명하다.

그런데 베드로가 말한 것으로 기록된 다른 어떤 것보다도 더욱 강력하고 설득력 있는 증거가 이 사도행전 속에 스며 있다. 누가에 의하면 그 증거란 베드로가 어떤 것을 말하지 않았다는 사실이다.

이 사건에 대한 레이크 씨의 이론은, 제자들은 숨어 있었거나 아니면 이미 갈릴리로 도망간 후였기 때문에 일요일 아침 새벽에 무덤을 찾아갔던 여인들은 그 발견을 즉시 전하지 못했으리라는 것임을 독자들은 기억할 것이다. 이 이론의 주장에 의하면, 예수님의 다른 무리들이 갈릴리에서 이상한 사건을 체험하고 있을 동안 그 여자들은 계속 예루살렘에 있었으며, 따라서 여인들의 체험이 발설된 것은 몇 주일이 지나고 제자들이 하나로 되어서 예루살렘에 돌아온 이후라는 것이다.

여기에서, 제자들이 없었거나 피했다는 가정이 옳고, 그 때문에 여인들이 실제로 오랫동안 침묵을 지키고 있었다는 것을 인정한다고 해도, 그들의 침묵은 두 무리가 서로 만나자마자 깨어졌으리라는 것을 누구나 동의할 것이다. 베드로와 다른 사도들의 무리가 예수님을 보았다는 확신에 차서 예루살렘으로 돌아왔을 때, 여인들이 즉시 그들의 무덤 방문을 자세히 말하지 않았다고 생각하는 것은 논리적으로 불가능하다. 그 두 가지 경험은 너무나 절대적으로 서로를 보완해 주고 있었다. 그뿐만 아니라 잘 모르고 있던 새로운 사실로서 등장한 여인들의 증언은 제자들의 경험이 사실이었다는 결정적인 증명이 되었을 것이다. 여인들의 말은 그들 자신의 확신을 강화시켰을 뿐 아니라 다른 사람의 개종을 위한 강력한 지렛대 역할도 하였을 것이다.

그렇다면 우리는, 층계에서 행한 연설 속에서 베드로가 제자들의 그 놀라운 확신을 특히 두드러지게 강조할 것을 자연히 기대하게 될 것이다. 그는 대단히 의심이 많은 군중에게 거의 믿을 수 없는 일을 전하고 있었다. 그는 분명히 그들을 자신의 신앙으로 개종시키기를 열망했다. 누가의 기록을 읽어 보면, 베드로가 연설하고 있을 때 그를 둘러싸고 있던 작은 집단 속에 바로 그 여인들도 서 있었으리라고 짐작된다. 그런데 이상하게도 그 연인들이나 그들의 발견에 대해서는 일언반구의 언급도 없다. 사도행전에 거의 완전히 기록되어 있는, 뒤에 행한 그의 다른 두 개의 연설 속에도 이상하게 그들에 관해서 아무런 언급이 없다.

여인들이 무덤을 방문한 사실을 베드로가 몰랐을 것이라고 말함으로써 이 이상한 점을 피상적으로나마 설명할 수도 있을 것이다. 그런데 만약 베드로가 그 사실을 몰랐다는 것이 정말이라면, 그 여인들은 애당초 무덤에 간 적이 없다고 보아야 할 것이다. 만약 글로바의 마리아와 살로메와 요안나가 7주 만에 만난 그들의 가장 친한 친구들과 혈족에게 주말에 일어났던 그 비극적이며 중대하고 놀라운 에피소드를 만난 지 10분 내에 다 이야기하지 않았다면, 그것은 그 여인들이 아무것도 경험하지 못했기 때문일 것이며, 당시의 사람들과 행동에 관한 이상한 이야기들은 모두 전혀 사실 무근인 허구에 불과한 것이 될 것이다. 그런데도 사도행전을 아무리 샅샅이 뒤져 봐도 이 여인들의 이야기를 드러낼 만한 어떠한 힌트나 속삭임은 전혀 발견할 수가 없다. 심지어는 가장 초기의 서신 속에도 여인들의 발견에 의하여 야기된 어떠한 논쟁에 관한 기미도 들어 있지 않다. 그 여인들의 모험에 관한 잊지 못할 추억이 교회와 모아 둔 모든 문서와 기록된 회상의 파편들 속에 깊이 스며들어간 것을 제외하면, 여인들이 최후로 나타났던 그 역사의 페이지가 넘어가면서부터 그 여인들은 빈 무덤의 경우와 똑같이 잔잔한 망각 속으로 빠져 들어갔다.

최초의 서신으로부터 거슬러 올라가서 오순절 날의 최초의 신앙의 선언까지 이르는 동안에 이 여인들에 대하여 아무런 언급도 없다는 이 이상한 사실을 어떻게 설명해야 할까? 이 매우 복잡한 상황의 모든 측면을 해결하기에 충분한 설명이 하나 있다. 그 해결이란 바로 복음서는 정당하며, 광범위한 중요성을 가진 그 비밀이 7주 동안이나 서너 명의 여자들의 가슴 속에 감춰져 있을 수는 없었다는 가정이다.

부활절 일요일이 저물어 갈 즈음에는 그 핵심적인 사실이 예루살렘에 살고 있는 모든 사람들에게 알려졌으며, 소문의 진동이 전

도시로 퍼져 나갔을 것이 분명하다. 그 날 밤에 먼 마을로 여행하던 두 사람은 "어떤 여자들이 우리로 놀라게 하였으니 이는 저희가 새벽에 무덤에 갔다가 그의 시체는 보지 못하고"라고 설명할 만큼 그 이야기를 충분히 알고 있었다. 그 이야기는 적어도 24시간 안에 공개적인 것이 되었을 것이다. 설명이 잇따르고 공격과 반격이 꼬리를 물고 일어났을 것이다. 이런 모든 난잡한 논쟁의 수습책으로 "제자들이 시체를 훔쳐 갔다"는 사악한 소문이 나기 시작했다.

우리는 이런 것들을 사실로서 가정해야만 부활에 관한 문제가 일곱 주일이 지난 후에 첨예화하여 국가적이고 정치적인 거대한 논쟁의 수준에까지 발전되었을 때에도 기독교의 알려진 지도자 중에서 여인들의 증거를 제출해야 할 필요를 느낀 사람이 아무도 없었다는 데 대한 원인을 알 수 있다.

이 매우 중요한 침묵의 이유는 분명한 것 같다. 그 이유란, 오직 여인들만이 단언할 수 있었던 그 물리적 사실은 아무런 증거나 논쟁을 필요로 하지 않았다는 것이다. 그 사실은 일곱 주일 동안에 이미 완전히 유명해졌다. 만약 성 바울 성당이 오늘 밤에 타 버린다면, 침사이드 담당 경찰관이 화재를 처음 발견했다는 사실은 어느 정도의 관심을 끌면서 그 이후의 모든 역사 속에 거의 언제나 등장할 것이다. 그러나 두 달이 지난 후에 그 위대하고 역사적인 건축물이 파괴되었다는 사실을 증명하기 위해 그 경찰관을 부를 사람은 아무도 없을 것이다.

그런데 미래의 어떤 역사가가 희미한 타임즈지를 연구하다가, 그 화재가 일어난 날로부터 7주 후에 한 유명한 사람이 그 사건의 증거로서 그 경찰관의 증언을 인용했다면, 그 화재가 실제로 일어났었는가에 대한 심각한 회의가 생길 것이다.

이와 같이 사도행전에 기록된 설교를 살펴보고, 혹은 여인들의 발견에 대한 언급이 없다는 더욱 중요한 점을 살펴보아도 실제로 무덤이 비어 있었다는 어부 베드로의 증언은 의심의 여지가 없다. 그러나 우리는 아직까지도 다른 독자적인 증언을 연구해야 한다. 왜냐하면 위에서 논의한 모든 것들은 무엇보다도 육중하고도 매우 인상적인 마가의 증언뿐이기 때문이다.

나는 마가복음이 초기의 기록이며 본질적으로 믿을 만하다는 사실을 조심스럽게 연구한 장 속에서 레이크 씨가 말한 모든 것들에 깊이 공감한다. 그 문서는 역사적으로 보아도 독특하다. 독특한 기독교의 문헌들을 해변에 비유한다면, 마가복음은 그 해변에서 멀리 떨어진 바다 한가운데에 있으면서 밀려 오는 모든 조수를 맞이하는 거대한 바위와 같다. 그래서 이 바위는 전 해안에 짙은 그림자를 드리우고 있다. 이 바위는 해변을 향하여 밀려드는 조수를 양분하고 있다.

이 투박하면서도 타협을 불허하는 옛 문서가 베드로의 가르침과 특별한 관계를 가지고 있다는 사실은, 기독교의 초기부터 교회 내에서 받아들여진 전승이며, 이것을 문제 삼을 사람은 거의 없을 것이다. 마가복음 속에는 베드로의 솔직하고 객관적인 마음의 단순성이 드러나 있다. 마가복음의 투박성을 자세히 살펴보면, 보다 문학적이며 교양 있는 사람이 그 문장을 다듬은 듯한 흔적은 전혀 보이지 않는다. 마가복음은 유난히 개괄적이며 비약이 심하기 때문에, 불연속적인 말들과 회상의 잔재임을 쉽게 알 수 있다.

예수님께서 한번은 "너희가 성경을 상고하라. 왜냐하면 성경은 나를 증거하기 때문이다"라고 말씀하신 적이 있다. 이와 마찬가지로 이 투박한 늙은 어부가 자신의 무덤에서 일어난다면, 아마 "마가복음을 상고하라. 왜냐하면 그 안에서 너희는 나의 가르침의 요체를 발견할 수 있을 것이기 때문이다"라고 말할 것이다.

만약 이것이 사실이라면 베드로 자신이 무엇을 믿고 어떻게 가르쳤는가에 대해서는 의심의 여지가 없다. 왜냐하면 이 소박한 고대의 문서 – 어떤 사람들은 이 문서가 너무나 명백하게 교회를 위협했기 때문에, 사람들이 고의적으로 파괴해서 영원히 없애 버렸다고 말해 왔다 – 의 중심에는 달빛 아래의 경치만큼이나 투명하면서도 새벽과 같은 차가움과 객관적인 필치로 쓰여진 다음의 글이 있어 우리를 사로잡기 때문이다.

> 안식일이 지나매 막달라 마리아와 야고보의 어머니 마리아와 또 살로메가 가서 예수께 바르기 위하여 향품을 사다 두었다가 안식 후 첫날 매우 일찌기 해 돋은 때에 그 무덤으로 가며(막 16 : 1-2).

11
피고의 형제의 증언

내가 뒤에 다루게 될 독특하고 예외적인 한 가지 사실과 함께, 초대 교회에서 주님의 동생 야고보 혹은 의인 야고보(James the Just)라고 알려진 사람의 일만큼 이 전체 이야기 속에서 나를 깊이 감동시킨 것은 없다.

이 사람에 대한 지식을 얻기 위해서는 반드시 기독교에 대하여 우호적인 자료만을 의지할 수는 없다. 야고보도 초대 기독교의 뛰어난 인물들과 빌라도처럼 요세푸스에 의하여 언급되었다. 이 요세푸스(Josephus)는 기독교 운동 전체에 대하여 냉소적인 입장을 취한 것으로 유명한 저술가이다. 또한 교회사의 아버지인 헤게시푸스(Hegesippus)의 다른 기록들이 유세비우스(Eusebius)의 단편들 속에 남아 있다.

요세푸스가 야고보의 죽음을 묘사한 그 유명한 구절로부터 거슬러 올라가면서 그에 관한 기록을 추적해 나가는 편이 편리할 것이다. 요세푸스의 기록은 다음과 같다.

페스투스(Festus)는 이미 죽었고 알비누스(Albinus)

는 혼자 길에 있었다. 그러자 그(대제사장 아나누스)는 산헤드린 재판을 열고 그리스도라고 불린 예수의 형제 야고보라는 사람과 다른 몇몇 사람들을 앞에 세웠다. 그리고 재판관들은 그들을 율법의 파괴자로 정죄했으며 그는 그들에게 돌로 쳐 죽이는 형벌을 집행했다.

이 일이 일어난 것은 주후 62년으로서, 디도와 그 군대의 예루살렘 공격을 야기시킨 그 반란이 점점 심해지고 있던 때였다. 이 구절은 비록 짧지만 우리에게 두 가지 사실을 분명하게 보여 준다. 첫째는 야고보가 일반적으로 예수님의 동생으로 알려졌다는 것과, 둘째로는 그가 기독교 신앙을 추종했다는 이유로 순교당했다는 사실이다. 이와 같이 그에 대한 가장 중요한 이 두 가지 사실은 요세푸스 자신의 권위만큼이나 확실한 권위를 갖는다.

그의 생존 기간을 거슬러 올라가는 도중 우리의 눈길을 끄는 최초의 날짜는, 그가 죽기 약 5년 전인 주후 57년이다. 바울이 이 때에 예루살렘을 방문하고 있었는데, 이것은 결국 최후의 방문이었다. 그는 누가와 몇몇의 다른 사람들과 함께 드로아에서 가이사랴로 항해해 와서는 가이사랴에서 구브로 사람 나손을 데리고 예루살렘으로 여행하였다. 누가는 그 이야기를 사도행전 21장에서 상당히 자세하게 서술하고 있다. 왜냐하면 그는 그 자리에 함께 있던 목격자였기 때문이며, 이 부분은 사도행전에서 주어가 "우리"로 기록된 부분의 하나이다.

예루살렘에 이르니 형제들이 우리를 기꺼이 영접하거늘 그 이튿날 바울이 우리와 함께 야고보에게로 들어가니 장로들도 다 있더라 바울이 문안하고 하나님이 자기의 봉사로 말미암아 이방 가운데서 하신 일을 낱낱이 고하니(행 21:17-19).

"그가 우리와 함께 야고보에게로 들어가니 장로들도 다 있더라"는 구절은, 바로 이 시기에 야고보가 예루살렘의 기독교 운동의 중심 인물이었음을 암시하는데 이것은 다른 자료들도 확증하는 바이다. 즉 야고보는 기독교 운동 중심지의 교회의 대표자가 되어 있었던 것이다. 그의 권위는 광범위하게 미쳤으며 또한 탁월한 것이었다. 바울이 자신의 선교 활동을 보고할 때, 그의 보고를 받은 야고보는 바로 기독교 발생지의 기독교 대표자였던 것이다.

야고보에 대한 이러한 인상은, 그로부터 7년을 거슬러 올라간 주후 50년의 기록에 의하여 더욱 확고해진다. 우리는 여기서 다른 데서 얻는 것보다 더욱 분명한 야고보의 모습을 발견한다. 바로 그 유명한 예루살렘 공의회가 그것이었다. 이 회의는 갓 시작된 그 운동이 직면했던 가장 중대한 정책상의 문제를 결정하기 위하여 소집되었다. 바울과 몇 명의 다른 사람들에 의하여 수리아 안디옥을 거점으로 하여 매우 강력하게 추진되었던 이방인에 대한 전도가 어떤 방향에서는 매우 놀랍게 진보되고 있었다. 그런데 모세의 율법이 명한 유대인의 의식, 특히 할례의 의식이 많은 이방인 개종자들에게 큰 걸림돌이 되고 있었다.

안디옥의 신자들이 바울과 바나바로 구성된 대표단을 예루살렘으로 파견한 것은 이 걸림돌을 제거하기 위함이었다. 예루살렘의 그리스도인들은 그들을 특별한 애정과 존경으로 맞이하였다. 그러자 베드로가 이 대표단의 견해에 매우 우호적인 연설을 했는데, 야고보가 그 다음으로 다음과 같이 의장의 자격으로 결정표를 던진 것을 볼 수 있다.

말을 마치매 야고보가 대답하여 가로되 형제들아 내 말을 들으라 하나님이 처음으로 이방인 중에서 자기 이름을 위할 백성을 취하시려고 저희를 권고하신 것을 시므온이 고하였으니 선지자들의 말씀이 이와 합하도

다……그러므로 내 의견에는 이방인 중에서 하나님께로
돌아오는 자들을 괴롭게 말고 다만 우상의 더러운 것과
음행과 목매어 죽인 것과 피를 멀리 하라고 편지하는 것
이 가하니 이는 예로부터 각 성에서 모세를 전하는 자가
있어 안식일마다 회당에서 그 글을 읽음이니라 하더라
이에 사도와 장로와 온 교회가 그 중에서 사람을 택하여
바울과 바나바와 함께 안디옥으로 보내기를 가결하니
곧 형제 중에 인도자인 바사바라 하는 유다와 실라더라
(행 15 : 13-22).

야고보에 대한 다른 두드러진 언급을 발견하려면 다시 6년을 거슬러 올라가서 주후 44년에 이르러야 한다. 이 일은 베드로가 두번째로 투옥되던 때에 일어났다. 이 작은 집단은 어둡고도 위험한 나날을 보내고 있었다. 그 무리의 대변인인 베드로는 항상 위험에 빠져 있었으며 그는 두번째로 체포되어서 감옥에 던져졌다. 그러나 그는 초자연적인 힘에 의하여 한밤중에 감옥에서 탈출했다. 그의 동료들을 공개적으로 만나는 것은 피차에게 위험하다는 것을 깨달은 베드로는 아무에게도 들키지 않도록 몰래 마가라 하는 요한의 집으로 갔다.

베드로가 문을 두드렸을 때 그의 친구들은 너무나 놀란 나머지 로데가 베드로의 목소리를 알아챌 때까지 아무 말도 못했던 광경을 사도행전을 읽은 사람들은 잘 알고 있을 것이다. 그러나 현재 우리가 목표로 하고 있는 그 중요한 기록은 베드로가 다시 어둠 속으로 사라지기 전에 남긴 다음의 말이다.

야고보와 형제들에게 이 말을 전하라(행 12 : 17).

여기서 분명한 것은 베드로가 없을 때에 야고보는 그 무리의 대

표적인 인물이며, 지도자로 지정된 인물이었다는 사실이다.
　야고보의 이름이 이것보다 더 일찍 언급된 유명한 구절이 하나 있는데, 이번에는 독립된 기록으로서, 바울이 안디옥에서 쓴 편지가 그것이다. 그 편지가 가리키는 사건은 주후 36년에 일어났다.

> 그 후 삼 년 만에 내가 게바를 심방하려고 예루살렘에 올라가서 저와 함께 십오 일을 유할쌔 주의 형제 야고보 외에 다른 사도들을 보지 못하였노라(갈 1 : 18, 19).

　이렇게 볼 때 주후 36년에 이미 이 사람 야고보는 베드로와 함께(그리고 갈 2 : 9에 나타나 있듯이 요한과도 함께) 그 무리의 리더십을 짊어진 초대 교회의 뛰어난 인물이었다.
　그리스도의 생존시에는 냉정함과 심지어는 적의를 품고 있었음이 최초의 문서에 분명히 기록된 이 사람—그의 교육과 생각이 관원들과 제사장들에게로 기울어졌던—이 그리스도인의 공의회와 중심 인물들 속에서 발견되는 것은 어떻게 된 일인가? 내가 이 질문을 던지는 것은 어떤 헛된 점수를 따기 위해서가 아니라 이 사실 자체가 눈에 띄게 놀라우며 도전적이기 때문이다. 아마 야고보를 환상에 빠진 나사렛 사람의 무리 속에서 발견하리라고 기대했던 사람은 아무도 없었을 것이다.
　비교적 복음서를 늦게 기록한 누가가 야고보의 분명한 신앙을 눈앞에 두고, 과거에 야고보가 가졌던 그의 형제 예수님에 대한 적의를 훨씬 부드럽게 기록하였을 법도 하다. 마음이 곱고 친절한 사람이라면, 상처가 다 아문 후에도 옛날의 쓰라린 기억을 꼬치꼬치 캐내지는 않을 것이다. 그러나 최초에 기록된 마가복음에는 그의 적의가 의심의 여지없이 분명하게 기록되어 있으며, 야고보의 적의에 대하여 그리스도께서 하신 분명한 말들도 기록되어 있다.
　이 점에 대한 마가의 증언은 분명하며 생생하다. 예수님께서 무명 인사로 계시다가 강렬한 빛으로 나오셔서 공적 사역을 시작할 때 요셉은 이미 죽었던 것 같다. 우리는 그에 대해서 아무 것도 들을 수 없다. 가끔 설명 속에 나타나는 것은 예수님의 어머니와 "그의 형제들"이었다. 만약에 그리스도의 혁명적인 천재성과, 그의 형제들 사이에 어떤 형태로든지 참된 공감이 있었다는 작은 증거만 있어도-가족 중에서, 영특한 형의 뛰어난 은사나 공적에 대하여 동생들이 갖는 영웅 숭배 같은 것이라도 있었다는 암시가 있다면-그 몇 년 후에 일어난 사건들을 어느 정도는 이해할 수 있을 것이다.

그러나 그런 것에 대한 흔적은 전혀 없다. 우리에게 주어진 증거에 의하면 도리어 완전히 반대이다. 의미를 파악하기 위해서는 함께 읽어야 할 두 개의 구절-왜냐하면 이 두 구절은 한 에피소드의 양면이기 때문이다-이 마가복음 3장에 있다.

> 집에 들어가시니 무리가 다시 모이므로 식사할 겨를도 없는지라 예수의 친속들이 듣고 붙들러 나오니 이는 그가 미쳤다 함일러라(20-21절).
>
> 때에 예수의 모친과 동생들이 와서 밖에 서서 사람을 보내어 예수를 부르니 무리가 예수를 둘러 앉았다가 여짜오되 보소서 당신의 모친과 동생들과 누이들이 밖에서 찾나이다 대답하시되 누가 내 모친이며 동생들이냐 하시고(31-33절).

이 구절들을 자세히 읽어 보면 앞의 인용문에서 예수의 "친속"이라고 지칭된 사람들은 예수님의 친척(relatives)이며, 그들이 문 밖에 와서 예수님을 부른 이유는 그 분을 데려가기 위함이었음이 분명하다. 그들이 그렇게 하고자 한 이유는, 그들이 보기에 예수님은 "자기 자신을 벗어나 있었다"(beside Himself), 즉 오늘날의 용어로 말하자면, "미쳤다"고 여겨졌기 때문이다.
　내 생각에는 마가가 전하고자 하는 정확한 의미를 이렇게 해석해야 할 것 같다. 게다가 예수님께서 그들의 노력에 대하여 고의적으로 냉소를 보내신 사실을 보면 그런 해석이 더욱 정당성을 얻는 것 같다.

> 둘러 앉은 자들을 둘러 보시며 가라사대 내 모친과 내 동생들을 보라 누구든지 하나님의 뜻대로 하는 자는 내 형제요 자매요 모친이니라(34-35절).

　그러나 예수님과 그의 가족 사이의 명백한 불화가 노출된 것은 이것만이 아니다. 마가는 예수님의 개인적 삶에서 지울 수 없는 한 사건에 대한 역사적인 회상을 기록하고 있다. 그 주간에 갈릴리 전도 여행을 하다가 예수님은 나사렛으로 오지 않을 수가 없었다. 그 분이 오셔서 마을의 회당에서 설교를 하자 사람들은 그를 공개적으로 불신했다.

> 안식일이 되어 회당에서 가르치시니 많은 사람이 듣고 놀라 가로되 이 사람이 어디서 이런 것을 얻었느뇨 이 사람의 받은 지혜와 그 손으로 이루어지는 이런 권능이 어찌 됨이뇨 이 사람이 마리아의 아들 목수가 아니냐 야고보와 요셉과 유다와 시몬의 형제가 아니냐 그 누이들이 우리와 함께 여기 있지 아니하냐 하고 예수를 배척한지라(막 6:2-3).

　그 때 예수께서 대답하신 말씀은 그 이래로 세계 방방곡곡에서 메아리친다.

> 예수께서 저희에게 이르시되 선지자가 자기 고향과 자
> 기 친척과 자기 집 외에서는 존경을 받지 않음이 없느니
> 라 하시며(4절).

위에서 고딕체로 쓴 말들은 특이하게도 마가복음에만 나타났다. 마태는 왜 이 부분을 뺌으로써 그 의미를 부드럽게 했을까? 누가는 왜 더 나아가서 자기 집이라는 말까지 뺐을까? 누가가 문장을 수정하는 대개의 경우에는 어떤 이유가 있다. 그렇다면 그 강력한 이유란 누가가 그 글을 쓸 때에, 사람들로부터 깊이 존경받던 야고보가 아직 살아 있었거나 혹은 그에 대한 기억이 너무나 생생했기 때문에 그의 초기의 불신앙을 불필요하게 들추어 내는 일을 피하려 했기 때문이 아닐까?

이 모든 것들이 당신에게 어떤 충격을 주는가? 그렇게도 서로 다른 사람들로 하여금 함께 핍박, 수모, 어떤 때는 고통스러운 죽음의 협로를 걷게 한 예수님의 죽음은 도대체 어떤 것이었을까? 정신이 온전한 다양한 많은 사람들이 그 큰 비극이 지나간 직후에 변해서, 예수님이 무덤에서 부활하셨다는 것을 완전히 확신하게 된 것은 무엇 때문일까?

이런 남자 혹은 저런 여자가 이 특이한 망상 속에 빠지게 된 데에 대한 여러 가지 이유를 생각해 내는 것은 쉬운 일이다. 그러나 현재의 이 경우는 다르다. 그렇게도 다양한 사람들의 회심이 계속된다는 이 이상한 사실을 가만히 살펴보면 그 배후에 무엇인가-인간의 도전이나 의심을 허락하지 않는 고요하지만 반박할 수 없는 사실-숨어 있다는 것을 느끼게 된다.

내가 이 사람, 야고보의 경우를 제시한 것은 그가 논쟁의 중심적 존재이거나 필요한 사람이기 때문이 아니라, 어떤 의미에서는 그가 그런 사람이 아니기 때문이다. 비록 야고보의 태도에 대해서

는 아무런 힌트도 남아 있지 않지만 제자들의 회심이라는 기적은 여전히 하나의 기적으로 남는다. 야고보는 사도들과 친지들과는 관계가 없는 사람이었다. 야고보는 자기의 형제인 예수님에 대하여 설사 어떤 환상을 가질 수 있다고 해도 별로 갖지 않았을 것이다. 그는 그리스도와 매우 가까이 있으면서도 공정한 증인이 될 수 있을 만큼 충분한 거리를 두고 있었으며, 만약 제사장들이 그의 충성을 요구했다면, 그의 영향력만으로도 역사의 국면을 바꿀 수 있었을 것이다. 그러나 그들은 그럴 수 없었으며 마침내는 그를 죽이고 말았다.

뒤에 그리스도인들은 그의 비석에 "그는 유대인과 헬라인 모두에게 예수님이 그리스도임을 전한 참된 증인이었다"라고 기록했다고 전해진다. 그가 누구라는 것을 생각해 보면 우리는 그의 증언이 거의 유일무이한 것이라고 말할 것이다. 사실 다소에서 온 사울이라고 불린, 더 악의에 찬 다른 증인이 나타나서 야고보의 경험을 무색하게 만들지만 않았다면, 그의 경험은 유일한 것이 될 뻔했다.

12
다소 사람의 증언

순수한 역사적 관점에서 볼 때, 기독교가 대적들에게 가장 심한 박해를 받던 그 순간에, 심지어 현대의 기준으로 보더라도 거의 완전히 공평한 증인이라고 주장할 수 있는 한 청년이 우연히 예루살렘으로 오게 된 것은 다른 무엇보다도 기독교를 위해서는 다행스러운 일이었다.

이 청년의 이름은 사울이었다. 그는 잘 양육된 히브리인으로서 종교적인 여러 가지 의무를 열성적으로 수행한 사람인 동시에, 그리스 로마 세계의 폭 넓은 사색적인 정신에 접촉함으로써 포용성 있는 마음을 가지고 있었다. 그의 후기의 설교에 나타나 있듯이 그는 최소한도 아라투스, 에피메니데스, 메난더의 작품들을 섭렵했다. 또한 그는 길리기아 다소 출신이었으며, 그가 예루살렘에 온 해는 주후 34년경이었다.

우리가 이 장에서 다루고자 하는 것은, 십자가 사건에 대한 어느 정도의 신선함을 가지고 등장한 이 청년이, 처음에는 유대인 편의 대표적인 인물이었지만 결국에 가서는 반대편의 대표적 인물이 되었다는 점이다. 그의 시도는, 그 운동을 힘으로 누르려는 것이었지만 도리어 자신이 눌려서 거기에 동화되고 말았다.
 그러므로 우리는 일련의 특이한 회심의 대열-베드로, 마태, 빌립 등의 남자들과 살로메, 마리아, 요안나 등의 여자들과 적의를 품었던 야고보와 맛디아, 바라바 등의 회심-속에 이 신선하고도 독자적인 관찰자의 회심을 첨가해야 한다. 이 문제를 심각하게 연구한 모든 사람들이 동의하듯이 이 회심은 우리가 덮어 두거나 회피할 수 없는 현상이다. 우리는 이 현상을 직시해야만 한다. 우리는 이 사울 청년에게, 처음 시작할 때에 열렬하게 제사장 편을 들도록 만든 것이 무엇이었으며, 다시 그에게 반대편으로의 완전한 지식의 변화를 체험하도록 만든 것은 또 무엇이었는지를 알아야 한다.
 그래서 나는 우선 사울이 이 장면에 등장할 당시와, 잠시 후의 예루살렘의 전반적인 상황을 어느 정도 유의해서 살펴볼 것을 제안한다.

 다소의 사울이 이 사건의 주인공으로 처음 등장했을 때 예루살렘에서는 상당히 오랫동안 공개적인 논쟁이 계속되고 있었음이 분명하다. 이 운동은 시작될 때 19명 내지 20명이었던 처음의 핵심 멤버가 점점 성장해서, 이제는 매일의 활동을 지도하며 처리하기 위해 일곱 명의 집사가 필요할 만큼이 되었다. 그렇게 성장할 수 있었던 유일한 방법은 직접적인 전도-즉 공개적이거나 개인적인 논의와 가르침-에 의한 것이었다.
 만약 레이크 씨가 위의 사실을 부정하는 말을 널리 퍼뜨리지만 않았다면, 이렇게 분명한 사실을 진술할 필요조차 없었을 것이다. 그의 책 예수 그리스도의 부활(*The Resurrection of Jesus Christ*) 195페이지에 있는 문제의 구절은 다음과 같다.

 우리는 빈 무덤 이야기와 그 강조점에 관련된 논쟁이,

유대인과 그리스도인 사이에서 일어난 것은 후기의 일이었다는 귀중한 힌트를 마태복음과 베드로복음 속에서 얻을 수 있다. 이 논쟁이 처음부터 일어나지 않았다는 것은 심리학적으로도 분명하다. 유대인들이 처음에는 논쟁을 하려고 한 것이 아니라 핍박을 시작했다. 그러다가 그리스도인이 확고한 발판을 다진 후기에 가서야 논쟁과 논의가 시작될 수 있었다.

만약 이 말을 그대로 믿는다면, 레이크 씨의 견해에 의해 주후 35년의 대박해가 일어나기 전에는 유대인은 한 번도 그리스도인과 논쟁을 벌이지 않았으며, 이 운동은 아무런 논쟁과 토론을 거치지 않고 불가사의한 방법으로 성장하다가 마침내 가공할 만한 성질을 드러내자 비로소 권력자들이 이것을 주목하고 보복을 가하게 되었다는 의미로밖에 해석할 수 없다.

이것은 분명히 어불성설이다. 이 견해는 실제 증거와 너무 모순되기 때문에, 나는 심지어 레이크 씨가 실제로 그런 의도를 가지고 말을 했는지조차 의심스럽다. 그러므로 나는 그의 말의 의미를, 높은 지위의 권력자들은 자신들이 직접 스스로를 낮추어서 그리스도인들과 논쟁하기를 거부했다는 것이라고 이해하겠다.

그들의 이런 태도는 계급의 전통을 따르는 것이며, 그들이 예수님을 대항했던 그 전술을 그대로 반복하는 것이었다. 오랜 시간을 끌어 온 예수님과의 투쟁 속에서 이 지체 높은 사두개인들―이들이야말로 상황을 조정하는 자들이었다―은 겉으로 나타나지 않았다. 그들은 그 투쟁을 그들의 하수인인 서기관과 바리새인들에게 맡겨서, 그들로 하여금 예수님과 논쟁하며 예수님을 곤란에 빠뜨릴 음모를 꾸미게 했다. 안나스, 그의 사위 가야바 그리고 다른 부유한 사두개 족속이 그들의 가면을 벗고 표면에 나타난 것은, 그들의 가장 큰 적이 비로소 그들의 수중에 들어왔을 때였다.

이렇게 볼 때 사두개인들의 직접적인 활동은 분명히 그 운동의 후기 역사였다. 때문에 우리는 대제사장과 그의 동료들이 언제 어디서나 갑자기 예수님을 체포하고 베드로와 요한을 신문하는 것과 같은 공적인 행동을 취하기 위해 등장할 수 있었다는 것을 발견하긴 하지만, 대개의 경우 그들은 뒤에 숨어 있었다. 사건의 압력이 그들로 하여금 외부로 드러나게 하기 전까지는, 눈에 가시와 같은 소수에 대해서 태연한 척 가장함으로써 상대편의 책략에 말려들지 말아야 한다는 것이 정치가와 관리들에게 있어서 하나의 처세훈이었다.

이렇게 볼 때 유대인 계급의 높은 지위에 있는 대표자들이 "그리스도인과 논쟁을 벌이지 않았다"는 것은 사실일지 모르지만, 유대인들 자신이 그리스도인과의 논쟁을 피했다는 것은 사실이 아니다. 처음 5년 동안에 개종했던 사람들은 바로 유대인 자신들이었다. 5년 동안 일주일에 평균 18명 내지 20명의 새로운 지원자를 얻은 운동이, 공적이거나 사적인 논쟁을 수반하는 사상의 혼란이 없이 지속될 수 있었다고는 믿지 못할 것이다. 그런데 이 이야기의 관심의 초점은 바로 그 논쟁의 성격이다.

이제 우리가 조용히 앉아서, 예수님을 추종하는 이 작은 무리가 어떻게 해서 불과 4, 5년 사이에 혹독한 대박해를 불러일으킬 만큼 성장했는지 곰곰이 생각해 본다면, 우리는 거기서 매우 복잡한 사실을 하나 발견할 것이다. 그 사실이란 이 모든 사건이 요셉의 무덤에서 놀랍도록 가까운 곳에서 일어났다는 것이다. 게다가 요셉에게 어떤 일이 발생했든지간에 그 무덤은 움직일 수 없었다. 때문에 만약 부정적인 비평가들이 옳다면, 제자들이 무서운 속도로 개종자들을 매일 얻고 있던 그 기간에, 그 논쟁이 벌어진 곳에서 불과 약 이백 미터밖에 안 되는 무덤 속에 제자들의 주장을 결정적으로 무너뜨릴 수 있는 증거가 있었으며, 더욱이 그 증거가 십자가 사건이 있던 날 오후에 그 무덤 속에 안치되었다는 사실을 모든 사람이 알고 있었다는 아이러니컬한 상황에 부딪히게 된다.

만약 제자들의 행위가 그들이 원래 취했던 행동과 전혀 다른 것이었다면, 위의 상황을 납득할 수도 있다. 십자가 사건이 있은 후 아직 잠잠했던 극적인 몇 주간 동안에 그 무덤에 관한 여러 가지 이야기들이 나돌았으리라는 것은 잠깐만 생각해 보아도 금방 알 수 있다. 그 분은 위대하고 선한 사람이었으며 그 분의 권세가 높아지던 중에 불법적인 죽음을 당한 것은, 국가적 재난이며 심지어 국가적 수치라고까지 주장하는 사람들이 있었을 것이다. 또한 산상보훈과 비유들 속에 나타난 탁월한 가르침들을 볼 때 그 분은 이스라엘에서 태어난 예언자들과 선지자들의 긴 행렬 속에서 가장 위대한 분이셨다는 데에 사람들은 동의했을 것이다. 또한 어떤 사람은 신변상의 위협을 감수하면서까지 그 모든 과정은 계획된 살인이었으며, 하나님 보시기에는 가증스러운 죄악이었다고 주장한 사람들도 있었을 것이다.

우리는 흥분을 잘하는 유대인들의 성질에 비추어 볼 때, 예루살렘에서의 여러 형태의 모임 – 사적으로 혹은 어느 정도 공적으로 – 에서 위와 같은 진술들 중 어떤 것에 대해 열띤 논쟁을 벌였겠지만 그 논쟁을 끝낸 후 모자를 쓰고 집으로 가는 사람들 가운데는 요셉의 동굴 속의 조용한 석실에 대해서 생각한 사람이 아무도 없었을 것이라고 상상할 수 있다. 그러나 바로 그 도시의 중앙에서 예수님의 부활을 기념하며 선포하기 위한 어떤 모임이 이루어지고 있었다는 사실 – 게다가 그 모임에 참석한 사람들 가운데 부활의 사실을 확인하기 위하여 무덤으로 직접 뛰어가 보는 사람이 아무도 없는 – 은 우리의 상상력을 아무리 동원해도 생각하기 어려운 일이다.

매우 미묘하지만 분명한 것은, 바로 그 무덤 자체의 상황이 이 일의 최종적 심판관이 되었으리라는 것이다. 그 무덤 속에는 예수님의 시체가 있든지 없든지 둘 중의 하나였다. 만약 그 속에 시체가 없었다면 한 가지 사실은 절대적으로 확실하다. 즉 사울이 그 놀라운 사실을 알았으리라는 것이다. 그는 그리스도인들과의 모든 논쟁 기간 동안 처음부터 그 사실을 알았을 것이다. 그럼에도 불구하고 그는 고의적으로 대박해를 시작했던 것이다.

무덤이 비어 있는 현상과 함께 상당한 수의 사람들이 예루살렘에서 예수님이 부활했다는 것을 공공연하게 선언하고 있을 때, 다음과 같은 두 가지 상황이 이 일에 광범위하고도 공공연하게 연결되지 않았으리라고는 아무도 생각하지 못할 것이다. 그 두 가지 상황이란, 권력자들은 제자들의 선언에 대하여 무관심을 가장했겠지만 일급 정치범의 시체가 신비한 상황에서 사라졌다는 사실이 도저히 그들에게 알려지지 않을 수는 없었으리라는 것과, 만약 권력자들이 그것을 알았다면 사울도 역시 알았으리라는 것이다.

그러므로 만약 마가의 기록이 사실이라면, 다소의 사울은 관원들 편에서 제자들이 시체를 훔쳐 갔다는 추측뿐 아니라, 회당에서의 그리스도인과의 논쟁을 통해 사건의 진상에 대해서 충분한 정보를 얻을 수 있었음이 분명하다. 그러나 우리는 이 시점에서 마가의 기록이 사실이 아님을 가정하고 이야기를 전개시켜 보기로 하자.

첫째로, 사울이 처음이며 가장 강력한 힘으로 기독교에 도전하던 전기간과 그 이후 여러 해 동안 예수님의 시체가 요셉의 무덤에 그대로 남아 있었다고 가정해 보자. 그렇다면 3년 후에 그가 개종자가 되어서 예루살렘으로 돌아왔을 때 그 시체는 여전히 거기에 있었고, 사울은 그 사실을 알았을 것이다. 우리는 그가 그리스도인의 본부에서 주로 베드로와 야고보와 함께, 그리스도의 시체에 대한 아무런 언급이 없는 그들의 신조에 대하여 2주일간 토론했으리라고 생각해야 한다. 여인들의 모험의 신화(이 경우에는 두번째 획기적 시대의 완전한 허구일 것이다)는 아직 생기지 않았다. 그런데 이 사람들의 정직성이란 나무랄 데가 없는 것이다. 그들은 이미 직접적인 거짓이나 상상에 의한 경이 따위와는 전혀 어울리지 않는 큰 과업을 가지고 있었다. 그들의 전체 관심사는 어떻게 하면 그들의 독특한 메시지를 세상에 가장 잘 전파하느냐는 것이었다. 그렇다면 우리는 이제, 그들이 그들의 위대한 주인이 아직 무덤 속에 누워 있다는 사실을 빤히 알면서 그들의 정책과 계획과 회상에 관하여 심각하게 논의하고 있었다고 생각해야 한다.

이것이 역사적인 상황이었을까? 나는 그렇지 않다고 생각하며, 또한 이런 생각과 부합될 수 있는 것은 아무 것도 없다고 생각한다. 첫째로, 작지만 매우 중요한 사실 즉 사도행전이나 서신들이나 어떠한 초기의 외경 문서 속에도, 누군가가 예수 그리스도의 무덤에 존경을 표시하기 위하여 찾아갔다는 흔적이 전혀 없다는 사실을 생각해 보라. 그리스도인의 기억에서 가장 거룩한 장소인 그 무덤에 대하여 깨어지지 않는 절대적인 침묵이 지켜지고 있다는 사실은 매우 중요한 일이다. 주님의 형상을 거룩한 기억으로 가지고 있을 여인들 가운데, 누군가가 그 거룩한 장소에 가서 잠시라도 생각에 잠기고자 했을 것 같지 않은가? 베드로와 요한과 안드레가 주님의 육신의 모든 것을 보존하고 있는 그 거룩한 장소에 가 보자고 하는 마음이 결코 없었겠는가? 사울 자신도 옛날의 교만과 자신감을 회상하며 홀로 그 무덤에 가서, 그 분의 이름을 부인한 죄에 대해 뜨거운 회개의 눈물을 흘리지 않았겠는가? 만약 이들이 주님이 그 곳에 묻혀 있다는 사실을 알면서 그 곳을 전혀 찾아 가지 않았다면 너무나 이상한 일이다.

다음으로, 문서들의 매우 독특한 점을 살펴보면 이상하게도 증거가 뒤집혀져 있는 것을 알 수 있다. 즉 잘못된 방향을 바라보고 있다는 것이다. 만약 기독교가 예수님의 단순한 생존만을 선포함으로 시작되어서 여러 가지 신화가 첨가되는 단계를 서서히 거쳐서 실제로 무덤이 비어 있었다는 신앙에까지 이르게 되었다면, 가장 오래된 초기의 문서들은 빈 무덤을 가장 덜 강조해야 할 것이다. 즉 원래는 그런 이상한 일이 일어나지 않았다는 사실이 최초의 글들 속에 분명히 나타나 있어야 한다. 그런데 사실은 그렇지가 않다. 상실된 원본에 가장 가까운 것이라고 보편적으로 인정받고 있는 마태와 마가의 문서들은 그들의 개요를 가장 분명히 하면서 빈 무덤을 차가운 객관성을 가지고 묘사하고 있다.

다음으로 생각할 복잡한 사실은, 적어도 두 개의 공관복음의 배후에는 그 작자와 바울 사이의 분명한 역사적 관련이 개입되어 있다는 사실이다. 누가복음을 기록한 사람은 위대한 사도와 함께 여러 주일을 지낸 사람이다. 그는 단순한 동반자가 아니라 친구였다. 바울은 만년에 그의 진실성에 대하여 영원한 찬사를 보내면서 "오직 누가만이 나와 함께 했다"라고 말했다.

가장 뛰어난 현대 학자들의 견해에 의하면 마가복음 16장의 처음 여덟 절을 기록한 사람은, 바울과 다투었지만 결국 그의 애정과 보호를 다시 얻은 청년인 요한 마가 자신이었다. 과연 이 두 사람은 그들이 존경하고 따르던 사도 바울과 반대되는 교리를 몰래 가슴 속에 품고 있었을까?

이와 같이, 서신서들을 조사하기도 전에 그 가설은 이미 심각한 회의의 대상이 된다. 그러나 이제 우리가, 분명한 바울 자신의 편지를 정당하게 읽을 수 있는 유일한 방법으로 읽으며, 단순하고도 명료한 단어의 의미를 이해한다면 부활에 대한 바울의 참된 신앙에 관한 최후의 불확실함이 완전히 제거될 것이다.

그 예로 갈라디아에 보낸 매우 초기의 편지에서 발견되는 독립적이면서도 거의 설명의 형태를 취한 언급을 한번 살펴보자.

사람들에게서 난 것도 아니요 사람으로 말미암은 것
도 아니요 오직 예수 그리스도와 및 죽은 자 가운데서
그리스도를 살리신 하나님 아버지로 말미암아 사도 된
바울은(1:1).

아니면 이것보다 더 일찍 기록한 데살로니가전서에 보면,

너희가 어떻게 우상을 버리고 하나님께로 돌아와서
사시고 참되신 하나님을 섬기며 또 죽은 자들 가운데서
다시 살리신 그의 아들이 하늘로부터 강림하심을 기다
린다고 말하니 이는 장래 노하심에서 우리를 건지시는
예수시니라(1:9, 10).

아니면 고린도전서 15:3, 4에 있는 증인들의 명단을 나열한 유
명한 소개의 글을 보면,

내가 받은 것을 먼저 너희에게 전하였노니 이는 성경
대로 그리스도께서 우리 죄를 위하여 죽으시고 장사 지
낸 바 되었다가 성경대로 사흘 만에 다시 살아나사……

혹은 같은 탁월한 장에 포함된 다음의 언급을 보면,

그리스도께서 죽은 자 가운데서 다시 살아나셨다 전
파되었거늘 너희 중에서 어떤 이들은 어찌하여 죽은 자
가운데서 부활이 없다 하느냐(12절).

전체의 문맥을 참고하든 하지 않든 이 구절들을 읽으면서, 저자
의 생각이 단순한 영적인 생존 이상의 무엇을 가리킨다는 것을 느

끼지 않을 수 없는 것 같다. 그런데 바로 그 같은 장에, 전체 문제를 완전히 해결할 그림 같은 한 구절이 있다.

바울도 많은 동료 그리스도인들과 같이 나사렛 예수가 영광 가운데 지상에 다시 오실 것을 믿었으며 또한 그는 재림이 그의 생존 기간에 임할 것으로 기대했다. 여기서 그런 개념이 현대인의 마음속에 일으킬 여러 가지 어려움에 대하여 논의하는 것은, 우리의 주제에서 벗어나는 일이므로 잠깐 접어 두자. 그것은 기독교 시대의 처음 50년 동안에 많은 사람들에게 세력을 가졌던 하나의 신앙이었으며 바울도 그것을 나누어 가졌다.

그런데 이 신앙과 관련된 매우 실제적인 문제가 하나 있었다. 그 문제란, 어떤 사람은 죽었고 어떤 사람은 아직 살아 있는데 그리스도께서 돌아오실 때 어떤 상황이 벌어지겠느냐는 것이다. 바울은 그 문제에 대하여 완전히 직설적으로 이렇게 대답한다.

> 보라 내가 너희에게 비밀을 말하노니 우리가 다 잠잘 것이 아니요 마지막 나팔에 순식간에 홀연히 다 변화하리니 나팔 소리가 나매 죽은 자들이 썩지 아니할 것으로 다시 살고 우리도 변화하리라(고전 15 : 51, 52).

이 구절의 배후에는 물질적인 몸이 영화된 영적 몸으로 바뀐다는 변형(transmutation)의 명확한 개념이 깔려 있음을 깨닫지 못한다면, 이 구절에서 저자가 의도한 명확한 의미를 깨달았다고 할 수 없다. 바울이 매우 분명하게 보았듯이 "혈과 육은 하나님 나라를 유업으로 받지 못한다"는 사실은 분명히 진리이다. 초월적인 영역의 삶에 적합하도록 변하기 위해서는 죽은 자와 산 자 모두에게 어떤 일이 발생해야만 한다. 바울은 죽은 자의 경우에 대하여, 이런 변화 혹은 변형이 부활의 순간에 일어난다고 생각했다. 그러나 이런 변화에도 불구하고 그가 동일한 어떤 몸을 마음속으로 생각했으리라는 데에는 의심의 여지가 없다. "썩을 것으로 심고 썩지 아니할 것으로 다시 살며 욕된 것으로 심고 영광스러운 것으로 다시 살며 약한 것으로 심고 강한 것으로 다시 살며……육의 몸이 있은즉 또 신령한 몸이 있느니라"(고전 15:42-44). 다른 곳에서 그는 이 개념을 더욱 최종적인 데까지 심화시켰는데 그것은 그가 로마서에서 말한 하나님께서 "너의 죄의 몸을 멸하시리라"는 말 속에 나타난다.

이와 같이 우리가 바울에 대하여 아는 모든 것은, 그가 부활절 일요일 아침에 무덤이 비어 있었다고 믿었다는 우리의 가설과 일치한다는 것이다. 우리가 알고 있는 모든 사실들 중에서, 바울이 그 무덤에 아무 일도 일어나지 않은 것으로 알고 있었다는 주장을 뒷받침할 수 있는 것은 하나도 없다.

그럼에도 불구하고 나는 현대의 어떠한 저술가도 무덤이라는 역사적 현상이 바울의 회심에 중요한 역할을 했음을 깨닫고, 그것을 설명한 경우를 결코 발견할 수 없다.

이 주제에 대해 잠깐이라도 깊이 생각해 본 사람이라면 누구나, 바울의 경우와 같이 완전한 지적인 전향은 결코 사도들의 회심의 어떤 한 측면을 근거로 일어난 것이 아니라, 그 사건이 진리라는 근본적이면서도 포괄적인 확신에 근거해서 일어난 것임을 분명하게 깨달을 것이다. 그런데 지금까지 사람들은, 사울의 회심이 마치 무덤 문제에 대한 그의 생각과는 별다른 주제처럼 생각하고는, 회심의 심리학에 대하여 여러 권의 책들을 썼다. 이 무덤의 문제가 전체 논쟁의 핵심이며, 사울이 무덤에 관한 자신의 개인적인 견해를 확립하지도 않은 채 그리스도인에 대한 극단적이며 강렬한 반감에 도달하게 되었다는 것은 도저히 불가능한 일이다.

이제 만약 우리의 연구의 결론이 정당하다면, 일요일 아침에 무덤이 비어 있었다는 것은 사실이었다. 나는 사울이 이 장면에 등장했을 때에는 이미 그 사실은 의심의 대상이 아니었다고 생각한다. 결코 의심받지 않았다. 그러나 이 사실이 두 진영 사이의 날카로운 의견 대립의 주제였는데, 그리스도인들은 그 시체가 부활했다고 주장했고, 유대 지도자들은 시체를 도둑맞았다고 선언했던 것이다.

그러나 우리는 또한 사울이 이 소동에 말려들 때에는 아직 제사장들 편이었음을 간과해서는 안 된다. 그는 제사장들의 지식을 나누어 가졌으며 주로 그들의 견해를 취했음이 분명하다. 만약 독자들이 자신을 사울의 입장에 놓고 생각한다면, 매우 논리적인 사람이 빈 무덤에 대하여 나쁜 인상을 갖지 않았음에도 불구하고 그리스도인들을 대적한다는 것이 얼마나 어려운 일인지를 깨닫게 될 것이다. 아마 사울에게는 그 모든 일들이 하나의 "사기극"으로 보였을 것이다. 아마 그는 설사 제자들이 그 일을 계획하지는 않았을지 모르지만, 적어도 시체를 훔쳐내서 감추는 일에는 은밀하게 관여했으리라고 결론지었을 것이다. 그렇다면 그 모든 일들이 이 사실 하나만으로도, 이미 합법적인 토론의 영역을 벗어나서 고의적인 거짓과 사기의 영역으로 들어가게 된다. 결론은 오직 한 가지다 ― 즉 그 모든 일들을 국가의 완전한 권력으로 완전히 쳐부수어야 한다는 것이다.

그래서 대박해가 시작되었으며, 스데반을 잡아서 돌로 쳐 죽이는 것이 그 박해의 전주곡이었다. 그런데 스데반이 죽으면서 보여주었던, 지상에서는 볼 수 없었던 그 평안함이 다른 사람의 경우에서와 같이, 사울의 마음속에도 깊은 인상을 남겨 놓았으리라는 것은 의심의 여지가 없다. 그러나 그것이 그의 돌격의 맹렬함을 경감시킬 수는 없었다. 도리어 그 맹렬함을 부채질하였다. 그리스도인의 체포가 조직적인 급습에 의하여 계속되었다. 많은 남녀들이 감금되어서 즉결 심판을 기다렸으며, 대개의 경우는 사형을 당했다. 어떤 사람들은 먼 동네로 피신하였지만, 그 곳에서도 역시 무자비한 증오와 국가적 권력의 추격을 당하였다. 나사렛 사람에게 동조하는 사실을 선언하거나 인정하는 것은 지극히 위험한 일이 되었다.

다메섹의 정통 회당의 지도자들로부터, 그 도시의 상태가 별로 바람직스럽지 못하다는 소식이 사울에게 전해진 것은 이런 상황 속에서였다. 이단자들은 이미 깊이 뿌리를 내렸으며, 새로운 도망자들의 도착으로 말미암아 더욱 강화되고 있었다. 사울은 어떠한 음모라도 처벌받지 않은 채로 남아 있다는 사실을 알면서 가만히 앉아 있을 수는 없었다. 그는 예루살렘의 유대 권력에 부탁해서, 여러 회당에 보내는 공문을 받아 들고는 다메섹 회당으로 떠났다. 약간의 지원자들과 함께 그는, 그의 인생에서의 가장 극적인 경험이 될 여행을 위하여 예루살렘을 떠났던 것이다.

6일 후, 다메섹이 보일 만한 거리에 왔을 때 어떤 일이 벌어졌다. 그 일은 세계 역사에 근본적이면서도 원대한 영향을 미친 사건이었다. 사울의 동행자들이 정오의 햇빛에 의한 섬광을 보고 사울을 일으켰을 때, 그가 일시적으로 장님이 되어 있었다고 생각해야 될 사건이 있었다. 기록에 의하면 그들이 사울의 손을 잡고 그를 인도해서 얼마 안 되는 거리를 걸어서 다메섹에 들어갔다. 이것으로서 그렇게도 용감하고 과단성 있던 사울의 모험은 이상하게도 끝났다. 어쨌든 나는 이 사건이 역사적인 사실이 아니었다고 생각해야 할 어떤 이유도 발견할 수가 없다. 누가가 전하는 그 생생한 자초지종은, 바울 자신이 아니면 다른 어느 누구에게서도 듣지 못했을 것이다.

우리는 이 사건이 역사적 사실이었음을 입증하는 분명한 결과를 보면서 이 사건을 어떻게 설명해야 할까? 강인한 혈통에서 태어나서 온건하고도 투철한 정신을 소유한 이 남자가 순간적으로 그의 신념을 포기하고, 바람에 날리는 겨와 같이, 그가 가장 싫어하던 적들의 교리적 진영 속으로 날려 들어간 것은 어떻게 된 일인가?

비록 그의 회심의 즉각적인 영향들도 중요하지만 우리가 주목하고자 하는 것은 그것이 아니다. 한 인간의 재정립된 가설이 아라비아에서의 쓸쓸한 교제, 다소에서의 9년에 걸친 끈질긴 기다림, 위대한 선교 활동에 뒤따른 모든 고통스러운 박해와 어려움에도 불구하고 어떻게 유지될 수 있었을까? 또한 당시의 가장 위대한 한 지성인이, 일순간에 정반대의 교리의 극으로 옮겨간 것은 무슨 이유에서일까?

우리는 사울이 다메섹 도상에서 체험한 일을 지금도 모르고 있으며 아마 앞으로도 결코 알 수 없을지도 모른다. 지각력이 뛰어난 인간의 영혼에 불가시적인 실체가 느껴지거나 나타날 수 있는 길은 많이 있다. 그러나 내가 한 가지 확신하는 바는, 사울의 회심을 일으킨 그 사실들은 베드로와 맛디아와 의인 야고보의 행동을 근본적으로 변화시킨 것들과 동일한 사실이라는 것이다―단지 사울에게는 이상하게도 이 동일한 사실이 순서가 바뀌어서 찾아왔던 것이다.

제자들은 무덤이 비었다는 복잡한 사실과 함께 변화되기 시작했다. 그것은 그 잊지 못할 아침의 실제적인 경이였다. 유대의 권력자들도 그 놀라운 사건을 열심히 찾아보았겠지만 이미 문은 잠겨 버린 후였을 것이다.

그러나 바울에게 있어서는 이상하게도 상황이 전혀 다르게 전개된다. 그는 정반대의 지점에서부터 이 특이한 전체 현상 속으로 들어온다. 그는 제사장들의 견해에 완전히 젖어 있었다. 그에게 있어서는 제자들과 그들의 지도자가 모두 사기꾼이며, 하나님을

욕되게 하는 자들이며, 사악하고도 위험한 이단을 만드는 자들이
었다. 그는 그들을 최후의 한 사람까지 짓밟아 버리기로 계획하고
다메섹으로 출발했다. 그런데 그는 그 곳에 도착했을 때, 완전히
회심한 사람이 되어 있었다. 그가 그 이후에 보고 듣고 경험한 어
떤 것도 한 번 작정된 그의 마음에 일말의 변화를 일으키지 못했
다. 얼마 후에 시력은 회복했지만, 그의 증오나 회의는 해결되지
않았다. 그는 그 일을 자세히 생각해 보기 위해 아라비아로 가서
은둔 생활을 시작했다. 그가 다시 나올 때에는 완전히 변화된 사
람이었다. 그는 다메섹에서 복음을 전하기를 원했고 그렇게 했다.
그러자 그의 이름은 옛 친구들에게 두려움이 되었으며, 몇몇 친절
한 사람들이 그를 광주리에 담아서 도시의 성벽 아래로 피신시켜
주었다. 그는 예루살렘에 돌아가서 자기에게 돌아오는 모욕과 비
웃음을 감당할 만큼 용기가 있었다. 그는 그 전체의 사건에 대해
다른 어떤 사람보다도 잘 알고 있던 베드로와 보름 동안 함께 있
었다. 다시 그는 곤란을 피하기 위해 그 도시 밖으로 몰래 내보내
졌으며 그의 고향 다소로 돌아왔다.

그리고 9년이 지난 후, 안디옥의 어린 교회가 그의 열심을 기억
하고 그를 데려오기 위하여 바나바를 보냈을 때, 거기서 바나바는
신앙의 확고함이 전혀 변하지 않은 한 사람을 만나게 되었다. 바
울의 중년과 말년의 편지를 읽어 보면, 그의 훌륭한 지성과 강한
논리성 속에서 질서 잡힌 그의 정신이, 약해지기는커녕 더욱 성숙
했음을 알 수 있다.

내가 이런 핵심적 사실들을 의도적으로 있는 그대로 서술한 것
은, 그 사실들 자체가 매우 소박하기 때문이다. 당신은 전생애를
통한 이런 헌신이, "순간적인 분위기"나 일시적인 충격 혹은 순간
적이거나 병적인 흥분을 통한 어떤 경험에 의한 것이라고 말할 수
는 없다. 바울이 그리스도를 믿게 된 동기를 설명하기 위해 "화려

한 수식어"를 필요로 한다면 우리는 분명히 잘못된 길을 걷고 있는 것이다.

다메섹 도상에서 그에게 덮쳐 왔던 실제의 체험은, 분명히 어떤 독특한 것이었을 것이며 또한 그 체험을 그의 방식대로 소화했을 것이다. 레이크 씨 자신이 암시했듯이, 어떤 불가시적인 임재가 실제로 그 길가에 임해 있었으며, 사울이 가까이 다가가자 비록 육체적인 눈으로는 보지 못했을지라도, 가끔 동물들이 느끼는 그런 방법으로 무엇인가를 보았을지도 모른다. 뿐만 아니라 어떤 목소리를 들었을 수도 있다. 우리들 자신도 어떤 때에는, 아무도 없는 곳에서 누군가가 우리의 이름을 부르는 소리를 매우 생생하게 듣곤 하지 않는가? 사울의 동반자들이, 그가 무엇인가 말하는 소리를 듣고 주위를 둘러 보았지만 아무도 없었다는 것은 그렇게까지 이상한 일이 아니다.

이런 질문들은 우리의 지식의 한계까지 우리를 몰고 가는 것들이다. 그러나 이 현상의 이성적 측면에서만 보더라도 다음의 사실은 분명하다. 부활한 예수님을 보았다고 확신했을 때 사울의 마음속에는 우선 빈 무덤의 거대한 중요성이 갑자기 부각되었을 것이다. 이것은 마치 거대한 바위가 떨어져서 그의 최후의 항변을 산산조각으로 날려 버리는 것과 같았다. 여기서 그는 만약 제자들이 사기꾼이 아니라면 그들이 옳았다―그들의 주장의 전영역에 걸친 모든 것이―는 것을 깨닫게 되었다. 시체의 유괴를 눈감아 주는 따위의 야비한 속임수를 쓰는 사람은, 스데반과 같이 영광스러운 순교에 포함될 수 없음을 깨달았다. 그는 이제야 비로소 베드로가 그렇게도 확신에 차 있었던 이유와 그 운동에 관계된 모든 사람들이 설명할 수 없는 기쁨을 품고, 움직일 수 없는 확신을 가지고 있었던 원인을 깨닫기 시작했던 것이다.

그리고 또 한 가지 이상한 일은―아마 이것이 이 이상한 이야기의 정점일 것이다―일단 이 확신에 도달하게 되면, 이 확신이 끼치는 영향이 영원하다는 점이다. 무덤이 비었다는 것은 이미 확정되었기 때문에 움직일 수 없는 역사적인 사실이다. 그 권위는 세월이 흐름에 따라 축소되기는커녕 더욱 강화되어 왔다. 그 권위는 바울의 일생 동안 한번도 흔들린 적이 없으며, 저자의 판단에 의하면 오늘날까지도 흔들리지 않은 채로 유지되고 있다.

13
큰 바위의 증거

나는 마가복음에 기록된 최초의 부활 기사를 읽는 사람이라면 누구나, 무덤 안으로의 출입을 막기 위해 무덤 문을 막고 있던 큰 바위의 비상한 의미에 대해 주의를 빼앗기지 않을 수 없으리라고 생각한다.

로빈슨 크루소의 이야기에 나오는 모래밭 위의 발자국같이, 전혀 찾지 않던 어떤 것을 갑자기 만날 때에, 이 때 우리의 마음은 신속하게 그 이유를 생각하기 시작한다. 우리는 충격받는 것을 익히 경험해서 알고 있는데, 내 생각으로는 바로 마가복음의 부활기사가 그것을 처음 대하는 사람에게 그런 충격을 줄 것이다. 왜냐하면 우리의 처음 예상과는 다르게, 사실의 논리를 만족시키기 위해서라도 다른 복음서에 기록된 파수꾼들의 이야기를 연구하지 않을 수 없게 되기 때문이다.

이 사실이 처음 나의 머리 속에 떠오를 때의 놀라움을 지금도 아주 선명하게 기억한다. 이것이 놀라웠던 이유는, 그 때까지 나는 파수꾼 사건에 대한 기록을 이차적인 것으로 여겨왔으며, 그저 하나의 변증을 위한 기록이겠거니 하고 생각해 왔었기 때문이다.

당시의 비평가들의 일반적인 경향은—지금도 마찬가지이지만—그 사건을 순수한 역사적 사건으로 취급하지 않으려는 것이었다. 비평가들은 담당 감시 구역에서 다른 군인도 아닌 로마 군인이 잠을 잤다는 것은 도저히 불가능한 일이었으며, 심지어 군인들이 스스로 잤다고 말할지라도 아무도 그들을 믿으려 하지 않았을 것이라는 점을 지적한다. 이렇게 볼 때 보초를 세워야 할 이유라고 제시된 그 이유 자체가 희박한 것이며, 따라서 보초의 이야기는 후기에 첨가되었다는 것이다.

나는 그 당시에는 이런 주장을 의심없이 받아들였으며, 금요일 일몰부터 여인들이 나타날 때까지 고생을 무릅쓰고 그 무덤에 찾아간 사람은 아무도 없었으리라는 전제에서 논리를 전개시켰다. 다시 말하면 일몰 이전에 매장이 완료되어야 한다는 법칙이 준수된 것을 제사장들이 일단 확인한 후에는, 로마인들이나 제사장들 모두가 그리스도의 무덤에 아무런 관심도 가지지 않았다는 것이다.

그런데 놀랍게도, 마가복음의 기록(부활에 관하여 전해져 오는 최초의 유일한 기록)은 이런 견해를 전혀 지지하지 않을 뿐 아니라 도리어 반대하고 있다는 사실을 나는 발견하게 되었다. 그 모든 기록의 의미를 자세히 연구하기 위해 최초의 부활 기사가 등장하는 그 전체 부분을 직접 인용하겠다.

> 안식일이 지나매 막달라 마리아와 야고보의 어머니 마리아와 또 살로메가 가서 예수께 바르기 위하여 향품을 사다 두었다가 안식 후 첫날 매우 일찌기 해 돋은 때에 그 무덤으로 가며 서로 말하되 누가 우리를 위하여 무덤 문에서 돌을 굴려 주리요 하더니 눈을 들어본즉 돌이 벌써 굴려졌으니 그 돌이 심히 크더라 무덤에 들어가서 흰 옷을 입은 한 청년이 우편에 앉은 것을 보고 놀라

매 청년이 이르되 놀라지 말라 너희가 십자가에 못박히신 나사렛 예수를 찾는구나 그가 살아나셨고 여기 계시지 아니하니라 보라 그를 두었던 곳이니라 가서 그의 제자들과 베드로에게 이르기를 예수께서 너희보다 먼저 갈릴리로 가시나니 전에 너희에게 말씀하신 대로 너희가 거기서 뵈오리라 하라 하는지라(막 16 : 1-7).

이 구절은 우리에게 전해진 다른 어느 것과도 비교할 수 없는 원래의 기록이다. 이것은 여인들에게 일어났던 일에 관해서 단연코 가장 오래되고 권위 있는 설명이며, 또한 십자가 사건 직후에 있는 그대로의 사건이었으며, 당시에 처음 유포되었던 이야기였다.

첫째로 이 기록의 분위기를 잠깐 살펴보자. 이 구절을 열린 마음으로 편견 없이 읽은 사람이, 이 기록의 직설적인 문체와 객관성에서 어떤 호감을 느끼지 않는다는 것은 불가능한 일이다. 이 글은 유난히도 솔직하고 개방적이며 직설적이다. 그 후에 형성된 어떤 개념에 끼워 맞추고자 한 흔적이 거의 없다. 이 글의 분위기 자체가 소박하며 그 에피소드의 원래의 기록을 만천하에 드러내고 있다. 더욱이 가장 중요한 점은, 반드시 초자연적인 성격을 띤 사건의 기록이 있을 법한데 그렇지 않다는 것이다. 새벽에 몇 명의 여자가 무덤을 향하여 출발하는 것으로부터 이야기가 시작된다. 또한 무덤 문을 막고 있을 큰 돌에 대한 여인들의 근심을 말해 준다. 또한 무덤에 도착해서 돌이 이미 치워진 것을 보고 무덤 속으로 들어가서, 흰 옷을 입고 있는 한 사람을 발견한 과정을 이야기한다. 또한 그 사람이 여인들에게 무엇인가를 말했고, 그 메시지는 여인들에게 예기치 못한 큰 충격을 주었으며, 뭐가 뭔지도 잘 모르면서 여인들이 무덤에서 도망친 사실을 이야기한다.

이 이야기는 물론 매우 드라마틱하면서도 비상한 데가 있다. 그러나 따지고 보면, 예수님의 갑작스런 체포와 십자가형 그리고 부자의 부덤에 장사되기까지의 모든 이야기들이 사실 비상한 것이다. 이른 시간, 어스름한 빛, 시체를 대할 때 느끼는 모든 인간의 섬뜩함 그리고 그 여인들이 그 때 일어난 일을 전혀 예기치 못했다는 사실 등등 이런 것들을 생각해 볼 때, 그 상황에서의 여인들의 행동에 대한 이 묘사는 너무나 사실적이며 생생하다.

그러나 이미 내가 앞에서 말했듯이 우리의 주요 관심사는 그 바윗돌 - 전체의 에피소드에 등장하는 단 하나의 조용하면서도 오류가 없는 증거 - 자체이며, 실제로 이 바위에 관한 몇 가지 사실들은 매우 주의 깊은 연구와 관찰을 요한다.

우선 그 바위의 크기와 특성을 생각함으로써 이야기를 시작해 보자. 위에서 내가 인용한 구절로 미루어 보아 그 바위가 상당히 크다는 것과 따라서 무게도 상당하리라는 데에는 의심의 여지가 없다. 이 사실은 그 바위에 대해 언급했던 모든 기록자들이 동의하는 바이다. 마가는 "그 돌이 심히 크더라"고 했고, 마태는 그것을 "큰 돌"이라고 했는가 하면, 베드로는 "그 돌이 컸기 때문에"라고 말하고 있다. 그 돌을 어떻게 움직일 것인가를 여인들이 근심했다는 사실은 위의 증언들을 뒷받침해 주는 증거이다. 만약 그 돌이 그렇게 무거운 것이 아니었다면 여인들 셋이서 힘을 합치면 충분히 움직일 수 있었을 것이다. 때문에 우리는 여기서, 다른 누군가의 도움이 없었다면 그 여인들의 힘만으로는 움직일 수 없을 만큼 그 돌이 무거웠다는 분명한 인상을 받는다. 우리가 잠시 후에 알게 되겠지만, 이 사실은 이 사건과 매우 분명한 관계를 맺고 있다.

이 사건에 관해 현존하는 모든 기록들 속에서 매우 분명하게 드러나는 또 하나의 사실은, 여인들이 무덤에 도착했을 때는 그 돌이 이미 치워진 뒤였다는 것이다.
 그런데 이 사건에는, 아직 우리가 생각해야 될 어떤 물리적 현상이 남아 있다. 즉 그 무덤에 처음 도착한 사람은 분명히 여인들이 아니었다. 그들을 앞지른 사람이 있었다. 이 무덤에 흥미를 느낀 사람이 그들보다 먼저 무덤에 도착한 것이다. 우리가 지금 여기서 진정한 역사적 사건의 발자취만을 추적하고 있다고 믿는 모든 사람은 위와 같은 추리를 피할 수 없을 것이다.
 그러므로 우리가 만약, 그 돌이 어떤 초자연적인 간섭에 의해서 움직여졌거나 혹은 안에서 누가 밀었거나, 땅의 울림(이것은 유대 지방에서는 전혀 배제될 수만은 없는 우연성이다)으로 인해 우연히 치워졌다는 가능성을 인정하지 않는다면, 누가 그 돌을 치울 기회와 동기를 가졌겠느냐 하는 것이 매우 큰 역사적 중요성을 갖는 문제이다. 왜냐하면 일요일 새벽에 이미 그 돌이 치워져 있었다는 것은 분명한 사실이기 때문이다.
 이 연구는, 우리가 앞에서 이미 생각했던 문제들까지도 다시 들춰 내는 크고도 복잡한 일이다. 그러나 나는 그렇다 할지라도 이 연구를 피할 수는 없다고 생각한다. 만약 여인들의 방문이 역사적 사실이라면 누군가가 돌에 손을 댔다는 것도 역시 역사적 사실이다. 그러므로 우리는 이 사실을 우리의 연구의 실제적인 하나의 조건으로 받아들여야 한다.

 우리는 이제, 그 돌에 누군가가 손을 댔을 가능성에 대해 세 가지 방향에서 차례로 살펴보자. 아리마대 요셉은 안식일 준수가 끝나는 시간부터 여인들이 무덤에 도착한 시간 사이에 돌에 손을 댈 권리가 있었다. 그렇다면 과연 누가 돌을 굴릴 수 있었겠는가?
 이 질문에 대답을 하기 위해서는 요셉이 어떤 목적으로 그렇게 했겠는가를 알아야 한다. 만약 그가 개인적으로 혼자 온 것을 누군가가 주장한다면(죽은 지도자의 모습을 마지막으로 보기 위해서였다고 치자), 나는 분명한 두 가지 이유에서 우리가 그 주장을 거부해야 한다고 생각한다. 첫째로는 그가 한밤중에 그렇게 했으리라고는 거의 생각되지 않기 때문이다. 둘째는 그가 무덤 안에 들어가지 못했으리라는 증거가 분명하다. 만약 돌의 크기와 무게가 상당해서 세 명의 여인이 그것을 치우지 못하리라고 생각했다면, 적어도 두 명의 남자가 있어야만이 그것을 치울 수 있었을 것이다. 만약 요셉이 혼자 갔다면, 그는 무덤에 들어가지 못했을 것이다.

그렇다면 이제 사람들이 그 시체를 더 적당한 장소로 옮기는 것을 반대했기 때문에, 요셉은 그들의 눈을 피하기 위해 한밤중을 택해서 일꾼들을 데리고 무덤으로 갔다고 누군가가 말할 수도 있다. 만약 다른 해결책이 없다면, 이 설명이야말로 순수한 합리주의자의 입장에서, 그 현상을 매우 잘 설명해 주고 있다고 나는 항상 믿어 왔다. 이 설명은, 여인들이 도착했을 때 무덤 문이 열려 있었던 이유를 매우 적절하게 설명하며 또한 우리가 시체를 발견하지 못하는 이유도 설명해 준다.

그러나 위의 주장은 바로 다음과 같은 점에 걸려서 여지없이 좌초되고 만다. 즉 위의 주장은, 예수님이 부활했으며 제자들에게 나타났다는 주장이 몇 주일 후 예루살렘에 떠들썩하게 퍼졌을 때, 요셉을 도와 그 밤에 무덤을 파고 시체를 이장한 사람들이, 자기들의 한 일을 왜 발설하지 않았는가를 설명하지 못한다. 그 다른 무덤은 본래의 무덤에서 분명히 별로 멀지 않은 곳에 있었을 것이며 또한 전혀 공적인 허가가 없이 이장이 이루어졌겠느냐 하는 것도 매우 의심스럽다.

게다가 또 한 가지 생각해야 할 것은 요셉 자신의 신실성이다. 만약 일몰 이전에 매장을 완료해야 한다는 율법을 지키기 위해, 요셉이 유대 권력자들을 대신해서 그 일을 수행했다면, 그렇게 자연스럽고 합법적인 일을 감추려고 한 이유는 도대체 무엇인가? 그 계획을 배후에서 조종한 안나스와 가야바와 다른 지도자들도 그 일을 알고 있었을 것이다. 만약 그렇다면, 그리스도인들이 반박할 수 없는 증거와 함께, 한 마디 말이면 그리스도인들의 허위에 결정적인 충격을 줄 수도 있었던 그들이 침묵을 지킨 이유는 무엇이었을까?

그러나 그 가설이 기록된 증거를 만족시키지 못하는 매우 치명적인 약점은 다른 곳에 있다. 즉 이 가설은, 무덤 속에 누군가가 있는 것을 여인들이 목격했다는 가장 오래된 기록의 주장을 설명할 길이 없다는 것이다.

이 "청년"의 정체가 반드시 초자연적인 인물이라는 암시가 마가의 기록에는 전혀 나타나지 않는다는 사실을 강력하게 들고 나오는 비평가들은 도리어 이 사건이 진실임을 더욱 주장하는 격이 된다. 이 기록과 같이 사실을 있는 그대로 너무나 생생하게 설명한 진술이, 그 상황의 근본적인 객관적 요소를 설명하는 데 머뭇거릴 수는 없을 것이다. 여인들이 무덤에 가서 그 문이 열린 것을 목격했다는 것이 사실이라면, 거기서 그들이 누군가를 만나서 어떤 이야기를 들었다는 것도 역시 사실일 것이다.

그러나 우리가 아무리 엉뚱한 방향으로 공상을 진행시켜도, 일단 무덤을 비운 후에 요셉과 그 일행이 하나의 예방책으로 누군가를 무덤 속에 남겨 두었으리라고는 상상할 수 없다. 그들의 인원은, 이장 작업을 하는 데 꼭 필요한 만큼의 인원이었을 것이다. 그 상황을 아무리 살펴보아도, 어떤 목적을 위해 감시원을 남겨 둘 필요는 없는 상황이었다. 불과 연장을 들고 시체를 안치시키는 작업이라 해도 세 명 정도의 인원이면 되었다. 게다가 여인들이 들은 이야기는 그런 장소의 감시원이 말했으리라고는 도저히 생각할 수 없는 내용이었다. 이렇게 볼 때, 이 가설도 현존하는 증거에 일치되지 않기 때문에 거부되어야 한다고 생각한다.

이제 우리는 제 2의 무리―예수님의 친지와 제자들―를 살펴보

자. 이 책의 앞 장에서 이미 이야기했듯이, 피로하고 지친 이 사람들이 그런 재주를 생각해 보고 부릴 수 없었으리라는 것은 이미 모든 사람이 동의하는 바이다. 지금까지 우리가 그 사람들의 행동을 근거리에서 자세히 살펴본 결과 역시 모든 사람의 의견과 일치하는 것이었다. 제자들이 시체를 훔쳐 갔다는 가설은 도덕적인 근거만 가지고 살펴보아도 도저히 성립될 수 없다. 사도들이 단독적으로 혹은 당을 지어서, 그런 사기극을 연출할 수 있었다는 가설은 어느 모로 보든지 불가하며, 사울의 회심이 이 가설을 결정적으로 부인한다. 사울이 회심하게 된 것은 제자들이 정직했을 뿐 아니라 정당했음을 확신했기 때문이다.

이렇게 철저한 연구를 진행시키다 보면 우리 앞에 제3의 그룹이 등장하는데, 이 그룹은 바로 유대 권력자들 자신으로서 여기서는 범위가 확대된다. 왜냐하면 이 가설을 자세히 생각하다 보면, 우리가 지금 연구하고 있는 바로 그 시간 동안에 공직자들도 역시 이 무덤에 관심을 가지고 있었음을 알게 되기 때문이다.

현대의 비평가들이 파수꾼에 관한 이야기를 믿지 못하는 것은, 주로 다음의 두 가지 점에서 회의가 일어나기 때문인 것 같다.

1. 이 이야기는 변증적인 성격이 강하며, 따라서 기독교의 복음 전파가 시작된 지 오랜 후에 생긴 이야기일 것이다.
2. 이 이야기 자체가 가능성이 없으며 그 상황의 구체적인 사실과 일관되지 않는다.

만약 몇 년이 지난 후에 그리스도인들이 자신들의 주장을 입증하기 위한 반박할 수 없는 증거를 필요로 했다면, 이런 유의 구체적인 이야기가 그들의 의심을 불식시키며 초대 교회의 신앙을 강화시키는 데에 크게 기여했으리라는 것이 분명하다. 동시에 또 한 가지의 분명한 사실은, 그 이야기가 진실이거나 혹은 그 자체 속에 진실이라고 입증될 만한 실질적인 요소가 있어야 한다는 것이다. 즉 그 증거가 효력을 발휘하기 위해서는 다음의 두 가지가 문제일 것이다. 즉 그 이야기 자체가 그럴 듯해 보이는가, 또 그 이야기는 그 상황의 다른 사실들과 일관성이 있는가이다. 그런데 이 두 가지 문제를 자세히 검토해 본 결과 나는 파수꾼의 이야기가 위의 두 가지 질문에 대하여 매우 부정적이라는 생각을 갖게 되었다.

우리가 모두 알고 있듯이 초기의 문헌 중에서 파수꾼의 이야기를 포함하고 있는 책이 세 개 있는데, 그 설명이 약간씩은 다르다. 가장 최초의 것이며 일반적으로 가장 신빙성이 있는 것으로 받아들여지는 마태복음에서는, 파수꾼들이 그 이야기를 제사장들에게 전하자 그들이 파수꾼들에게 돈을 주면서 거짓된 소문을 퍼뜨리라고 한 것으로 기록되어 있다. 베드로의 기록에 의하면 파수꾼들은 직접 빌라도에게 보고했고 빌라도는 그들에게 침묵을 지킬 것을 권고한 것으로 되어 있으며, 니고데모의 기록은 마태의 기록을 따라간다.

그러나 모든 설명들은 두 가지 점에서 근본적으로 일치한다.

1. 누군가가 빌라도에게 갔으며 빌라도는 무덤의 경비를 허락했다.
2. 파수꾼은 여인들의 방문이 있던 날 밤까지 계속 그 곳을 지켰다.

그렇다면 이제 누군가가 빌라도를 찾아갔다는 기록이 극히 중요하게 부각된다. 예수님을 따르던 나머지 무리들과 유대인들의 관계는 특이하면서도 어떤 의미에서는 미묘한 것이었다. 비록 예수님은 유대인이었으며 유대 지도자들의 의뢰로 고발을 당했지만, 처벌과 판결을 내린 것은 로마인이었다. 기술적인 측면에서 볼 때, 예수님의 시체는 로마의 소유였으며 그 처분도 역시 로마인들의 관심사였다. 그런데 이 때는, 십자가 위의 팻말 문제에 있어서 유대인들의 요구가 빌라도에 의하여 거절당한 때였기 때문에, 빌라도의 권위를 무시하는 듯한 행동이나 로마인의 영역을 침범하는 듯한 행동은 매우 위험한 것이었다. 때문에 만약 유대인들이 그리스도의 무덤에 대해 근심을 품고 있었다면 그들은 우선 그들의 근심을 빌라도에게 토로하고, 다음에 필요하다고 생각되는 일을 할 수 있는 자유를 획득하였음이 분명하다.

이런 모든 사실들은 파수꾼에 관한 이야기가 진실임을 강하게 지지한다. 왜냐하면 만약 그 이야기가 후기에 지어낸 이야기였다면, 십자가에 못박힌 시체에 관한 빌라도의 처분권 같은 기술적인 측면은 간과되었을 것이기 때문이다. 이것은 하나의 사소한 요소에 불과하다. 그러나 어떤 상황의 기록과 그 상황이 만족시켜야 할 어떤 미세한 요구 사이에 생기는 시대 착오는, 훈련된 역사학도에게 있어서 중요한 의미를 갖는 것이다.

여기서 우리는 이런 질문을 하지 않을 수 없게 된다. 과연 제사장들이 그리스도의 무덤에 대해 신경을 곤두세울 만한 어떤 강한 동기를 가지고 있었겠는가? 과연 다른 어려움이 생길지도 모르는 위험을 무릅쓰고 총독에게 찾아가야 할 만큼 그 동기가 강했겠는가? 빌라도는 분명히 유쾌하지 못한 기분이었으며 유대인과는 조금 어색한 상태에 있었다. 그런데도 유대인들이 그에게 재차 찾아갔다는 우리의 믿음을 지지해 줄 만큼, 충분히 긴급한 요인이 있는가?

그런 요인이 없다고 주장하는 사람은 그 상황에서 매우 중요한 두 가지 요소를 간과하고 있다. 첫째로 그 동산이 잠정적인 감시나 경비의 대상이 되었다고 생각해야 할 강한 이유가 있다. 만약 사람들의 예상대로 예수님의 시체가 보통 무덤에 안치되었다면 그 무덤에 대한 공적인 방비가 당연히 이루어졌을 것이다. 예루살렘은 명절 기간 동안 항상 붐비고 소란스러운 장소가 되며, 게다가 그 형집행은 평범한 것이 아니었다. 그러므로 예수님과 같이 유명하며, 어떤 사람들에게는 증오의 대상이 되는 사람의 시체가 아무런 경계도 없이 대중에게 공개된 장소에 매장될 수는 없었다. 예루살렘 정부와 같이 잘 조직된 정부가 그런 조치도 취하지 않으리라고 가정하는 것은 언어도단이다. 그 경우에 합당한 예방 조치가 자동적으로 취해졌을 것이며, 그것을 이상하게 생각하는 사람은 아무도 없었을 것이다.

그러나 이 사건에 관한 기록에서 두드러지는 한 가지의 역사적 사실은, 예수님의 시체가 그런 멸시를 당하지 않았다는 것이다. 모든 문서가 밝히는 바에 의하면, 그 지역의 유지이며 부자인 아리마대 요셉이 빌라도에게 가서 "그 시체를 요구했으며", 빌라도는 그의 요구를 수락했다. 그래서 요셉은 어떤 무덤을 선택해서 그 시체를 장사지냈다. 그가 그 무덤을 택한 것은 십자가에서 가까운 거리에 있었기 때문일 수도 있지만, 그것보다는 오히려 그 무덤이 그의 개인 소유였기 때문일 가능성이 더욱 짙다.

그러나 나는 아직까지도 예수님의 시체가 요셉의 묘실에 장사되었다는, 얼핏 보기에는 사소한 이 사실이, 예루살렘의 법과 질서의 유지에 어떤 영향을 끼쳤으며, 그 결과 예수님의 시체에 관한 여러 가지 법적 입장이 얼마나 달라졌는지를 우리가 충분히 이해했다고는 생각지 않는다.

명절을 맞아서 몰려든 거대한 군중 속에서 질서를 확립하며 평온을 유지하는 것은 전적으로 로마 권력의 책임이었다. 만약 예수님의 죄가 사형에 해당하지만 않았어도 그 분에 대한 안전 관리나 보호는 전적으로 유대인의 손에만 맡겨졌을 것이다. 그러나 로마

황제는 종교심이 강한 사람들로부터 사형 언도권을 공공연히 빼앗아 갔다. 때문에 빌라도의 사형 언도 선언과 함께 그 피고에 대한 법적 구속력은 산헤드린과 그 관리들로부터 로마의 책임으로 분명히 넘어간 것이다. 최소한 기술적으로는 빌라도가 자신의 행위에 대한 책임을 지게 되었던 것이다.

이런 상황은 대제사장과 그의 조력자들에게는 매우 다행스러운 일이었을 것이다. 왜냐하면 십자가형이 집행되는 장소나 그 이후의 매장지에서 어떤 시끄러운 소요가 일어난다면, 총독 자신이 필요하면 무력을 동원해서라도 그것을 신속히 진압해야 했기 때문이다.

그러나 역사는 이런 경로를 밟지 않았다. 유대 권력자들에게 있어서 지극히 불쾌하고도 수치스러운 사태가 발생했는데, 그것은 그들의 구성원 중의 하나가 빌라도에게 가서 그 시체를 요구한 사실이다. 이 사건으로 인하여 유대인의 관점에서는 매우 유리하던 입장이 뒤집혀져서, 무덤의 경비와 공공 질서의 유지라는 부담이 유대인에게로 돌아와 버렸다. 그 때문에, 외경 문서에 명백히 나타나 있는 대로 유대 권력자들은 요셉에게 분노했던 것이다.

그리고 비록 복음서는 우리에게 아무런 힌트를 주지 않았어도, 예수님을 대적한 일로 야기된 묘한 상황 속에서 지켜야 하는 질서 문제가, 대제사장과 그의 협조자들을 불편하게 만들었으리라는 것을 추측하지 않을 수 없다. 빌라도는 가능한 공개적인 방법을 동원하여 이제 두번째로 이 나사렛 사람의 사건에서 손을 떼게 되었다. 그는 시체를 유대인에게 넘겨 주었으며, 그 유대인은 성문 저편의 완전히 노출된 장소에다가(아마 어떤 필요 때문이었을 것이다) 그 시체를 장사지냈다. 만약에 매장지에서 어떤 폭동이 일어난다면 그것을 진압시킬 책임은 제사장들에게 있었으며 빌라도는 이 점을 즉시 강조해 두었을 것이다.

그러므로 제사장들이 그들의 난관을 벗어나는 가장 간단한 방법은, 빌라도에게 가서 군인들이 그 곳의 경비를 잠깐 책임져 주도록 부탁하는 것이었다. 이 부탁이 더욱 온당한 것은, 가야바는 성전 수비대에만 의지해야 하지만-이 병력은 정말로 위험한 상황이 발생하면 별로 쓸모가 없었다-빌라도는 예비대를 가지고 있었기 때문이다. 마태복음을 읽어 보면 제사장들이 이 자연스러운 요구를 가지고 빌라도를 찾아가서 전혀 예기치 못한 결과를 만난 것이 분명하다. 그 회견에서 어떤 일이 일어났는가에 대한 마태의 기록은 매우 유익하기 때문에 그 정확한 구절을 직접 보는 것이 좋을 것 같다.

> 그 이튿날은 예비일 다음날이라 대제사장들과 바리새인들이 함께 빌라도에게 모여 가로되 주여 저 유혹하던 자가 살았을 때에 말하되 내가 사흘 후에 다시 살아나리라 한 것을 우리가 기억하노니 그러므로 분부하여 그 무덤을 사흘까지 굳게 지키게 하소서 그의 제자들이 와서 시체를 도적질하여 가고 백성에게 말하되 그가 죽은 자 가운데서 살아났다 하면 후의 유혹이 전보다 더 될까 하나이다 하니 빌라도가 가로되 너희에게 파숫군이 있으니 가서 힘대로 굳게 하라 하거늘 저희가 파숫군과 함께 가서 돌을 인봉하고 무덤을 굳게 하니라(마 27:62-66).

이 구절은 우리에게 전해진 옛 전승의 최초의 형태이며 가장 순수한 형태임에 의심의 여지가 없다.

만약에 독자가 이 구절에 기록된 사실에만 주의를 집중한다면, 이 구절 속에 분명한 네 가지의 진술이 포함되어 있는 것을 발견할 것이다.

1. 이 회견이 이루어진 것은 십자가형이 집행되던 날이 아니라 그 다음날이었다. 이 사실은 "그 이튿날은 예비일 다음 날이라"는 말 속에서 분명하게 드러난다.
2. 빌라도는 무덤의 경비를 책임져 달라는 부탁을 분명히 받았다. "그러므로 분부하여 그 무덤을 사흘까지 굳게 지키게 하소서."
3. 빌라도는 이 요구를 거절했다. "너희에게 파숫군이 있으니 가서 힘대로 굳게 하라."
4. 그래서 제사장들은 자기들이 하고 싶은 대로 했다. "저희가 파숫군과 함께 가서 돌을 인봉하고 무덤을 굳게 하니라."

이것이 이 사건의 온당하고도 논리적인 전개 순서이다. 이 이야기는 제사장들이 당면했던 근심스러운 상황에도 어울리며 우리가 알고 있는 빌라도의 성격과도 일치하며, 여인들이 그들의 계획을 바꾸지 않은 원인도 설명해 준다.

이 사실에 대하여 현대의 연구자들은 자주 주장하기를, 최초의 전승에서는 이 일이 이렇게 진행되었을 "여지를 발견하기가 불가능하다"고 한다. 그들의 제안이란, 만약 무덤에 파수꾼이 있는 것을 여인들이 알았다면 그들은 비밀스러운 방문을 포기했으리라는 것이다.

잠정적으로 시체가 매장되었던 기간 동안에 파수꾼이 무덤에 파견되었다는 사실을 모든 사람이 알고 있었다는 식의 나태한 추리를 진행시키는 한, 여인들이 무덤을 방문할 여지를 발견하지 못하는 것이 당연하다. 그러나 마태의 기록에 의하면, 파수꾼의 배치는 이렇게 모든 사람이 볼 수 있도록 느슨한 방법으로 이루어진 것이 아니다. 이 일의 필요성을 느낀 것은 요셉이 시체를 무덤 속에 장사한 지 24시간이 지난 뒤였다. 이 일의 극적인 긴급성이 인식된 듯한 시간은, 거의 안식일이 끝나고 사람들이 다시 일상적인 생활로 돌아가려던 때였다. 그렇다면 토요일 밤에 총독의 거처에서 비밀리에 진행된 이 일을 서너 명의 여자들이 어떻게 알았겠는가? 게다가 다음날 새벽에 일찍 일어나기 위해 여인들이 일찍 잠자리에 들었을 가능성까지 생각해 보라.

둘째로, 이 사건에서 제사장들이 어떤 행동을 취했을 가능성을 부정하기 위하여 제시되는 이유가 내가 보기에는 심각한 의심을 안고 있다. 비평가들의 주장에 의하면, 유대인들이 빌라도에게 제시한 이유(즉 제자들이 시체를 훔쳐갈 것이라는)는 거의 설득력이 없으며, 비록 예수님께서 자신의 부활을 예언했다는 것이 결정적으로 입증된다고 해도, 제자들의 행동은 그들이 예수님을 이해했거나 믿지 못했음을 보여 주고 있으며, 아무리 생각해도 그런 희미한 가능성을 막기 위해 국가의 파수꾼을 일부러 배치한다는 것이 있을 법하지 않다는 것이다.

개인적으로는, 만약 이런 논의가 예수님께서 체포당하실 때의 설명과 부합한다면 매우 강력한 설득력을 지녔으리라고 생각한다. 그러나 실제로는 그 설명과 부합하지 않는다. 이 사건에 대한 가장 초기의 모든 기록들의 배후에는 예수님에 대한 모든 재판이 "3일 동안에"라는 저 신비스럽고도 특이한 말을 표현하는 문장을 중심으로 진행되었다는 끈질긴 주장이 깔려 있다는데, 그 사실이 나에게는 매우 이상하면서도 암시적으로 보인다.

현재 우리가 다루고 있는 매우 탁월한 이 한 편의 정치적 음모 속에 등장하는 사람들은, 생각이 부족하거나 교육 수준이 낮은 사람들이 아니라 가장 예리하고 주의력이 뛰어난 당시의 유대 지성인들이다. 그들의 책략, 증인의 색출, 증언들이 서로 합하지 않자 갑자기 고소를 기각한 행위들의 배후에는, 예수님께서 "3일 동안에"라는 말을 포함한 어떤 구절을 인상 깊은 자리에서 발설했다는 분명한 역사적 사실이 깔려 있다. 그런데 그 구절은 분명히 사두개인 지도자들을 분노하게 했으며, 증인들이 그것을 문자적으로 제시했을 때 증거로 채택되지 못한 말이었다.

그러므로 기록에 명백하게 남아 있는 것처럼 그 기소의 주안점이 이 구절이었다면 거기에서 추리될 내용은 분명한 것 같다. 즉 요한복음에 완전한 형태로 남아 있는 그 구절을 예수님께서 실제로 말씀하셨을 뿐 아니라, 제사장들도 예수님께서 그 말씀을 하실 줄 알고 가장 약점이 많은 그 말을 의도적으로 선택해서 고소의 조건을 삼았음이 분명하다는 것이다.

이런 모든 사실로 미루어 볼 때, 우리는 제사장들이 예수님의 매장에 관해 무관심할 수 없는 상황을 발견하게 된다. 며칠 전만 해도 예수님을 그들의 정치적 구원자로 떠받들던 수많은 군중의 마음속에서 무슨 일이 일어나고 있었는지를 그 초기 단계에서는 아무도 단언할 수 없었다. 때문에 빌라도에 대한 정당하면서도 긴급한 요구를 통하여, 그 무덤에 관심을 가진 어떤 사람이 자행할지도 모르는 불법을 미연에 방지할 수 있음에도 불구하고 그 무덤을 무방비 상태로 남겨 두는 것은, 그들이 그렇게도 피하고자 했던 사태를 불러들이는 격이 될 것이었다.

내가 이런 생각들을 제시하는 것은 파수꾼이 배치되었다는 증명으로서가 아니라─왜냐하면 이렇게도 긴 세월이 지난 오늘날 그런 증명은 불가능하기 때문이다─그처럼 특수하고 위험한 주말에 무덤에 어떤 종류의 경계를 강화했다는 사실이 언뜻 보기처럼 그렇게 가능성이 없는 일이 아니라는 것을 보여 주기 위함이다.

어쨌든, 그 상황의 드러난 사실들과 그 상황에 관한 기록 사이의 일관성을 곰곰이 생각해 보면, 우리는 더욱 확고하며 더욱 긍정적인 근거를 확립하게 된다. 왜냐하면 이 상황에서 가장 분명하게 확인된 사실은, 요셉과 그의 무리가 예수님을 매장하고 사라진 이후부터 일요일 아침의 첫번째 햇살이 비치던 때 사이의 어느 시간엔가 그 돌이 옮겨졌다는 것이기 때문이다. 앞에서 살펴보았듯이, 세 명의 여인이 힘을 합쳐서 그 돌을 움직일 수 있을지 없을지를 몰랐다는 사실은, 그 돌을 움직일 사람의 수가 적어도 두 명 혹은 그 이상이었으리라는 추리를 가능케 한다. 그 시간은 토요일 일몰부터 일요일 일출 사이의 어두운 시간이었으리라는 것이 거의 확실하다. 왜냐하면 토요일 오후에 어떤 이상이 있었다는 흔적이 전혀 없으며, 그 사실이 발견된 것은 일요일 이른 새벽이었기 때문이다.

이렇게 볼 때, 일요일 새벽 어두울 때에 그 돌을 치울 수 있을 만한 힘을 가진 일단의 사람들이 무덤 근처에 나타났었다고 상정할 수밖에 없다. 만약 이 이상한 일을 수행한 사람들이 유대 권력자들이었다면, 여기에는 그들로 하여금 무덤 안을 들여다 보게끔 한 어떤 비상한 이유가 있었을 것이다. 더욱이 이 사람들이 여인들에게 발각되지 않은 것을 보면, 우리는 이미 그들은 여인들이 오기 전에 상관에게 보고하러 갔다고 추리해야 한다.

이런 추리는, 그 돌을 움직인 사람은 무덤 안을 들여다 보고자 한 사람이었으리라는 가설에 근거했기 때문에, 반드시 잠정적일 수밖에 없다. 그러나 전혀 다른 해결책을 제시해 보는 것도 물론 가능하다. 만약 독자들이 파수꾼이 배치되었다는 증거에 대해서 불충분하다고 생각한다면, 훨씬 사악한 목적을 가진 다른 사람들이 밤에 그리로 왔을 수도 있다는 생각이 들 것이다. 그러나 시체를 도적질해 갈 가능성에 대해서는 이미 앞에서 철저하게 규명했으며 그 부수적인 결과들까지도 이미 생각해 보았다. 이런 생각을 완전히 살펴보기 위해서는, 그 당시에 예루살렘에 있던 사람으로서 이런 도적질을 해야 할 필요성을 느낀 사람은 누구였겠으며, 그들은 그 일을 통하여 어떤 이익을 기대했으며 그리고 그들은 어떤 목적을 가지고 어디로 그 시체를 옮겨 갔는지 등등에 대한 연구가 진행되어야 한다.

그러나 나는 이것보다도 더욱 근본적인 한 가지 테스트를 제안한다. 내 생각으로, 여인들이 무덤에 가서 그 문이 열려 있었음을 발견한 사실뿐 아니라, 여인들이 무덤 속에서 극적으로 어떤 청년을 만나 그로부터 어떤 메시지를 들었다는 사실과 그 메시지의 내용까지를 동시에 설명하는 이론이 아니라면, 그 이론은 역사적 타당성을 갖기가 어려울 것 같다.

앞에서 인용된 구절 속에는, 여인들이 그 청년을 초자연적인 존재로 여겼다는 암시가 전혀 없다. 그는 단지 흰 옷을 입고 있는 청년이었다. 그들은 무덤 속에서 그 청년을 발견했으며, 청년은 그들의 감짝 놀란 모습에 응답하면서 이상한 말을 했다.

> 청년이 이르되 놀라지 말라 너희가 십자가에 못박히신 나사렛 예수를 찾는구나 그가 살아나셨고 여기 계시지 아니하니라 보라 그를 두었던 곳이니라 가서 그의 제자들과 베드로에게 이르기를 예수께서 너희보다 먼저 갈릴리로 가시나니 전에 너희에게 말씀하신 대로 너희가 거기서 뵈오리라 하라 하는지라(막 16:6, 7).

후기의 전래 문서 속에서는 이와 유사한 말들이 천사의 것으로 이해되고 있다. 독자들 중에 이 전래 문서의 내용에 의하여 영향을 받은 사람이 있다면 그는 이 말들의 설득력을 대부분 놓치고 말 것이다. 천사라는 것은 자연히 전지(全知)의 존재로 여겨지기 마련이며 인간의 능력으로는 그 지식을 거의 전달받을 수 없다. 그러나 일단 우리가 이 청년을 평범한 사람으로 여기며, 그도 무덤을 관찰하던 도중에 예기치 않은 여인들의 방문에 놀랐으며 또한 여인들도 그 청년 때문에 놀랐다고 생각한다면 새로운 빛이 전 영역에 비치게 된다.

이 극적인 상황이 무엇을 의미하는지를 깨닫기 위해서는, 여인들이 갑자기 예기치 않은 순간에 그 장면에 등장한 과정을 재현시켜 보는 것이 필요할 것이다. 우리는 그들이 새벽의 어둠 속에서 무덤에 누군가가 있으리라고는 전혀 생각하지 못한 채, 무덤에 다가갔으리라고 생각해야 한다. 그들의 생각은 어떻게 하면 돌을 치울 수 있을까 하는 문제에 사로잡혀 있었으며, 그 돌을 치운 후에는 주님의 찢기운 몸에 접근할 수 있는 방법만을 골똘히 생각하고 있었다.

그들이 어느 정도 무덤에 접근했을 때 무덤에 어떤 변화가 일어났다는 사실을 깨달았는지는 잘 모르겠지만, 매우 가까이 간 후였을 가능성이 높다. 어쨌든 그 돌은 그들이 마지막으로 본 그 위치에 있지 않았다. 돌은 한쪽으로 치워져 있었고 무덤 문은 열려 있었다. 이런 사실을 깨닫고 그들은 잠깐 멈칫했을 것이다. 그러고 나서 이것이 어떻게 된 일인가를 궁금히 여기면서 무덤에 조심스럽게 접근했을 것이다. 그러자 소름 끼치게도 그 컴컴한 무덤 속에 누군가가 앉아 있는 것을 보고 형용할 수 없는 공포에 질려서 그들은 뒤로 돌아섰다. 그와 동시에 무덤 속에 있던 사람은 밖에서 나는 사람의 말소리를 듣고 또한 무덤이 갑자기 어두워지는 것을 깨닫고는 돌이켜서 여인들을 보았을 때 여인들은 이미 놀라서 피하고 있었다.

나는 그 청년이 뛰어나와서 도망가는 여인들을 부르는 모습을 이렇게 그려본다. "놀라지 말라 당신들이 나사렛 사람 예수를 찾는구나. 그는 여기에 없다. 그를 두었던 곳을 보라……." 그러나 여인들은 너무 놀란 나머지 서서 대화를 나눌 수도 없었다. 마가는 그것을 그림과 같이 진술했다. "여자들이 심히 놀라 떨며 나와 무덤에서 도망하고."

만약 이 이상한 장면이 위에서 간단하게 제시한 대로 이루어졌다면 이제 우리 앞에는 새롭고도 중요한 한 가지 사실이 나타나게 된다. 어떤 이유에서인지는 모르지만 여인들의 부탁을 받지 않고 여인들보다 일찍 무덤에 접근한 한 사람의 독자적인 방문객 때문에 이 상황은 더욱 복잡해진다.

이 사람이 역사적 인간일까 아니면 신화적 인물일까? 만약 전자라면 이 독특한 시점에서 그가 그 곳에 나타난 사실이, 이 상황에 대해 알려진 다른 사실들과 어떻게 조화를 이룰 수 있을까?

이 근본적인 문제에 대한 마가복음의 진정한 증언이 무엇인지를 생각하기 전에 우리에게 특별히 주의를 요하는 점이 하나 있다. 그 점이란 여인들로 하여금 그 무덤으로부터 도망치게 만든 두려움에 관한 것이다. 나는 지금까지 마가복음 속에 있는 이 두려움이라는 심리학적 요소가 충분히 연구되었다고는 생각하지 않는다. 시체에 어떤 일을 하고자 떠났던 여인들은, 무덤에 가까이 갈수록 그들 앞에 기다리고 있는 섬뜩한 상황에 대하여 마음의 준비를 단단히 하였을 것이다. 우리는 그들이 빈 묘실이나 상상에 의한 인물 때문에 놀랐으리라고는 쉽게 생각할 수 없다.

그러나 만약 당신이, 보통의 용기 있는 서너 명의 여인들이 시체에 기름을 바르기 위해 새벽에 무덤으로 가는 모습을 생각하며, 하얀 천으로 싸인 채 가로 누워 있는 시체를 예상하고 머뭇거리면서 여인들이 무덤에 들어가는 모습을 상상하고, 나아가서 하얀 옷을 입은 어떤 인물이 앉아 있는 것을 그들이 발견했다고 생각한다면, 당신은 그들이 얼마나 큰 놀라움과 두려움에 사로잡히리라는 것을 짐작할 수 있을 것이다. 그런 상황에서 걸음아 날 살려라 하고 도망가지 않을 여인은 거의 없을 것이다. 실제로 마가의 설명이 주는 인상에 의할 것 같으면, 그들은 청년이 그들에게 전하는 말의 요점을 듣기 위해 멈춰 서는 일도 없이 도망쳐 버린 듯하다. 나 개인적으로는 그 사건을 위와 같이 이해했다. 그런데 이런 이해는 전체의 이야기를 이해하기 위해서 지극히 필요한 어떤 문제에 해답을 제공해 준다.

그러나 우리는 그 날 아침의 이 이상한 사실을 한번 살펴보기 위하여 어떤 대가를 지불했는가? 만약 이 청년이 그 상황의 역사적 인물이었다면 그의 등장은 이 문제의 새로운 요소이며 그리스도의 무덤을 중심으로 얽히고 설킨 사건의 새로운 매듭이 될 것이다. 이런 모든 기묘하고도 불연속적인 사건들을 동시에 설명할 수 있는 가설이 과연 있을까?

이 문제에 대한 참된 해답으로 보이는 것이 마가의 기록 자체에 스며 있다는 것은 이 문제의 매우 기묘한 측면이다. 그 청년이 여인들에게 전한 것으로 되어 있는 메시지의 마지막 다섯 마디 속에 그 열쇠가 들어 있다. "예수께서 너희보다 먼저 갈릴리로 가시나니 전에 너희에게 말씀하신 대로 너희가 거기서 뵈오리라." 예수님께서 갈릴리에서 그들을 만나겠다고 언제 말씀하셨는가? 이 사실을 발견하기 위해서는 마가복음의 십자가와 재판의 기사를 거쳐서 더 앞쪽으로 거슬러 올라가야 한다.

> 예수께서 저자들에게 이르시되 너희가 다 나를 버리리라 이는 기록된 바 내가 목자를 치리니 양들이 흩어지리라 하였느니라 그러나 내가 살아난 후에 너희보다 먼저 갈릴리로 가리라(막 14:27-28).

이 한편의 대화의 독특성은, 이것이 겟세마네로 가던 도중에 있었던 점이라는 것이다. 유월절 만찬은 끝났다. 유다는 이미 오래 전에 제사장들과의 계약을 완성시키기 위하여 떠났다. 이제 열한 명의 제자와 그들의 지도자로 축소된 이 무리는 자리에서 일어나서 길을 따라 내려갔다. 마가에 의하면 예수님께서 이 이상한 말씀을 하신 것은 동산으로 가던 도중이었다.

만약 예수님께서 실제로 그렇게 말씀하셨다면 누군가가 그 말을 엿들을 수 있었겠는가? 언뜻 생각하면 그 대답은 "아니다!"가 될 것이다. 예수님께서는 때 이른 배신이 예수님과 그 분의 친구들의 이 조용한 모임을 방해하지 못하도록 이 만찬을 비밀에 붙이셨다.

이제 우리는 이 무리가 조용하고도 수수하게 겟세마네로 가고 있는 모습을 상상할 수 있다. 여기서 우리는 어떤 이방인이나 심지어 동조자라 할지라도, 이 사도들의 무리에 속하지 않은 사람이 이 모임에 침입할 여지는 전혀 발견할 수 없다.

그럼에도 불구하고 – 참으로 그럼에도 불구하고 – 마가에 의하면 다른 또 한 사람이 그 날 밤에 겟세마네 동산에 갔다.

나는 그 사람에 관하여 마가가 한 말을 곰곰이 생각해 보면, 그 말은 바로 그가 제자들과 함께 겟세마네에 들어갔다는 말로밖에는 해석할 수 없을 것 같다. 왜냐하면 그 기록은 분명히 "예수를 따라오다가"(막 14:51)라고 말하고 있기 때문이다. 그 청년에 관한 이 이야기는, 만약 그것이 어떤 한 가지 진리를 전해 주지 않는다면 전혀 무의미한 것으로서, 이 에피소드는 그 상황에는 전혀 어울리지 않는 영원히 잊지 못할 그 날 밤의 모험의 한 부분이었다.

나는 앞 장에서, 기독교 문헌들이라는 해안에서 멀리 바다로 들어간 큰 바위가 바로 마가복음이라는 이야기를 했다. 마가복음의 날카로운 설명은 별로 판단력이 예리하지 못한 독자들까지도 사로잡아 버린다. 그리스도께서 잡히시던 밤의 마지막 순간에 대한 비상하게 생생한 묘사에서 우리는 사실주의의 극치를 본다. 이것은 분명히 후세대의 문학적 창작이 아니다. 그들의 주인이 위험 앞에 놓여 있는 심각한 상황에서 피로에 지쳐서 잠들어 있는 제자들의 이야기를 누가 지어낼 수 있겠는가? 아니면 기도하던 중에 두 번이나 돌아와서 잠을 깨운 이야기 또한 개인적인 호소의 시간이 지나고 결정의 평안이 찾아왔을 때 "자고 쉬라"고 한 말, 잠시 후에 다가오는 횃불 빛이 보이자 통렬하게 "일어나라 함께 가자 보라 나를 파는 자가 가까이 왔느니라"고 한 말 등, 이런 것들을 과연 누가 지어냈겠는가?

이것은 분명히 결코 잊지 못할 그 밤의 진실된 역사이다. 이 기록에는 아무런 감정도 — 사도들 자신의 감정조차도 — 개입되지 않았다. 이 이야기는 인류 역사상 최대의 에피소드 중 하나에 대한 강력하고도 영원한 기록이다. 그리고 이 기록의 진실성을 더욱 확증하는 한 가지 사실은, 싸우다가 옷을 빼앗기고 벗은 몸으로 도망친 청년에 대한 이상하게도 별로 아름답지 못한 기록이다. 우리는 왜 이 사건이 일어나게 된 충분한 이유는 듣지 못한 채 이 묘한 이야기만 읽게 되는가? 알몸으로 도망가는 이 청년에 대한 인상은, 그 자리에 있던 모든 사람의 기억 속에 깊이 새겨진 극적인 최후의 5분간에 일어난 사건 가운데 잊지 못할 한 가지 사건이었을 것이다.

이런 모든 상황 속에는 극히 이상하면서도 자세히 연구할 가치가 있는 것이 있다. 왜냐하면 그 이상한 점이란 바로 그 상황의 불변적인 특정 요소들이 묘하게도 잘 부합된다는 사실이다.

만약 누군가가 마가복음에 기록된 여인들의 모험을, 허구가 아닌 역사의 한 조각 사실이라고 믿고 읽는다면, 그는 지금까지의 이 에피소드의 해석에서는 발견할 수 없었던 사실에 대해 깊은 인상을 받을 것이다. 그 이야기에서 우리의 주의를 사로잡는 것은, 여인들이 새벽에 무덤을 방문했다거나 혹은 그 곳에서 무덤이 비어 있었음을 발견했다는 이야기가 아니다. 정말로 이상한 것은, 그 아침에 무덤을 첫번째로 찾아간 사람은 여인들이 아니라, 그 무덤에 동일한 관심을 가지고 있다가 여인들보다 몇 분 먼저 예루살렘을 떠난 사람이었다는 사실이다.

이 최초의 기록이 주장하는 의미는 분명히 이러한 것 같다. 마가의 이야기에 의하면 이 청년의 외모 속에는 초자연적인 존재라는 어떤 힌트가 전혀 없다. 그는 단지 이 이상한 사건의 제4의 부류일 따름이다. 여인들이 그를 보고 놀랐듯이 그는 여인들을 보고 더욱 놀랐을 것이다. 그의 메시지가 그렇게 짧을 수밖에 없었던 이유는, 무덤 속에 있는 그를 보고 여인들이 신속하게 돌아섰기 때문이다. 내가 앞에서 그 장면을 그려 보았듯이, 그 여인들은 급히 도망치고 있었기 때문에 그는 그들을 따라가면서 큰 소리로 이야기했어야 한 것을 보아도 알 수 있다. 그러나 그가 그들에게 한 말은 분명히 이성적이었을 뿐 아니라 그런 경우에 꼭 적당한 말이었다. 그는 더 이상 말을 할 수가 없었다. 왜냐하면 여인들은 이미 소리가 들리지 않을 만큼 멀리 가고 있었기 때문이다.

우리가 이 청년을, 하늘에서 내려온 상상의 인물이 아니라 그 잊지 못할 아침에 있었던 한 구체적인 실제 인물로 생각하는 순간, 이제 우리는 극히 흥미있는 상황을 접하게 된다.

우리는 여인들이 그렇게 이른 시간에 무덤을 방문한 이유를 알고 있다. 그것은 미리 계획된 일이었다. 그 모험은 금요일에 계획되었으며 토요일 하룻동안 준비되었다. 약속한 시간이 되어서 동편 언덕에 새벽이 찾아오자 이 작은 무리는 슬픈 용무를 위해 출발했다.

그러나 예루살렘에서 역시 그 날 밤을 보낸 이 젊은 히브리인은 어떤 동기로 그렇게도 아침 일찍 그리스도의 무덤을 보기 위해 나갔을까? 그 상황이 매우 독특하기 때문에 이 문제는 숙고할 가치가 있다. 만약 여인들이 도착할 때까지 그리스도의 무덤에 아무런 이상이 없었다면, 쌀쌀한 4월의 새벽에 한 청년이 홀로 그 무덤에 찾아갔을 합당한 이유를 생각해 내기가 매우 어려울 것이다. 그러나 나타난 증거는 정반대의 상황이며 그 청년의 무덤 방문은 그 상황과 매우 일관성이 있다. 그 아침의 상황에 대하여 우리에게 전해진 유일한 사실은, 여인들이 무덤 문이 열린 것을 보고 놀랐으며 큰 바위는 한쪽으로 치워져 있었다는 것이다.

만약 이것이 사실이라면, 이 사실은 우리에게 어떤 피할 수 없는 암시를 주고 있다. 이 사실이 암시하는 것은 무덤이 얼마 동안은 그런 상태로 있었다는 사실이다. 그 증거는, 그 바위는 도저히 한 사람이 움직일 수 없을 만큼 무거웠는데도, 그 여인들이 바위를 움직일 수 있을 만한 사람들을 만났다는 흔적이 전혀 없다는 것이다. 때문에 누가 그 돌을 움직였든지간에, 그들은 어두울 때에 무덤 근처에서 사라졌을 것이다.

그 상황의 표면에 드러난 것이 이런 것들이다. 그러나 그것이 암시하는 바는 보다 넓고 광범위하다. 왜냐하면 우리는 돌이 치워진 사실뿐 아니라, 예루살렘에서 한 청년이 잠에서 깨어나 여인들이 도착하기 불과 몇 분 전에 혼자 그 무덤으로 갔다는, 야릇하면서도 우리를 흥분시키는 이 사실을 설명해야 하기 때문이다. 이 모든 것들은 극히 중요하다. 왜냐하면 여인들이 무덤에 도착하기 이전에 예수님의 무덤에서 이상한 일이 일어났다는 사실을 예루살렘에 있는 사람이 알 수 있는 유일한 길은, 무덤에서 막 돌아온 사람으로부터 직접 보고를 듣는 수밖에 없기 때문이다. 그런데 매우 이상한 것은, 이런 설명에 꼭 부합되는 사람은 복음서가 주장하는 파수꾼들밖에 없지 않은가?

만약 예수님의 무덤을 뒤진 사람들이 평범한 약탈자들의 무리거나 혹은 시체에 대해 고약한 계획을 가진 사람이었다면 그들은 아무도 몰래 왔다가 조용히 사라졌을 것이다. 분명히 그들은 죄를 저지른 수분 후에 그들의 죄를 예루살렘의 거리에서 선전하고 다니지는 않았을 것이다. 만약 아리마대 요셉이, 새벽이 되기 직전에 시체를 다른 곳으로 옮길 목적으로 무덤 문을 열었다면 그는 여전히 새 무덤에서 이장 작업을 지휘하고 있었을 것이며, 그가 시체를 가져갔다는 사실은 결국 관원들만 알고 있었을 것이다.

그러나 만약 밤의 어둠이 서서히 물러나고 어스름한 새벽이 다가올 때에, 흥분한 일단의 무리가 그 옛 도시의 좁은 길을 뛰어가며 나사렛 사람의 무덤에 무슨 일이 벌어졌다고 외쳐 댔다면, 적어도 잠자던 몇 명의 사람들은 자리에서 일어나 이 이상한 소동이 무엇에 관한 것이며, 그 이상한 대화의 요점이 무엇인지를 알아 보려고 했을 것이다. 그리고 그 소식을 직접 들었거나 아니면 다른 방법을 통해서 그 소문을 들은 사람들 중의 하나가, 위험을 무릅쓰고 겟세마네 동산으로 달려가서 그리스도의 입에서 나온 이상한 말들을 들었다면, 이런 상황에서 그 청년이 아무거나 손에 닿는 대로 집어 걸치고, 전속력으로 부활의 동산으로 뛰어갔다는 것을 누가 기록하겠는가?

14
그 아침의 몇 가지 사실

이 고요하면서도 불가해한 무덤의 비밀은 무엇일까? 이 질문은 끊임없이 대답을 요구하고 있기 때문에 나는 이 장에서 그 질문을 논의해 볼 것을 제안하고자 한다.

이 이야기의 어떤 사실들은 나를 깊이 감동시켰다. 그 사실들은 별로 중요하지 않다거나 상대적으로만 중요하다는 이유로 가볍게 제쳐 둘 수는 없는 것들이다. 그 사실들은 이 문제의 근본적인 요소에 속한다. 첫째로 나의 주장이 실제적 측면이나 교리적 측면에서 어떤 결과를 초래하든지간에, 기독교가 처음 발흥하던 그 기간 동안에 나사렛 예수의 시체가 요셉의 정원에 있었다는 것을 나는 믿을 수도 없고 믿지도 않는다.

만약 예수님의 십자가형과 매장을 다룬 명백한 초기의 문서 중에서 예수님의 시체가 계속 요셉의 무덤 속에 있었다는 것을 완곡하게라도 암시하는 문서가 단 하나라도 있다면 나는 그 암시를 대단히 중대하게 다룰 것이다. 적어도 그 암시는 이 문제와 관련된 여러 가지 불확실한 측면들에다가, 그와 유사한 또 하나의 불확실한 점을 첨가할 것이다. 그 암시는, 비록 확고하지는 않을지라도

중대한 의심의 여지는 마련할 것이다. 그러나 부활절 새벽의 사건에 있어서 무덤이 비어 있었다는 것만은 철석같이 믿을 수 있는 사실이다.

마태복음과 마가복음을 보든지, 비교적 비정통적인 베드로복음을 보든지 혹은 요한복음을 조사하든지, 누가가 전해준 엠마오 문서를 보든지 아니면 가장 원래의 기록에 가깝다고 인정되는 마가의 단편들을 보든지, 우리는 어디서나 시체가 없어졌다는 불변하는 일관된 증거를 발견한다. 만약 우리가 상황을 바꿔 생각해서, 누군가가 우리에게 수세기를 걸쳐 내려온 모든 사본이 부정하는 어떤 사실을 믿으라고 요구한다면, 우리는 그 요구에 대하여 얼마나 절대적이며 일치된 부정적 태도를 취하겠는가! 가장 작은 의심의 여지와 미심쩍은 데가 전혀 없는 어떤 사실을 가지고 변론가가 무슨 장난을 칠 수 있겠는가. 분명히(당신도 동의할 것이다), 언젠가는 진리가 무심코라도 드러나고 말 것이다. 그런데 아주 오래 전 각기 다른 지역에서 그 잊지 못할 사건의 진행 과정에 대하여 서로 다른 견해를 취하고 있던 다양한 성격의 인물들이 기록한 다양한 문헌들 속에서 우리에게 전해진 사실들을 보면, 마가복음에 실질적으로 기록된 내용과 무덤에서 벌어졌던 사실 사이에 어떤 차이점이 있다는 가장 미세한 낌새도 찾을 수가 없다. 그 사실이 아무리 우리를 당황하게 할지라도, 문헌상의 판결은 너무나 분명하기 때문에 공정한 마음을 가진 사람이라면 그것에 관하여 최소한의 비중은 두어야 할 것이다.

그러나 이런 일치된 문헌학적 증거보다도 훨씬 중요하며 우리를 사로잡는 다른 사실이 있다. 나는 가장 확신에 찬 현대의 비평가들이라 할지라도, 이 사실을 계속 주시하면서 근본적인 마음의 동요를 느끼지 않았다는 것은 믿을 수가 없다. 그 사실이란 바로 예수님의 무덤에 관한 그 이후의 역사에 대하여, 고대 세계가 완전히 침묵을 지킨다는 비상한 사실이다.

　불신자들에게 있어서도 매우 성스러운 장소의 하나가 되었음이 분명한 그 무덤에 관하여 절대적인 침묵이 지켜져 왔다는 것은 참 이상한 일이다. 만약 제자들이 이것에 속고 있었거나, 그들의 외관상의 강렬한 신앙이 그들로 하여금 무덤의 상태를 무시하게 만들었다고 하더라도, 불신자인 우세한 유대인 대중은 어떻게 된 일인가? 선지자들이 활동한 이래 가장 위대한 선생의 무덤에 대해 경의를 표하고자 한 사람이 과연 아무도 없었을까? 갈릴리 해변의 배 주위에 몰려 들었던 그 많은 사람들과 가버나움과 가나와 나사렛을 가득 채웠던 그 격앙된 군중들 중에 아리마대 요셉이나 니고데모 같은 사람이 아무도 없었을까? 제자들의 영향력 아래로 들어온 모든 남녀들 중에는, 무덤에 대한 환상은 전혀 가지고 있지 않으면서 때아닌 그리스도의 죽음을 깊이 슬퍼한 사람이 무수히 있었을 것이다.

　그럼에도 불구하고 예루살렘 성벽 안에서 그리스도인들이 처음으로 그들의 괴상한 교리를 가르치던 처음 4년 동안에 성문 너머의 조용한 무덤으로 순례자의 행렬이 향했다는 징조나 암시나 속삭임은 아무 데도 없다. 또한 우리는 사건의 진상을 알고 있는 다수와, 미혹되어서 다르게 믿고 있는 소수 사람들 사이에 어떤 논쟁이 있었다는 아무런 증거도 잡을 수 없다. 기독교의 모든 요소 중에서 가장 믿기 어려운 빈 무덤의 예찬이 없어지지 않았으며, 모든 합리주의자들의 예상처럼 이성적인 어떤 다른 형태가 그 요소를 물리쳐 버렸다는 흔적이 아무 데도 없는 것은 무슨 이유일까?

　약간 다른 각도에서 그 중심 문제를 다시 생각해 보자. 조용한 서재에 앉아서 간단하지만 엄중한 문제를 곰곰이 생각해 보자. 몇 년 후에는 로마 세계의 구석구석까지 퍼져 나갈 이 미친 비합리적인 집단의 중심지가 바로 예루살렘이었던 이유는 도대체 무엇인가? 왜 가버나움이나 나사렛이 아닌 예루살렘이어야 했는가? 그리스도의 육체적 부활과 같이 취약성이 큰 신화는 그 무덤이 실제로 위치한 곳에서는 시들어 버리고, 갈릴리와 같이 취향에 맞는 곳에서는 번성해야 했을 이유는 무수히 많다.

예루살렘은 항상 그리스도의 천재성을 미워하고 시기했으며 그의 고향은 갈릴리였다. 그 분을 가장 사랑했으며 그 분에 대해 슬퍼해야 될 사람들은 그 지방 출신이어야 했다. 십자가 사건이 있은 지 두 주일 이내에 베드로와 안드레를 비롯한 제자들의 무리 중 몇 명이 그들의 옛 직업으로 돌아가기 위해 갈릴리 해변에 서 있었다는 것을 의심하는 사람은 아무도 없을 것이다. 나아가서 그들 중의 어느 한 사람 아니 전체에게 어떤 환상이 임했다고 가정해 보자. 그렇다면 신자들의 신비한 교회가 예수님의 영적인 고향이며 그 분의 인격과 교훈을 배태한 곳인 갈릴리에 가장 깊이 뿌리를 내리지 않은 이유가 무엇인가? 이 새로운 정신병에 감염된 모든 사람들이, 마치 쇠가 자석에 끌리듯이 예루살렘으로 끌려간 이유는 무엇인가? 이렇게도 비합리적인 교리가, 이 교리를 부정할 수 있는 확고한 증거가 있는 곳에서 융성하고, 그 곳에서 기반을 구축한 것은 도대체 어떤 이유에서일까?

일치된 문헌상의 증거와 그에 부수된 역사적 상황의 요구를 만족시키기 위한 이 모든 질문에 대한 유일한 해답이 하나 있다. 그 해답이란 무덤을 방문한 여인들의 이야기—마가의 단편 속의 원시적이면서도 적나라한 단순성 속에서 제시된—가 사실이었다고 가정하는 것이다. 그 이야기가 기록된 것은 어떤 특정한 변증적 가치가 있어서가 아니라—왜냐하면 변증치고는 비판의 여지가 너무나 많기 때문이다—실제로 일이 그렇게 일어났었기 때문이다. 환언하면 그것은 하나의 역사적 사실이었던 것이다.

여인들에 관한 이 이야기들을 비교적 후기에 발생한 신화가 아닌 역사적 사실로 받아들인다면, 우리는 곧 마가복음의 사실성을 명백히 입증해 주는 어떤 특징들을 식별할 수 있게 된다.

첫째로 무덤을 방문한 것으로 되어 있는 여인들의 신분을 생각해 보자. 그리스도와 같이 고상하고도 사랑스러운 친구에게 마지막 경의를 표하고자 한 사람이 아무도 없었다면 그것은 매우 이상한 일이었을 것이다. 또한 애도자의 무리가 여인들이 아니었다면 그것도 역시 이상한 일이었을 것이다. 게다가 가장 슬퍼한 사람들도 여인들이 아니었다면 그것은 가장 이상한 일이었을 것이다. 마치 장갑이 손에 꼭 맞듯이 그 여인들은 이 상황에 너무나 꼭 들어맞는다.

결국 예수님은 그 여인들의 남자였고 그들은 그 분의 여자들이었다. 만약 은밀하게 무덤을 방문한 사람이 클라우디아 프로큘라나 나사로 혹은 심지어 니고데모라고 해도, 우리는 확실한 증거가 없다는 이유로 어려운 의심을 품어야 했을 것이다. 죽은 지도자에게 최후의 애절한 봉사를 바치고자 시도할 사람 중에, 그의 어머니와 그로 인해 인생이 변화된 여인들보다 더 그럴 듯한 사람이 누구인가? 때문에 나는 여인에 대한 이야기는 비역사적이며, 아마도 사도 시대 말기에 유포된 것이리라고 주장한 쉬미델(Schmiedel) 교수를 믿을 수 없다는 것을 솔직히 고백할 수밖에 없다. 나는 그가 끌어대는 어떠한 사실보다도 더욱 큰 사실을 근거로 나의 결론을 주장한다. 그 사실이란 바로 강력하고도 불변하는 인간의 본능, 특히 여인의 본능이다. 만약 이것이 신화로 취급된다면, 이 이야기는 전 인간의 역사 가운데 가장 있음직한 일을 부정하는 것이 된다. 우리가 그것을 정확한 사실로 받아들여야만이, 이 이야기가 영구적인 인간성에 확고한 기초를 두고 있음을 깨닫게 된다.

그것을 사실로 받아들인다면 그 이야기가 생생한 진실로 보이지만, 하나의 허구로 취급하면 허구로 취급하는 행동 자체가 부당하게 느껴진다는 것이 그 이야기의 설명을 자세히 보면 볼수록 더욱 분명해진다. 무덤에서 상상 외로 누군가를 만나자 여인들은 도망쳐 버렸다고 마가는 기록하고 있다. 그런데 마가의 기록을 자세히 읽어 보면 그 여인들이 놀라서 어쩔 줄 몰라 하면서 도망친 것 같다. 그의 말을 옮기면 "여자들이 심히 놀라 떨며 나와 무덤에서 도망하고"라고 했다. "무서워하며 아무에게 아무 말도 하지 못하더라."

이상하게도 이야기가 여기서 끝나기 때문에, 우리는 마가복음의 원래 글에서는 이 문장이 어떻게 끝나는지를 모른다. 그러나 결론이 무엇이었든지간에 이 구절의 주요 의미는 분명하다. 여인들은 금요일 오후에 매장을 목격한 후 마지막으로 일요일 아침에 예수님께 존경을 표시하려고 하였다. 그것은 분명히 은밀한 방문이었다. 은밀하게 방문한 이유는 그 곳이 개인 소유였기 때문이기도 했겠지만 가장 큰 이유는 제사장에 대한 두려움 때문이었을 것이다. 대제사장의 집에서 베드로가 화를 내면서 예수님을 부인한 것을 보면, 사람들이 거의 광적이다시피 한 그 때에 나사렛 사람들의 무리와 간접적으로라도 관계를 갖는 것은 위험한 일이었을 것이다.

그들은 새벽이 되기 직전에 미리 세워진 계획대로 출발했다. 그 때는 비교적 인적이 뜸했으며, 그들의 생각으로는 분명히 어떤 비정상적인 일이 일어나리라고는 전혀 예측하지 못했을 것이다. 그들의 관심은 그들의 힘으로는 도저히 움직일 수 없을 것같이 보였던 돌에 관한 것이었다. 그들은 자신들의 행위가 발각되지 않도록 살피면서 조용히 무덤에 접근해 갔다. 그리고 불과 얼마 후에, 그들은 동산의 입구를 통해서 대로로 도망치고 있었다.

이것이 마가의 기록의 개요이다. 이 기록에 신화적인 요소가 극히 희박하다는 점이 바로 그 사건의 사실성을 강력하게 증명하고 있다. 여인들의 두려움, 무덤을 더 이상 살펴보지도 못한 것, 급히 도망쳐서 아무 말도 못했다는 사실, 이런 모든 것들은 사건이 일어난 지 30년 혹은 수년 후에 변증적인 의도로 덧붙여졌다고 믿기에는 매우 이상한 요소들이다. 그 이야기를 사실로 가정한다면 그것들은 마치 그 역사적인 아침의 풍경을 가로지르는 진실의 미풍과 같다.

그러므로 이 사건 속에는 역사적 확실성을 지닌 두 가지의 사실이 부각된다. 첫째는 예수님을 따르던 일단의 여인들이 실제로 일요일 아침 일찍 무덤에 갔었다는 것이고, 둘째는 몇 분 후에 그들이 어느 정도의 흥분과 두려움 속에서 그 동산으로부터 도망쳤다는 것이다. 이렇게 볼 때, 마가복음의 기록이 없었다고 해도 우리는 여인들이 그 무덤에서 누군가를 만났으리라고 생각할 수밖에 없을 것 같다. 그들이 두려움에 떨면서 급히 도망쳤다는 사실은 결국 누군가를 만났다는 것을 입증한다. 만약 그 무덤에 아무도 없었고 빈 무덤만(설사 문이 열리지 않은 채로라도) 있었다면, 그들은 잠깐 동안 서서 궁리는 했겠지만 도망치지는 않았을 것이다. 급히 도망쳤다는 것은 거기에 무엇인가 있었다는 것이다. 더욱이 이상한 것은 거기에 있었던 것이 사람이어야만 이야기의 앞뒤가 맞는다는 점이다. 나는 독자에게 특히 이 점에 대해 자세히 생각해 볼 것을 요구한다.

어떤 남자나 여자가 다른 세상에서 온 것이 분명한 어떤 존재를 갑자기 만났을 때, 정상적인 사람이라면 어떻게 행동했을까를 아는 것은 원칙상 불가능하다. 그런 것을 묻는 것이 거의 쓸데없는 일인지도 모르겠다. 그러나 내 생각으로는 만약 "천사"의 방문을 받고 있다는 느낌이 들 만한 현상이 일어난다면, 사람들은 두려움보다는 위대하고 거룩한 어떤 것에 접하고 있다는 의식과 함께 일종의 경외감을 느낄 것 같다. 더욱이 그 방문자가 말까지 할 수 있다면 그의 음성은 두려움을 진정시키며 주의를 끄는 어떤 힘이 있을 것이다. 어쨌든 그런 현상이 신앙심이 깊은 여인들에게 갑작스런 두려움을 안겨 주었다고 생각하기에는 어려운 것 같다.

그러나 만약 새벽에 매우 컴컴한 무덤 속에서 갑자기 예기치 못했던 어떤 사람을 만나게 되면, 이것은 전혀 다른 경우이다. 그 상황은 사람에게 공포를 안겨 줄 수 있는 가능성으로 가득 차 있다. 마가의 기록에는 그 상황이 정신적으로, 도덕적으로 충격을 줄 수 있는 요소가 충분히 있다. 이 사건을 어떻게 해석하든지간에 여인들의 무덤 방문은 매우 위험한 모험이었음을 한시도 잊어서는 안 된다. 이 신실하고 영웅적인 예수님의 친구들이 새벽을 선택한 것은 결코 우연한 일이거나, 변증적 목적에 의한 고안이 아니다. 그것은 한번 지나가면 못 잡는 황금 같은 기회의 순간이었다. 해가 뜨고 시간이 흐를수록 그들의 위험은 증가한다. 그들이 그 동산에 들어간다는 것 자체가 벌써 위법이었으며, 그들 자신도 이 사실을 알고 있었다. "그들이 아무에게도 들키지 않도록 주의했다"라는 구절의 의미가 바로 위와 같은 것을 가리킨다고 나는 생각한다. 이것은 분명히 마가의 심리적 상태의 근본적인 요소였을 것이다.

이제 우리는 매우 재미있는 사실을 대하게 된다. 그 재미있는 사실을 잘 검토해 보면 이 이야기가 독특하면서도 순전한 사실성의 메아리를 울리고 있음을 발견하게 될 것이다. 그 이야기는 기독교의 부활 이론을 뒷받침하기 위해 수년이 지난 후에 지어낸 것으로는 보이지 않는다. 도리어 그 이야기는 실제의 사건을 그대로 회상한 것 같다. 그러나 이렇게 말한다고 해서 이 유명한 옛 단편이, 바틀렛(Bartlet) 박사가 말한 "순수한 역사적 사실"에 얼마나 근접했는지를 우리가 충분히 깨달았다고는 생각지 않는다. 우리는 이 초기의 문서 속에 기록된 여인들의 모험담을 살펴보면서 여인들이 실제로 무덤에 갔으며 그 무덤 속에서 다른 사람을 만나자 놀라서 도망쳤다는 것을 사실로 믿을 뿐 아니라, 훨씬 깊고도 중요한 의미에서, 그들이 찾아간 장소가 실제로 원래의 그리스도의 무덤이었다는 것까지도 사실임을 인정해야만이 우리가 부활의 문제를 충분히 이해했다고 말할 수 있다.

　나는 독자들에게 조용한 곳에 혼자 앉아서 이 문제의 논리적 결론을 찾아보라고 권하고 싶다. 나는 우선 독자들에게, 부활 현상을 설명하기 위한 오래 전의 가설들이 그리스도의 무덤이 실제로 비었음을 전제하고 있다는 사실을 고려할 것을 바란다.
　초기의 기독교 안에도 강력한 이성적 근거 위에서의 비평이 없었던 것이 아니므로 위와 같은 연구는 더욱 가치가 있다. 제자들과 그들의 행위에 대하여서 퍼부을 수 있는 가능한 모든 비방과 모욕들이 문헌으로 남아 있다. 예를 들면 예수님은 간통에 의해서 태어나셨다. 제자들이 성전에 방화하겠다고 위협했다. 아리마대 요셉은 필요할 때에 나타나지도 않았다. 여인들은 한밤중에 무덤에 나타났다. 또한 예수님의 시체가 빌라도에 의해 근처의 무덤에서 발견되었다는 등의 비방이다. 이 모든 풍자들과 다른 많은 비방들이 외경 문서 속에서 발견되고 있다. 그러나 이 사건의 진정한 논쟁은 우리의 예상과는 달리, 유대인들이 무덤이 비어 있지 않다고 강력하게 주장했기 때문에 생긴 것이 아니라 제자들이 시체를 훔쳐갔다고 비난했기 때문에 생긴 것이다. 유대의 가장 날카로운 지성인들도, 무덤에 아무 일이 일어나지 않았다고 주장하지 못한 점은 참으로 이상하지 않은가!
　그 때 무덤에서 무슨 일이 일어나고 있었는가를 가장 확실하게 알고 있던 한 사람을 내세워 제자들, 특히 여인들을 침묵시킬 수 있다는 간단한 방법－왜냐하면 그 날 아침에 그 동산에는 한 목격자가 있었기 때문이다－을 아무도 생각해 내지 못했다는 것도 역시 이상한 일이다.

여인들이 무덤을 찾아간 바로 그 날, 그 시간, 그 장소에서 한 청년이 무엇인가를 하고 있었다는 것이 바로 이 상황의 아이러니이다. 그는 여인들이 오다가 도망치는 것을 보았을 뿐 아니라 (비평가들의 말에 의하면), 여인들에게 그들의 실수를 가르쳐 주고 진짜 예수님의 무덤을 일러 주려고 했다는 것이다. 때문에 그는 이 전체 에피소드와는 전혀 무관한 사람이었다.

이 여인들과 청년이 매우 이른 아침에 만난 사실을 생각해 볼 때, 이 청년은 정원사이거나 그 곳의 관리인이거나 혹은 급한 매장을 위해 무덤을 준비하던 일꾼이었음이 분명하다. 그가 어떤 사람이었든간에 그 상황이 여인들에게는 치명적인 것이었음이 분명하다. 만약 무덤에서 그 여인들을 놀라게 한 청년이 정원사였다면, 유대인들은 그 때의 상황을 정확하게 알기 위해 언제든지 그에게 질문할 수 있었다. 그 이상한 시간에 흥분된 여인들을 만난 것과, 그 때 거기서 어떤 일에 열중했음을 그 청년이 망각했다고는 볼 수 없다. 만약 그가 매장을 위한 무덤을 준비하던 일꾼이었다면, 몇몇의 유대인들이 실제로 몇 시간 이후에는 여인들이 오해했던 그 무덤에 장사되었을 것이다.

그러므로 분명히 유대인들이 증인으로 내세울 수 있는 청년이 있었다. 게다가 그 무덤에 장사될 사람의 친구, 친척, 상주 등이 있었으며, 이들은 너무나 슬픈 나머지 그들 친지의 시체가 그 악명 높은 나사렛 사람의 무덤에서 불과 수미터 떨어진 곳이었다는 사실도 몰랐던 것이다. 이런 모든 결정적인 증거를 놓고 볼 때, 제자들의 대적들이 그 매장에 참여한 사람들을 찾지 않았다고 생각할 수 있겠는가?

이와 같이 이런 간단한 대답을 통해서 보더라도, 여인들이 무덤을 잘못 찾아갔다는 이론은 성립될 수가 없다. 왜냐하면 여인들이 그 이야기를 수분 후에 하였든지, 레이크 씨의 주장대로, 수주일 후에 하였든지 결과는 마찬가지였을 것이기 때문이다. 그 4년 동안의 끊임없는 전파와 그 이야기를 들은 사람들의 확신이 더욱 깊어진 사실을 감안해 보라. 회당에서 매주일 벌어졌을 토론과 논쟁들을 생각해 보라. 이 예수님이 과연 메시아인가를 따졌을 수많은 사적인 논쟁을 생각해 보라. 이 운동을 좌절시키기 위해서라면 어느 곳이라도 찾아갈 각오가 되어 있었던 사두개인 권력자들을 생각해 보라. 논리적이며 무자비한 마음을 가졌던 사울에 의하여 갑자기 강화되었던 박해를 생각해 보라.

이렇게 명백한 역사적 사실들을 생각해 본 후에, 겨우 하이드 공원 모퉁이에서 마블 아치에 이르는 거리 정도밖에 안 되는 곳에 그 거품을 터뜨려 버릴 수 있는 증거가 있었다는 사실을 생각해 보라. 또 생각할 것들이 있다. 우리의 상식으로는, 당시의 사람들은 예수님에 대한 존경 때문에 분명히 예수님의 실제의 무덤을 찾기 위해 많은 노력을 기울였을 듯한데도 그런 흔적이 전혀 보이지 않는다는 점이다!

만약 무덤이 실제로 비어 있지 않았다면 어떠한 남녀의 무리도 예루살렘에서 빈 무덤을 내용으로 하는 교리를 성공적으로 꾸준히 전파할 수는 없었을 것이다. 그 사건은 너무나 최근에 벌어졌었으며, 무덤은 그 소동의 중심지에서 너무나 가까운 곳에 위치해 있었다. 어떠한 허위도, 고대의 모든 증거들을 매수하거나 그 기록들을 완전히 통일시키지는 못할 것이다. 오직 사실 그 자체만이 그렇게 할 수 있을 것이다.

이제 나는 매우 이상하지만 극히 중요한 한 가지 사실에 주목할 것을 독자에게 권하는 바이다. 이 사실은 여러 가지 이유 때문에 우리가 충분히 주의를 기울이지 못한 점이다. 그것은 바로 마가복음에 기록된, 무덤 속에 있다가 여인들에 의하여 놀란 청년에 관한 이야기이다. 우리는 앞으로 이 사건을 주의 깊게 자세히 연구할 것이다.

　마가의 기록에 의하면 그 청년이 무덤 가까이에 있었는지 혹은 무덤에서 어느 정도 떨어진 곳에서 일하고 있었는지에 대한 것이 매우 분명하다. 마가는 여인들이 "무덤에 들어가서" 청년이 "우편에 앉은 것"을 보았다고 말했다. 때문에 여인들이 막 무덤에 들어가려는 순간까지도 청년은 발견되지 않은 채 있었다. 그 다음 순간에 여인들은 깜짝 놀라서 급히 그 곳을 떠났음이 분명하다. 만약 이 청년이 눈에 잘 뜨이는 곳에서 일하고 있던 평범한 정원사였다면, 여인들은 아예 무덤 입구까지 잠깐 숨어서 보다가 덤비지 않고 신중하게 돌아가기로 결정했을 가능성이 가장 높다. 그러나 마가의 기록은 이런 식으로 되어 있지 않다. 마가의 기록에 의하면 그들이 아무런 준비도 없이 무덤에 막 들어서려다가 쇼크를 받은 것으로 되어 있다.

　이렇게 깜짝 놀랐다는 것이, 마가의 기록이 우리에게 전해 주는 실제적 사실이라면, 우리는 이 이상한 방문자를 어떻게 해석해야 할까? 어떤 중요한 일을 맡고 있는 일꾼이 새벽의 컴컴한 빈 무덤 속에서 휴식을 취한다는 것은 납득하기 어려운 일이다. 만약 그가 정원사였다면 무덤 밖의 신선한 공기 속에서 훨씬 잘 쉴 수 있었음에도 불구하고 무덤 속에 들어가 있었던 이유는 무엇일까? 막 아침이 밝아 오는 시간에 건강에도 좋지 않은 무덤 속에서 쉬고 있을 이유가 무엇인가? 분명한 목적을 가지고 무덤에 왔거나 그 무덤에 특별한 흥미를 느끼지 않았다면, 어떤 정상적인 사람이 빈 무덤을 차지하고 앉아 있을 그럴 듯한 이유는 도저히 생각나지 않는다.

　이렇게 볼 때 예루살렘에서 달려온 청년이 "무덤 속에 앉아" 있었다는 사실을 가장 잘 설명해 주는 이유는, 바로 그가 그 무덤의 내부에 대하여 강렬한 흥미를 느끼고 있었기 때문이라는 것이다.

만약 두 개의 복음서가 주장하는 대로 그 무덤 속의 시체 안치대에 수의가 그대로 있었다면, 그 광경은 우리의 사고를 자극하는 어떤 독특한 모습이다. 우리는, 그가 밖에서 나는 발자국 소리와 속삭임을 듣고 정신이 들 때까지 가만히 앉아서, 그 이상한 현상의 의미에 대해 곰곰이 생각하고 있는 모습을 상상할 수 있다. 바로 그 순간에 한 젊은 여인이 놀라서 도망가는 모습을 그가 보았을 것이다. 그는 그들의 뒤에 대고 어떤 메시지를 외쳤지만 그 여인들은 너무나 놀란 나머지 그 내용을 미처 이해하지도 못했다. 그런데 이런 이야기가 그 청년을 천사로 생각하는 사람들에게는 간과하기 쉬운 사소한 이야기에 불과할지라도, 원래의 사건들의 통일성을 이루어 주는 데는 매우 인상 깊은 사실인 것이다.

그 외에도 여인들이 찾아간 곳이 바로 정확한 무덤이었음을 뒷받침하는 강력한 다른 이유가 있다. 이 사건에 대해 잠깐이라도 관심을 가진 사람이라면 누구나, 막달라 마리아와 그녀의 친구들이 자신들의 안전과 다른 제자들의 안전을 위해서, 그들에게 그 사실을 가능한 한 신속하게 이야기했을 수밖에 없었으리라는 사실을 알게 될 것이다. 그 세 명의 여인(그들 중 두 명은 이미 중년을 넘어섰다)이 그렇게도 심란한 일—그들의 마음속에 새겨진 지울 수 없는 경험—을 체험하고도 가장 가까운 친구들에게 그것을 이야기하지 않았으리라고 생각하는 것은 매우 불합리한 일이다. 그러나 레이크 씨는 제자들이 예루살렘에 없었다는 것을 근거로 여인들이 그 사실을 이야기한 것은 삼 주일 후였다고 주장했다. 이 주장을 잠정적으로 수락한다고 할지라도, 제자들이 돌아온 이후에는 정상적인 사람 중에서 그 곳에 가보고 싶어하지 않은 사람은 아무도 없었을 것이다. 이들의 중요한 재결합은 칠칠절이 완전히 지나가기 전에 이루어진 것이 분명하다. 왜냐하면 전체의 무리가 그 기간 동안에 예루살렘에 있었다는 사실은 별로 의심할 여지가 없기 때문이다. 때문에 오순절이란 획기적인 날이 이르기 전에 이미 제자들은 그 이야기를 알고 있었다. 만약 그 때까지도 여인들이 그 이야기를 아무에게도 하지 않았다면 제자들은 그들로부터 아무런 정보도 얻어내지 못했을 것이다.

 그런데 우리가 매우 중요한 역사적 사실을 만나게 되는 곳이 바로 여기다. 왜냐하면 제자들은 부활을 증명하기 위해 그 여인들의 이야기를 증거로 사용하지 않았기 때문이다. 기독교의 운동을 역사 속에 처음으로 출발시킨 그 유명한 성령 강림절 설교 속에는 그 여인들의 경험에 대한 언급이 전혀 없다. 뿐만 아니라 사도행전에 기록된 다른 어떤 설교 속에도 그 이야기가 사용된 흔적이 전혀 없다. 더욱이 이 점을 더욱 보강이나 하듯이, 바울이 고린도에 보낸 유명한 서신-이 안에는 적어도 그 이야기를 인용했을 법한데도 불구하고-을 포함한 모든 서신들 속에도 이 이야기에 대해서는 아무런 언급이 없다. 마치 여인들의 이야기를 억제하기라도 한 것처럼 느껴질 정도로, 이런 모든 다양한 문서들은 그 이야기에 대하여 침묵을 지키고 있다. 그러나 초대교회에서 큰 역할을 차지하지는 않았지만, 바울의 가까운 동역자로 여러 달 동안 함께 지낸 누가는 분명히 그 이야기를 알고 있었기 때문에 자신의 복음서 속에 그 이야기를 포함시켰다. 누가와 비슷하게, 바울과 함께 지낸 마가도 역시 자기의 복음서 속에 그것을 기록했다.
 후에는 그리스도인의 가장 귀중한 추억의 한 토막이 된 이 이야기가 이렇게 명백하게 은폐된 사실을 어떻게 설명할 수 있을 것인가? 오랜 세월에 걸쳐 내려오는 동안 초대 교회의 기억 속에 깊이 새겨진 전승들이 구체화된 예수님의 전기들에 나타나기 시작했을 때, 이 여인들의 이야기가 전체 사건의 중심에 깊이 스며들어간 이유는 무엇인가? 다양한 문제의 여러 측면들과 위와 같은 문제를 답변하기에 충분한 설명이 있다.

이제 다시 그 부활절의 이른 아침으로 거슬러 올라가 보자. 복음서를 주의 깊게 공부한 사람이면 모두 알고 있듯이 막달라 마리아가 날이 밝자마자 시내로 가지고 온 소식은 예수님이 부활했다는 것이 아니라, 이상한 이유로 예수님의 시체가 치워졌다는 소식이었다는 것을 믿을 만한 강한 이유가 있다. 기록의 명백한 증거에 의하면, 무덤에 다녀온 여인들 중의 한 명이 몇 분 후에 한 말은 분명히 위와 같은 것이었다.
　이제 우리는 무덤에서 무서운 일을 당한 이 세 명의 여인이 그 무시무시한 장소로부터 가능한 한 빨리 도망쳐서 길로 뛰어나오는 모습을 그려 보아야 한다. 그들의 나이는 각양 각색이었다. 막달라 마리아는 아직 젊은 여인이었으며, 다른 두 명은 이미 성인이 된 사람들의 어머니였다. 그들이 대로에 나왔을 때, 누군가가 제자들에게 먼저 가서 그 사실을 알려 주는 것이 반드시 필요하다고 느꼈을 것이다. 그러자 그 중에서 가장 나이가 어리고 민첩한 막달라 마리아가 그 일을 자원했을 것은 거의 분명한 일이고, 그리하여 다른 두 여인은 그들의 걸음으로 따라오도록 뒤에 남겨 두고 먼저 제자들에게 갔을 것이다. 몇 분 후에 숨이 턱에 닿은 놀란 처녀가 예루살렘의 어떤 집 문을 두드리면서 다음과 같은 그녀의 역사적 메시지를 전하는 모습을 우리는 읽게 된다. "사람이 주를 무덤에서 가져다가 어디 두었는지 우리가 알지 못하겠다."
　바로 이것이 막달라 마리아가 베드로와 요한에게 가지고 간 급한 소식이었다. 그러는 동안에 두 명의 늙은 여인도 가능한 한 빨리 집으로 돌아와서는 그 이야기를 더 자세히 전했을 것이며, 그 이야기의 주안점은 자연히 무덤 속에 있던 어떤 청년에 관한 것이었을 것이다. 이 때에 이미 그들의 마음속에는, 그 청년이 천사였으리라는 생각이 떠올랐을 것 같기도 하다. 이런 사실은 누가가 수록한 엠마오 문서 속의 매우 분명한 진술에 대한 설명도 될 것이다.

또한 우리 중에 어떤 여자들이 우리로 놀라게 하였으니 이는 저희가 새벽에 무덤에 갔다가 그의 시체는 보지 못하고 와서 그가 살으셨다 하는 천사들의 나타남을 보았다 함이라(눅 24:22-23).

이렇게 그 아침의 이른 시간들은, 무덤에서의 사건의 의미가 무엇인지에 대한 흥분과 복잡한 질문들의 와중에 지나갔다.

만약 일이 이 정도에서 수습되었다면 역사는 전혀 다른 과정을 지나오게 되었을 것이다. 왜냐하면 마침내 제자들이 주님의 부활을 확신하게 되었을 때, 그들은 여인들의 증언을 그 증거로 제시했을 것이며, 그 결과 그 청년의 신분이 문제가 되어서 무덤에서 여인들과 청년이 만난 사건이 공개적인 토론의 내용이 되었을 것이기 때문이다. 그러나 내가 그 상황들을 연구한 바에 의하면 사태는 전혀 다르고도 가공할 만한 길로 발전되었다. 해가 동편 하늘에 완전히 떠오르기 이전에 매우 분명한 소문이 시내의 번잡한 거리와 시장에서 떠돌아다니고 있었다. 그 소문은 바로 성전 파수꾼에게서 나온 것이었다. 그 이야기는 생생했으며, 그 내용은 제자들이 나사렛 사람의 시체를 훔쳐 갔다는 것이었다.

목요일 밤에 급히 도주한 이래로 아직 제대로 모여 본 적도 없는 무리 위에 철퇴가 가해졌다-참으로 불의하고도 급작스러운 일이었다. 그 결과 간접적으로라도 나사렛 사람과 관계를 가졌던 모든 사람들에게 위기가 닥쳐 왔다. 저녁에 제자들은 문을 꼭 걸어 잠근 방안에서 은밀히 만나야 할 필요를 느낄 만큼 사태는 악화되었다. 고대의 전승에 의하면, 영계의 사실이 감각 세계에 투사되는 이상한 예수님의 현현이 그 날 밤에도 시작되었다.

그 날 밤에 그 일을 체험한 사람들에게는 그것이 매우 이상한 일이었겠지만, 한 가지 사실은 분명하다. 무덤이 실지로 비어 있었다는 것만은 아무도 의심하지 않았다는 점이다. 이 점을 깨닫는 순간 우리는 여인들의 이야기가 은폐된 데에 대한 참된 이해를 갖기 시작하는 셈이다.

매우 간단하지만 분명한 두 가지 이유 때문에, 초기의 유대인과 그리스도인 사이의 논쟁에서 여인들의 체험이 전혀 증거로 제시되지 않았다. 그 첫째 이유는, 여인들의 체험이란 결국 유대인들이 이미 시인한 것들이기 때문이다. 그 이야기가 확증할 수 있는 유일한 사실이란 일요일 아침 여섯 시경에 예수님의 시체는 이미 요셉이 원래 놓아 두었던 곳에는 없었다는 것이다. 그렇다면 이미 일반적인 상식이 되어 버렸을 뿐만 아니라 제자들에 대한 심각한 비난의 기초가 된 사실을 입증하기 위하여 그 사실을 내세울 사람이 어디 있겠는가?

둘째는, 문제가 되는 날 아침에 실제로 몇 명의 그리스도인이 매우 이른 아침에 은밀하게 무덤 근처에 나타났었음을 인정하는 치명적인 취약성이 그 이야기 속에 포함되어 있었기 때문이다. 이것은 당시에 제자들이 처한 상황으로 볼 때 매우 위험한 시인이었다. 모든 시대를 통하여, 어떤 심각한 고소에 대한 최선의 변호는 알리바이를 입증하는 것이었다. 만약 어떤 사람이 링컨스 인 필드 (Lincoln's Inn Fields)에서 살인죄를 범했다는 혐의로 기소당했을 때, 그는 그 사건이 벌어졌을 때에 자신이 노팅 힐(Notting Hill)에 있었다는 사실만 입증하면 석방될 수 있을 것이다. 그러나 만약 반대 신문에서, 그가 그 날 밤에 실제로 외출했으며 살인 사건이 있던 직후에 링컨스 인 필드 근처에 있었으며 더욱이 실제로 피살자를 보았다고 시인한다면 그는 어려움이 열 배나 더할 것이다.

내가 이해하기로는 예수님의 추종자들이 처했던 상황이 바로 이와 같은 것이었다. 그들은 공공연하게, 예수님의 시체를 훔쳐갔다는 비난을 받고 있었다. 그것은 그들이 자유롭게 돌아다닐 수 있는 상황이라고 해도 반박하기가 어려운 비난이었다. 하물며 문을 잠그고 은밀하게 숨어 있을 수밖에 없는 상황에서야 더욱 그렇지 않겠는가. 여인들이 실제로 무덤에 있었다는 사실을 시인하는 것이 그 소수의 남은 그리스도인들에게 무엇을 의미했겠는가! 그리스도인들의 고백에 근거해서, 실제로 새벽에 그리스도인들이 무덤 근처를 배회했다고 그들이 말할 수 있게 된다면 유대인들에게 얼마나 유리해지겠는가!

이 점을 공평하게 바라볼 수 있는 사람이라면 누구나, 어떤 새로운 위험과 멸시가 그들을 기다리고 있을지 아무도 모르던 그 때에, 그 잊지 못할 주간 동안의 그리스도인들의 태도는 그 무덤 방문에 대하여 가능한 한 침묵을 지키고자 했으리라는 것을 쉽게 알 수 있을 것이다. 더욱이 이상하게 보일지 모르지만, 여인들의 증언을 강조하기를 꺼린 초대 그리스도인들의 태도는 기독교 초기 내내 그대로 지속되었다.

최초의 설교를 상세히 기록한 사도행전의 처음 장들을 자세히 읽다 보면, 무덤에 관한 주장만은 묘하게도 언급되어 있지 않다는 사실을 발견하지 않을 수 없을 것이다. 만약 시체가 없어졌다는 사실이 한번이라도 심각한 의심의 대상이 되었었다면, 그리스도인들은 변증적 목적에서라도 여인들의 체험을 가장 강력한 무기로 최전선에 내어 놓았을 것이다. 그리하여 그 이야기가 다른 모든 사건들에게 어떤 영향을 주었을 것이다. 왜냐하면 빈 무덤이 사실로 확립되지 않는다면 기독교의 가장 근본적인 주장이 성립되지 않기 때문이다.

그러나 제자들은 이 지루하고도 무익한 토론을 분명히 접어둘 수 있었다. 그 사실들은 너무나 잘 알려져 있었기 때문에, 제자들이 벌인 운동은 세계의 다른 어느 곳보다도 그 버려진 무덤이 있던 예루살렘에서 적극적으로 이루어질 수 있었다. 그들은 이런 이유로, 궁극적으로 유대주의를 파괴하는 두 가지의 치명적인 사실

―즉 예수님은 약속된 메시아이며 따라서 하나님이 직접 그를 살려 냈다는 것―을 주장하는 데에 전력을 쏟을 수 있었다. 만약 무덤이 실제로 비었다는 것이 일반적으로 인정되는 기초적 사실이 아니었다면 제자들은 그렇게 일찍 본격적인 논쟁의 단계로 뛰어들지는 못했을 것이다.

이렇게 해서 우리는 역사적 맥락을 통하여, 여인들의 무덤 방문이 어떻게 해서 더 크고도 치명적인 사실들에 밀려서 어느 정도 망각 속으로 빠져 들어갔는지를 알게 되었다. 그 기억은 여인들 자신이 소중히 간직하게 되었다. 왜냐하면 그들만이 큰 위험과 불확실성 속에서 그들의 주님에게 최후의 인간적인 헌신을 바칠 수 있는 영예를 누릴 수 있었기 때문이다. 그 사실은 제자들에게 알려졌다. 더욱 조용하고 안정된 시기가 찾아오자 그 이야기는 교회의 가르침에 포함되었다. 그 이야기가 유럽과 아시아의 여러 교회에 퍼지자, 그 사건에 대한 여러 가지 다양한 설명들이 생기게 되었는데 누가와 마태의 글들이 그 전형적인 것이다.

그래서 원래의 이야기에서는 실제로 한 청년에 불과했던 무덤에서의 그 청년이, 시간이 흐름에 따라서 마태에게서는 큰 천사로 누가에게서는 찬란한 옷을 입은 두 사람으로 변했던 것이다. 이와 같이 돌을 굴려낸 사건에 대해서도 실제로는 유대인들만이 알고 있던 사실이, 수많은 사람의 추측을 거쳐오는 동안 어떤 사람들은 그것이 저절로 굴려졌다고 생각한 반면에 어떤 사람들은 천사가 그 돌을 굴렸다고 생각하게 되었던 것이다. 그러나 이런 모든 이차적인 주장들 배후에는 더욱 간단한 역사적 사실이 있다.

이 사실을 분명하게 인식하게 될 때에 비로소 우리는, 내가 지금까지 마가의 단편이라고 불러 왔던 놀라운 문서의 의미와 중요성을 어느 정도 이해하기 시작하는 것이다. 몇 년이 지나서 그리스도의 즉각적인 재림에 대한 소망이 사라지자 그리스도의 일생과 죽음에 있어서의 특이한 사건들을 순서대로 기록한 것에 대해 필요를 느끼기 시작했다. 당시에 현존하던 그런 종류의 최초의 역사가 유명한 마가의 단편이었다. 만약에 마가가 기록자였다면, 그는 그 이야기 – 특히 마지막 장면 – 를 기록하기에는 아주 적임자였다. 그는 예루살렘 태생으로, 젊은 시절에는 험난하고 위험한 날들을 겪었다. 그가 최후의 주간에 관한 일차적인 정보를 소유하고 있었다는 것은, 그의 설명의 엄밀성과 놀라울 정도의 날카로움과 사실성에 비추어 보아도 분명하다. 사실은 피부로 맞댄 기록자만이 겟세마네 동산에서의 그 잊지 못할 달빛 어린 정경을 우리에게 전해 줄 수 있을 것이다. 나는 이와 유사한 자료의 사실성이 여인들의 체험에 관한 설명 속에서도 나타난다고 생각하는 바이다.

마가는 몇 가지 이유로 예수님께서 자신의 죽음뿐만 아니라 부활까지도 예언했다고 믿었다. 그는 또한 예수님께서 돌아가시기 직전, 겟세마네로 가던 도중에 그 엄숙한 경고를 다시 확인시켰다고 믿었다. 그는 마음속에 품고 있었던 이런 개념들과 그가 다른 자료에서 얻은 일차적인 정보들을 가지고 모든 문헌들 중에서 가장 생생한 설명을 맞출 수 있었다. 마가의 복음은, 완전한 객관성과 수정과 같은 명확함에 있어서 다른 복음서들의 추종을 불허한다.

그는 동산에서의 경야와 한밤의 체포를 사실과 너무 분명하게 일치되는 언어로 묘사했다. 그는 가야바 앞에서의 재판과 베드로의 굴욕을 매우 이성적인 필치로 설명했다. 그는 로마의 재판과 갈보리까지의 행진 그리고 십자가의 장면을 너무나 단순하고도 통렬하게 묘사했기 때문에 체스터톤(Chesterton)의 말대로, 독자들은 마치 바윗돌들이 자기에게로 덮치는 듯한 느낌을 받게 된다.

그는 또한 그 무서운 비극이 절정에 달했을 때, 아리마대 요셉이 빌라도에게 가서 시체의 매장 허가를 요구해서 승낙을 얻은 과정을 자세히 설명했다. 그는 또한 충격과 슬픔에 지친 여인들이 요셉을 따라가서 예수님의 시체가 안치된 곳을 주시하는 장면과, 그 무서운 오후가 지나고 해가 지자 돌이 무덤 문을 급히 그러나 육중하게 가로 막은 장면을 묘사했다. 그는 또한 여인들이 어떻게 주말에 향료를 사 놓았다가 일요일 아침에 일찍 일어나서 무덤에 갔는지를 설명했다.

이제 그 다음 사건들을 연구함에 있어서 우리는 부활절의 경험을 처음으로 기록한 사람은 마가라는 것과, 몇 가지 이유 때문에 현재 기독교 교회에서 널리 가르쳐지고 있는 내용과 원래의 사실이 서로 다르다는 것을 한시라도 잊어서는 안 된다.

최초의 사도들의 공적인 가르침 속에서 여인들의 경험을 크게 부각시키지 않았다는 바로 그 사실 때문에, 그 때 무덤에서 실제로 어떤 일이 일어났었는가에 대한 다양한 믿음들이 생기는 여지가 발생했던 것이다. 어떤 무리들 속에서는 한 천사가 내려와서 여인들에게 말했다는 것을 믿고 가르쳤으며, 다른 곳에서는 천사가 둘이었다고 믿었다. 이 사건에 대한 신앙이 광범위하며 다양했다는 사실을 첫째 복음서와 셋째 복음서에 분명히 나타내고 있다. 마태와 누가가 이 설명을 처음으로 만들어 낸 것이 아니다. 그들은 분명히 넓게 퍼져 있던 교회 활동의 여러 중심지에서 오랫동안 믿어지고 가르쳐지던 내용을 충실하게 기록한 것이 분명하다.

때문에 이 사건의 역사를 기록함에 있어서 마가는 어렵고도 미묘한 작업을 시도했던 것이다. 십자가 사건이 일어났을 때는 그가 소년이었기 때문에 그는 초대 교회의 몇 안 되는 생존자 중의 한 사람이었다. 그는 그 혼란한 주간에 예루살렘에 살고 있었으며 원래의 제자들이 알고 있던 사실의 요체를 알고 있었다. 그러나 그는, 만약 자기가 진실을 말해 버린다면 그 사건에 대한 초자연적인 설명을 듣고 자라 온 많은 사람들에게, 이상하게도 냉담한 효과를 미칠 수밖에 없다는 사실을 피할 수 없었다.

　여자들이 무덤에서 천사를 만났다는 신앙과 함께 자라 온 사람들에게는, 그 여인들이 즉시 그 사실을 전파하며 모든 예루살렘 사람들을 무덤으로 데려가 그 사실을 확인시키지 않았다는 것이 매우 이상한 일로 여겨졌음이 분명하다. 이것이 바로 "일곱 주간의 간격"이 고대에 가져다 주었던 문제였다.
　그러나 마가는 이 사실을 알고 그런 문제를 예상하고, 미완성의 한 문장을 남겨 놓았다.

　　　여자들이……무서워하여 아무에게 아무 말도 하지 못
　　하더라 (막 16 : 8).

　마가가 이 글을 쓴 것은, 여인들이 완전히 침묵을 지켰다는 것을 의미하는 것이라고 주장하는 사람들이 많이 있었다. 물론 여인들이 실제 아무 말도 하지 않았다고 믿는 것은 매우 부자연스러운 일이지만 어쨌든 마가의 말은 그렇게 기록되어져 있으며, 어떤 비평가들의 주장은 마가의 말은 문자 그대로 이해해야 한다는 것이다.
　그러나 나는 그 말이 더욱 간단하고도 자연스러운 의미로 해석될 수 있다고 감히 주장하며 또한 그 증인으로 다른 사람이 아닌 바로 마가의 단편의 저자를 소환하고자 한다.
　마가복음 1 : 44에 보면 그 구조와 의도에 있어서 우리가 지금 다루고 있는 구절과 너무나 흡사한 나머지 놀라울 정도로 병행구를 형성하는 구절이 하나 등장한다. 예수님께서 지금 막 문둥병자 한 사람을 치료하셨다. 예수님은 이 소식이 널리 퍼지지 않기를 간절히 원하셨다. 마가는 이렇게 말했다. "엄히 경계하사 곧 보내시며 가라사대 삼가 아무에게 아무 말도 하지 말고……"(막 1 : 43

-44). 다음의 두 문장의 유사함을 자세히 살펴본다. "삼가 아무에게 아무 말도 하지 말고"-"아무에게 아무 말도 하지 못하더라." 이 두 문장은 모두 한정되지 않은 아무(nothing)라는 단어를 포함하고 있다. 또한 이 두 문장은 동일한 펜에서 흘러 나오고 있다. 이제 마가의 복음서가 불합리하게도 바로 이 곳에서 끝났다고 가정해 보자. 그렇다면 그 침묵이 절대적인 것이라고 가정하는 것이 과연 타당할까? 그렇게 가정하는 것이 타당하다는 것을 주장하기 위해서 여러 권의 책을 쓸 수도 있을 것이다. 문맥을 무시한 경직된 논리에서는, 그 말은 다른 어떤 의미도 내포할 수가 없을 것이다. 그럼에도 불구하고 우리는 잘못될 수가 있다. 그것은 마가의 기록 전체를 보면 알 수 있다.

　　(예수께서) 엄히 경계하사 곧 보내시며 가라사대 삼가 아무에게 아무 말도 하지 말고 가서 네 몸을 제사장에게 보이고 네 깨끗케 됨을 인하여 모세의 명한 것을 드려 저희에게 증거하라 하셨더니(막 1 : 43-44).

이제 저자의 생각을 완전히 알게 된 우리는 "아무에게 아무 말도 하지 말고"라는 의미는 "이것을 널리 퍼뜨리지 말라. 너 자신과 너와 가까운 사람들만 알고 있으라"는 뜻인 것을 깨닫게 된다. 만약 그렇지 않으면 마가의 바로 뒷말이 앞의 말과는 전혀 연결이 안 되기 때문이다.
　이 말의 의미에 대해 여인들이 절대적인 침묵을 지켰다는 뜻이라고 주장하는 킬숍 레이크, 가드너 스미스, 그 이외의 많은 비평가들을 깊이 존경은 하지만 나는 그들이 틀렸다고 확신하며, 또한 이 말은 그들이 끌어내려고 했던 극단적인 의미가 아니라고 나는 생각한다. 여인들의 모험에 관하여 마가가 사용한 구절은, 마가의 예수님의 전기에 대하여 깊은 흥미를 느낄 모든 독자들의 마음속에 떠오를 의문을 예상하고 쓴 것이 분명하다. 이 때까지 마태와 누가의 복음서는 아직 등장하지 않았음을 기억해야 한다. 사람들은 말할 것이다. "그렇게도 이른 일요일 아침에 여인들이 부활을 발견했다면 왜 모든 예루살렘 사람들은 일어나서 그 사실을 확인하러 모여들지 않았을까?" 이것에 대한 마가의 대답은 정확하고도 너무나 역사적이다. "여자들이……무서워하여 아무에게 아무 말도 하지 못하더라."

이와 같이 우리가 지금까지 연구해 왔던 일련의 긴 증인들의 대열 - 예루살렘의 최초의 전투에서 앞장섰던 어부 베드로, 누가, 마태, 요한 등의 성경 기자들, 의인 야고보, 다소의 사울, 외경인 베드로복음과 니고데모복음의 저자와 편집자들, 그리고 거대한 바윗돌 - 속에, 이제 마지막으로 모든 문헌 중에서 가장 유명한 마가의 단편의 저자를 덧붙여야 할 것이다.

15
제사장의 하인

만약 지금까지의 해석이 정당했다면, 여인들보다 먼저 무덤에 가서 그들과 함께 최초로 그 잊지 못할 아침의 경험을 나눈 그 청년은 과연 누구였을까? 만약 마가가 그의 이름을 감추었다면 그것은 충분한 이유가 있었을 것이기 때문에, 우리는 그를 영원히 알지 못할 수도 있다. 그러나 내가 감히 이 점에 관하여 근본적인 연구를 반복할 필요가 있다고 주장한 사실이 한 가지 있다.

만약 독자가 마가복음의 마지막 여덟 구절(16:1-8)을 택해서 자세히 연구하면서, 그 구절들이 그 사건에 관한 최초의 기록임을 기억한다면, 그는 어떤 한 가지의 날카로운 사실을 대하게 될 것이다. 즉 돌이 어떻게 굴려졌는가에 대한 힌트나 암시가 전혀 없다는 사실이 그것이다. 금요일 오후에 매장이 완료된 시간부터 돌이 이미 치워진 일요일 새벽까지는 이상하게도 뚫고 들어가지 못할 장막이 드리워져 있다. 이것은 무슨 이유에서인가? 교회는 주후 58년에 이르기까지, 그 위기의 기간 동안에 어떤 일이 일어났는지를 몰랐는가 아니면 마가의 기록이 그 사실을 감추어야 할 강한 압박을 받았기 때문인가?

이 부분은 연구할 가치가 있다. 왜냐하면 누가와 요한의 병행구를 살펴보아도 바위를 치운 물리적 운동에 관해서는 이상하게도 언급을 주저하는 기색이 보이기 때문이다. 누가는 이렇게 말했다.

> 안식 후 첫날 새벽에 이 여자들이 그 예비한 향품을 가지고 무덤에 가서 돌이 무덤에서 굴려 옮기운 것을 보고 들어가니 주 예수의 시체가 뵈지 아니하더라(눅 24 : 1-3).

요한의 기록도 역시 별다른 점이 없다.

> 안식 후 첫날 이른 아침 아직 어두울 때에 막달라 마리아가 무덤에 와서 돌이 무덤에서 옮겨간 것을 보고(요 20 : 1).

이 각각의 모든 경우를 보면, 여인들이 무덤에 도착했을 때 돌은 이미 굴려져 있었지만 그 일이 어떻게 발생했는지에 대해서는 아무런 암시도 없다. 우리는 비로소 마태복음을 보아야만이 천사가 내려와서 돌을 굴렸다는 기록을 발견할 수 있다.

그런데 이것이 바로 매우 독특하고도 중요한 점이다. 우리가 외경들을 아무리 자세히 살펴본다고 해도, 주님 자신이 그 장애물을 부수고 나왔다는 암시는 전혀 찾을 수가 없다. 단지 우리에게 들리는 이야기는 그 돌이 "스스로 굴려졌다"는 것이 아니면, 어떤 초자연적인 존재가 내려와서 그것을 움직였다는 것이다. 그러나 무덤을 막고 있는 돌을 예수님께서 물리적으로 치워 버렸다는 기적은 아무 데에도 기록되지 않았다.

그렇다면 주님 자신이 자신의 능력으로 그 돌을 치우고 그 곳에서 빠져 나왔다고 말한 사람이 아무도 없는 것은 무슨 이유인가?

이 문제를 다루는 모든 문서들이 한결같이 그 돌은 **외부로부터**-그것이 천사에 의해서든지 혹은 보이지 않는 어떤 힘에 의해서든지-의 힘에 의하여 움직여졌다고 가정하는 이유가 무엇인가?

우리는 여기서 깊고도 광범위한 영향을 미친 역사적 사실 앞에 서 있다고 나는 주장한다-이 사실이 모든 사람을 자극시켰으며 기독교의 길을 궁극적으로 변화시켰다. 그 돌을 움직인 것이 부활한 주님의 능력이라고 믿어지지 않는 이유는, 일요일 새벽 이전의 캄캄한 시간에 일어난 사건의 진상을 알고 있는 사람들이 예루살렘에 있었기 때문이다. 바로 이런 사실들이, 주님이 직접 무덤 문을 열었다는 가정을 배제했으며, 그 증거를 위해서는 우리가 다시 파수꾼에 대한 당시의 이상하게 낡은 이야기로 돌아가야 한다.

무덤의 경비를 실시하기 위하여-이 일은 안식일 동안의 억제가 끝난 후의 대중의 예기치 못할 태도를 감안할 때 특히 필요한 것이었다-제사장들이 빌라도를 찾아갔다는 원래의 설명을 믿을 만한 이유가 있다는 점을 이미 앞에서 이야기했다. 마태복음이 분명히 보여 주듯이 빌라도는 이 요구를 거절했으며, 제사장들은 성전 수비대에게 그 일을 맡기는 도리밖에 없었다.

이제 이 사건에 대한 마태의 기록이 비록 그 이야기의 원래의 형태와 완전히 부합하는 것은 아닐지라도, 역사 연구의 기초로서 가치가 있을 만큼은 사실과 가깝다고 생각할 수 있는 이유 두 가지를 살펴보자. 첫째로는 마태복음이, 기록으로 우리에게 전해진 이 이야기의 최초의 형태라는 점이다. 둘째로는 후기에 이 이야기 속에 스며들어간 비논리성이 마태의 기록에는 거의 영향을 미치지 않았다는 점이다.

이 사실은 제사장들이 파수꾼들에게 약속한 다음과 같은 말 속에 매우 분명하게 나타난다. "만일 이 말이 총독에게 들리면 우리가 권하여 너희로 근심되지 않게 하리라 하니." 만약 그 파수꾼들이 백부장의 명령으로 빌라도 자신에 의하여 배치된 사람들이었다면(후기의 변형된 설명은 이렇게 되어 있다) 유대인들의 이런 약속은 전혀 비논리적이며 불합리한 것이었다. 자기의 근무처에서 잠을 잔 병사는 사형을 당한다는 사실이 너무나 잘 알려져 있었으며, 안나스나 가야바 혹은 유대의 그 어떤 유력자라 할지라도 로마의 처벌로부터는 단 한 명의 로마 군사도 구할 수는 없다.

그러나 활동적인 대제사장이며 유대의 최고 권력자인 가야바라면, 총독이 유대인의 손에 일임한 어떤 일을 수행한 자신의 측근자를 보호할 수 있는 권리를 분명히 가지고 있었을 것이다. "만일 이 말이 총독에게 들리면"이라는 말은 바로 그럴 수 있는 가능성이 그들에게 얼마나 희박하게 느껴졌었는가를 잘 보여 준다. 내가 그 점을 여기서 특히 언급하는 것은, 원래의 사건의 일부를 형성하지 않았을 뿐만 아니라 형성할 수도 없었던 이야기에 대해 가해진 수많은 분별 없고도 피상적인 비판을 염두에 두고 있기 때문이다.

나는 그 문서들 속에 스며든 이야기의 역사성을 입증하는 보다 깊고 시사적인 증거를 제시할 수 있다. 그 증거란 제사장들이 제시한 설명의 마지막 세 단어이다. "제자들이 밤에 와서 우리가 잘 때에(while we slept) 그를 도적질하여 갔다 하라"(마 28 : 13).

만약 이 말들이 기독교인에 대한 원래의 모략의 어떤 일면을 드러내지 않았다면, 이 세 마디의 말이 팔레스타인 지방에 널리 유포되었던 후기 기독교 문서 속에서 차지하는 역할이 무엇이겠는가? 파수꾼 이야기가 선입견 없는 사람들로 하여금 제자들의 시체 도난설을 더욱 믿지 못하게 했다는 사실을 감안해서, 무덤을 지킨 파수꾼의 이야기가 초기 그리스도인들에게 어떤 변증적 가치를 가지고 있었다고 인정해 보자. 그러나 이 이야기가 변증적 가치를 가지고 있으려면 파수꾼들이 반드시 깨어 있지 않으면 안 된다. 잠자고 있던 파수꾼은 그리스도인에게 아무런 변증적 가치가 없으며, 그런 파수꾼을 변증의 자료로 삼는 것은 무익할 뿐 아니라 도리어 위험한 일이었을 것이다. 그렇다면 파수꾼들이 잠들었다는 이 언급이 모략의 말 속에뿐 아니라, 당시의 상황을 설명하는 그리스도인의 기록 속에도 스며들어간 이유가 무엇일까?

여기서 나는, 제사장들은 전체 사실을 감히 말할 수 없었기 때문에, 당시 상황의 거북스러우면서도 묘한 상태가 제사장들로 하여금 그렇게밖에는 할 수 없게 만들었다고 주장하는 바이다. 그들은 밤에 경비를 서는 동안 어느 시점에 와서 심한 피곤으로 인해 실제로 잠이 들었을 수도 있다. 어쩌면 이 사람들이 성전을 수비하다가 목요일 밤 내내 체포대로 뽑혀서 돌아다닌 사람일 수도 있다는 사실을 기억해 보면, 그들이 실제로 잠을 잤다는 것이 그렇게 불합리한 사실은 아니다. 다른 곳에서 피곤하고 지겨운 임무를 수행한 후에, 또 다시 성벽 밖의 인적 없는 무덤을 4월의 어두운 밤 동안 내내 경비한다는 것은 분명히 따분하고도 재미 없는 일이었을 것이다. 밤에 누군가가 찾아온다는 희망도 전혀 없는 상태에서 긴 시간이 지겹게 흘러가고 있는 상황을 생각해 보면, 그들이 잠에 떨어졌다는 것이 과연 그렇게 놀라운 것인가?

기록들이 이미 사라졌기 때문에 그 일의 진상은 영원히 밝혀지지 않을지도 모른다. 그러나 오랫동안 잊혀졌던 모호한 문서 속에서, 나 개인에게 독특한 비중을 차지하게 된 한 가지의 암시가 있었다는 사실을 고백하지 않을 수 없다. 그것은 단지 몇 문장밖에는 남아 있지 않은 이상한 옛 단편으로서 바로 히브리인의 복음(the Gospel of the Hebrews)이 그것이다. 그 문서 속의 한 구절은, 예수님께서 부활하신 후에 그의 동생 야고보에게 어떻게 나타났는지를 설명했다. 그것을 완전히 인용하자면 다음과 같다.

"주님은 세마포를 제사장의 하인에게 준 후에 야고보에게 나타나셨다가(왜냐하면 야고보는 주님의 잔을 마신 후에, 주님이 죽은 자 가운데서 살아나는 것을 볼 때까지는 빵을 먹지 않기로 맹세했기 때문이다), 잠시 후에 다시 나타나셔서 '주께서 말씀하시나니 상과 빵을 준비하라'고 했다. 그러자 즉시 그것이 준비되었고 그는 빵을 들고 축사하신 후에 그것을 떼어서 의인 야고보에게 주시면서 그에게 '나의 형제여, 인자가 죽은 자 가운데에서 살아났으므로 빵을 먹으라' 하고 말씀하셨다."

이 유명한 구절에서 우리의 주의를 끄는 것이 무엇인가? 무엇보다도 이 구절의 내용이 가장 무게 있는 역사적 사실에 의하여 증명된다는 사실이다. 그 첫째는, 처음의 적나라한 적의에도 불구하고 예수님의 형제 야고보가 교회에 들어와서 요세푸스의 기록대로, 기독교를 위하여 죽었다는 사실은 부정할 수가 없다. 둘째는, 수세기를 지내 오면서 우리에게 외치는 바울의 진실되고 고요한 음성이 들린다. "그 분은 야고보에게 나타나셨다." 위의 구절은 이런 두 가지 증거와 합하기 때문에 자체의 독자적인 권위를 갖는다.

그렇다면 이제 예수님께서 "제사장의 하인에게 세마포를 주었다"는 이 이상하고도 의미 심장한 구절은 무슨 뜻인가? 이것은 완전한 허구일까 아니면 하나의 지나가는 환상일까? 아니면 희미하게 기억된 그 날 밤에 있었던 사실의 한 단면일까? 나는 제자들에게 섣불리 대답하려고 들지 말 것을 감히 권고한다.

현대의 종교적, 지적 혼란을 비웃으며 신약성경이 주장하는 한 가지 사실이 있다면, 그것은 예수님의 현현의 실제적이며 객관적인 성격이다. 이 현상은 결코 순수한 상상의 산물일 수는 없었다. 도리어 그 현상이 비록 감춰지긴 했지만 극히 강력한 어떤 힘을 일으키는 것 같다. 가장 간단한 설명은 그 현현이 일어나는 곳에 예수님이 실제로 계셨다는 것이다. 복음서에는 실제적인 엄밀한 과학적 측면에서 볼 때 여러 가지의 어려움을 포함한 기사들이 많이 발견되었는데, 바로 그것들 중의 하나가 우리가 영의 세계와 감각의 세계라고 부를 수 있는(언어의 부족 때문에) 두 세계 사이의 상호 교통을 확립하는 일이다. 대개의 경우 대낮의 현현은 인식하기 어렵다거나 아니면 기상학자의 말을 빌리면 가시성이 희박하다는 제안들이 있다.

그러나 우리에게 전해진 성경의 여러 병행구들을 보면, 미묘한 형태로 나타나는 현현도 낮보다는 밤이 더 유리함을 지적하는 것 같다. 심지어 우리의 무선 신호도 해가 지고 밤이 되면 더욱 분명해지지 않는가?

나는 히브리인의 복음의 이 구절에만 근거해서가 아니라, 그 조용한 동산에 새벽이 가까워 옴에 따라서 어떤 일이 발생했으며, 그 결과 파수꾼들 중의 한 명이 다른 동료들을 급히 깨워서 무덤 안을 들여다 보았을 것 같은 인상을 받는다. 그것은 단지 나무의 흔들림이나 바람에 의한 대문의 삐꺽거림일 수 있었다. 아니면 그것은 거만하고도 무자비한 바울의 마음을 완전히 뒤흔들어 놓은 것과 흡사한 보다 분명하고도 소란한 현상이었을 수도 있다. "게바에게 보이시고……열 두 제자에게만……야고보에게 보이셨으며, 맨 나중에 만삭되지 못하여 난 자 같은 내게도 보이셨느니라." 그렇다면 그 분은 "제사장의 하인"에게 제일 먼저 나타났었겠는가?

만약 그것이 사실이라면, 초기의 교부 시대로부터 현재까지 내려오면서 교회가 전심했던 가장 근본적인 질문 중의 한 가지-즉 현현의 위치에 관한 여러 가지 다양한 전승에도 불구하고, 제자들은 일요일 새벽에 부활 사건이 발생한 것을 그렇게도 확고하게 믿은 이유-에 대한 해답이 결국은 거의 무의식적으로 걸림돌이 되어 왔던 것이다.

그렇다면 사도신경에서 많은 논쟁의 대상이 되었던 문장-즉

"사흘 만에 죽은 자 가운데서 다시 살아나시며"라는 말-은 매우 강한 역사적 근거를 가지고 있으며 저자의 견해로는 그 근거가 매우 확실하다.

사명선언문

너희가 흠이 없고 순전하여……세상에서 그들 가운데 빛들로
나타내며 생명의 말씀을 밝혀 _ 빌 2:15-16

1. 생명을 담겠습니다
만드는 책에 주님 주신 생명을 담겠습니다.
그 책으로 복음을 선포하겠습니다.

2. 말씀을 밝히겠습니다
생명의 근본은 말씀입니다.
말씀을 밝혀 성도와 교회의 성장을 돕겠습니다.

3. 빛이 되겠습니다
시대와 영혼의 어두움을 밝혀 주님 앞으로 이끄는
빛이 되는 책을 만들겠습니다.

4. 순전히 행하겠습니다
책을 만들고 전하는 일과 경영하는 일에 부끄러움이 없는
정직함으로 행하겠습니다.

5. 끝까지 전파하겠습니다
모든 사람에게, 땅 끝까지, 주님 오시는 그날까지
복음을 전하는 사명을 다하겠습니다.

서점 안내

광화문점 서울시 종로구 새문안로 69 구세군회관 1층
02)737-2288 / 02)737-4623(F)

강남점 서울시 서초구 신반포로 177 반포쇼핑타운 3동 2층
02)595-1211 / 02)595-3549(F)

구로점 서울시 동작구 시흥대로 602, 3층 302호
02)858-8744 / 02)838-0653(F)

노원점 서울시 노원구 동일로 1366 삼봉빌딩 지하 1층
02)938-7979 / 02)3391-6169(F)

일산점 경기도 고양시 일산서구 중앙로 1391 레이크타운 지하 1층
031)916-8787 / 031)916-8788(F)

의정부점 경기도 의정부시 청사로47번길 12 성산타워 3층
031)845-0600 / 031)852-6930(F)

인터넷서점 www.lifebook.co.kr